독립문교회 40년 발자취

독립문교회 40년 발자취
— 민중교회에서 마을목회로 플랫폼 되어 마을을 잇다

2022년 9월 18일 1쇄 펴냄

엮은이 | 한국기독교장로회 독립문교회
글쓴이 | 한국염, 김성희
펴낸이 | 김영호
펴낸곳 | 도서출판 동연
등 록 | 제1-1383호(1992. 6. 12.)
주 소 | 서울시 마포구 월드컵로 163-3
전 화 | 02-335-2630 전 송 | 02-335-2640
이메일 | yh4321@gmail.com
블로그 | https://linktr.ee/dongyeonpress

ISBN 978-89-6447-827-1 03040

독립문교회 40년 발자취

한국염 · 김성희 지음

민중교회에서 마을목회로 플랫폼 되어

마을을 잇다

동연

사진으로 보는

독립문교회
40년 발자취

민중선교원 봄소풍(1882)

교우들(1982)

민중선교원 졸업사진(1988)

여름성경학교(1989. 08.)

안수집사 임직식 – 이순욱, 박옥출, 유완식(1989. 10. 29.)

집사 임직 및 권사 취임예배(1989. 10.)

성가대 – 성탄절(1989. 12. 04.)

청년야외예배 - 대남문(1990. 04. 05.)

청년학생 연합수련회 출발 전
(1990. 08. 12.)

청년들(1991)

창립 9주년 기념예배(1991. 02. 24.)

침술봉사활동(1992)

야외예배 시상식(1997. 05.)

창립 16주년 기념예배(1998. 02. 22.)

제2회 입학식(1998. 03. 11.)

선교원 크리스마스(1998. 12. 24.)

가족찬양대회 - 유완식 장로 가정(1999. 02. 28.)

창립 17주년 기념예배 후(1999. 02. 28.)

가족찬양대회 - 장해경 집사 가정(1999. 02. 28.)

어린이들 - 임하은, 신승우, 유승주, 오진실

여름성경학교 개회예배 - 신남호, 서정수(1999. 08.)

장태문 성도(김분심 집사 남편) 세례식(1999. 12. 25.)

창립 주일 및 제자훈련 개강식(2000. 02. 27.)

선교원 2회 입학식(2000)

순교지 답사(2000. 08. 01.)

제1회 제자훈련 수료 기념(2000. 11. 26.)

성탄절 어린이부 발표 - 연극, 율동(2002. 12. 25.)

봄 야외예배(2003. 05. 09.)

봄 야외예배(2004. 04. 25.)

성경대학 헌신예배(2005. 04. 17.)

기초성경대학 헌신예배(2005. 12. 11.)

성경구절 맞추기(2005)

가족찬양대회(2007)

봄 야외예배(2007)

교회학교 놀이공원 - 김윤우 집사(2008)

담임목사 취임식(2011. 11. 13.)

교회 창립 기념주일(2012. 02. 26.)

예배당 리모델링 공사(2012. 03. 27.)

부활주일 성찬식(2012. 04. 08.)

교회당 단장 감사예배(2012. 04. 29.)

교회당 단장 감사예배(2012. 04. 29.)

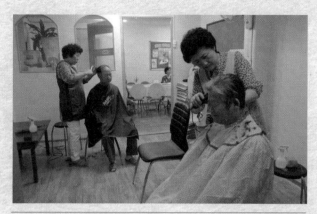

이미용 무료봉사(2012. 04. 29.)

치과 무료검진(2012. 06. 03.)

전교인 야외예배 - 남양주(2012. 06. 10.)

어린이 토요특강 - 창의력 사고 수학(2012. 10. 27.)

어린이 토요특강 - 쉬운 영어회화(2012. 11. 03.)

구정맞이 윷놀이(2013. 02.)

신서현 권사 임직식(2013. 02. 24.)

살림의 집 개설(2013. 03.)

여름성경학교(2013. 07.)

마을공동체 학부모 진로코칭 강의(2014. 11.)

어린이 마을 신나는 여름캠프(2015. 05.)

주민과 함께하는 전통고추장 담그기 행사(2015. 10.)

인왕마을 네트워크 창립(2015. 12.)

결혼예식 - 샘, 서정수 선교사(2015. 05. 31.)

'평화의 소녀상' 방문, 창립주일헌금 전액 후원(2016. 02. 28.)

제1회 마을 경로잔치 행촌경로당(2016. 05. 23.)

도시재생사업 마을주민 간담회 - 벼룩시장, 마을사진전, 새싹국수나눔(2016. 05. 13.)

도시농업공동체(2016) - 양봉장

육묘장

우리 교회와 도시농업 탐방
- 필리핀 민다나오지역 교우, 김현숙 선교사(2016. 09. 07.)

제7회 서울시 도시농업박람회(2017)

단오야 도성에서 놀자 - 마을축제(2017. 06. 11.)

어르신 나들이(2017. 09.)

한신대 신대원생 목회실습(2017)

도시농업공동체 월례모임(2018)

교우 신앙강좌(2018. 03. 25.)

신서현 권사 행정안전부장관상, 서울시장상 수상(2018. 12. 14.)

나라와 교회를 위한 6.25 연합기도회(2019. 06. 16.)
- 교남동교회협의회

공능교회 아웃리치 - 교회수리와 지역전도(2019. 06. 03.)

종로혁신교육지구 - 도전 골든벨 시상(2019. 11.)

청년낭송극(2019. 12. 22.)

어르신들 성탄 찬양(2019. 12. 22.)

성탄절, 마을 어르신들에게 사랑의 케이크 나눔 행사(2019. 12. 25.)

성탄절 선물 교환과 덕담 나눔(2019. 12. 25.)

여신도 특송(2022. 01. 26.)

청년 특송(2022. 03.)

어린이들(2022. 05.)

어버이주일(2022. 05. 08.)

서상중 목사, 유완식 장로
(2022. 04. 28.)

청년 성경공부(2022. 04.)

교회 40년사 간담회(2022. 07. 17.)

창립 40주년 기념예배(2022. 02. 27.)

인 사 말

40년을 노래하며,
이곳에 사랑을 담았던 사람들을 그립니다

여기 작은 씨앗에서 엄청난 나무가 자라남을 봅니다. 『독립문교회 40년 발자취』가 바로 그것입니다.

씨를 뿌리면 열매를 맺게 됩니다. 비록 보잘것없더라도 씨를 뿌린다는 것은 소망한다는 것이고, 노력하겠다는 것이고, 기다리는 것입니다. 독립문교회에 부임한 지 11년 차가 되었습니다. 부단히 뛰어왔는데, 돌아보면 늘 부족함뿐인 자화상을 봅니다. 그럼에도 씨를 뿌리면 비록 볼품없더라도 열매를 거두곤 했습니다. 하나님은 보잘것없는 종자를 통해서도 어김없이 결실을 맺도록 하셨습니다. 때로는 생각지 못한 많은 수확을 얻기도 했습니다.

독립문교회 40주년을 맞이하면서, 그동안의 교회 역사를 정리해야겠다고 결심했습니다. 1대 목사님이신 서 목사님께서 90세를 앞두고 계시고, 초창기부터 지금까지 한결같이 자리매김해 오신 유 장로님께서 은퇴하시기 전에 교회 역사를 묶어 내야 한다는 사명감이었습니다.

모세는 광야 40년을 지나 가나안을 바라보며 그의 생을 마감했습니다. 그 마지막 순간에 모세는 노래를 지어 이스라엘 백성들이 부르도록 합니다.

> 이제 너희는 이 노래를 써서 이스라엘 자손들에게 가르쳐 그들의 입으로 부르
> 게 하여 이 노래를 나를 위하여 이스라엘 자손들에게 증거가 되게 하라
> (신 31:19).

> 그러므로 모세가 그날 이 노래를 써서 이스라엘 자손들에게 가르쳤더라
> (신 31:22).

노래는 기억입니다. 입술로 전하며 가슴에 새기는 것입니다. 모세는
출애굽 그 해방의 역사를, 광야의 그 목마름과 만나의 기적을 두고두고
노래하라고 말합니다. 『독립문교회 40년 발자취』는 우리들의 노래입니
다. 기쁨과 감격의 노래요, 슬픔과 아쉬움의 노래입니다.

이 책 행간에 깃들은 많은 분의 기도와 사랑을, 눈물과 헌신을 봅니다.
우리의 역사를 엮어가면서 시시때때로 눈물이 났고, 가슴이 떨렸습니
다. 사람들의 눈으로 보면 성공으로 보이는 부분도 있고, 실패처럼 보이
는 부분도 있습니다. 그러나 하나님은 우리의 40년을 하나로 받으실 것
입니다. 개척부터 오늘까지 애써온 우리들의 노력을 수고했다고 위로해
주시리라 믿습니다. 교회 역사 속에 깃들은 아픔을 보면서 그 길을 걸어
간 분들에게도 수고하셨다는 위로의 말을 전하고 싶습니다. 감격과 설
렘으로 찬양하던 분들을 보면서 그 순간의 기쁨과 소망을 함께 나누고
싶습니다.

40년을 되돌아볼 수 있어서 감사했습니다. 이 역사에 함께해 온 교우
여러분을 사랑합니다. 여러분이 계셔서 여성 담임목사로 이 자리에 서

있습니다. 우리 독립문교회를 위해 마음 모아주신 마을 사람들, 교단 내외 많은 분들께도 큰 감사의 인사를 드립니다. 여러분이 계셔서 우리는 외로움을 견뎌낼 수 있었습니다. 되돌아보니 모든 것이 은총이요, 사랑이었습니다.

이제 다시 시작입니다. 여기까지 인도하신 하나님의 손길에 무한한 감사를 드립니다. 감히 앞으로도 우리를 영원까지 인도하실 것을 믿으며, 새로운 40년을 향한 용기 있는 발걸음을 내딛습니다. 이 책을 읽으며 한 길 가는 여러분이 계시기에 우리는 여전히 푸근합니다.

행 복한
촌 동네
동 무들과 함께

목사 김성희 씀

'기억한다'는 것은
사랑하며 간직하겠다는 것이고,
더 희망찬 내일을 준비하겠다는 다짐입니다

하나님의 은혜에 감사드립니다. 『독립문교회 40년 발자취』가 이렇게 세상에 나오게 됨이 꿈만 같습니다. 자료도, 기억도 희미해진 이야기들이 새 옷을 입고 우리 곁으로 다가왔습니다.

40년사 원고를 들고 기적과 같아서 읽고 또 읽었습니다. 처음 김성희 목사님께서 교회 40년사를 발간하겠다고 하셨을 때, 과연 가능할까 싶었습니다. 자료도, 시간도, 전문성도 부족했고, 비용도 만만치가 않아 무엇 하나 가능해 보이지 않았습니다.

독립문교회의 40년 역사가 묶이고 다듬어지기까지 많은 분의 수고가 있었습니다. 무엇보다 집필자로 수고하신 한국염 목사님께 감사드립니다. 여성 목사로서, 민중교회인 청암교회 목회자로서, 그의 현장 경험과 인권운동 그리고 기독여성운동에 관한 축적된 집필 경험이 있기에 가능한 일이었습니다.

특히 2대 목사님 시절 10년은 부분적으로 남아있는 두 권의 교회 주보와 노회 보고서에서, 심지어 준목고시 이력서, 인터뷰와 좌담회에서 실마리를 찾고 풀어 자칫 묻혀버릴 뻔했던 역사를 되살려 주었습니다.

김성희 목사님의 열정과 끈기를 기억합니다. 예전에 사역하셨던 목회자들을 찾아가고, 옛 교우들을 어렵게 초청하여 인터뷰를 진행했습니다. 교우들의 좌담회를 열어 일일이 풀어냈습니다. 노회에서 옛 자료를 뒤지고, 심지어 지방의 교회에서도 역사를 찾아내었습니다.

서상중·박승렬 목사님, 최희영·김미랑 집사님의 애정 어린 인터뷰도 감사드립니다. 좌담회에서 교회의 이모저모를 이야기해 주신 교우들께 감사드립니다. 우리 교회 출신 서정수 선교사님은 캄보디아에서 줌으로 좌담회에 참여하였습니다.

『독립문교회 40년 발자취』는 독립문교회 40주년 기념 주일에 발간할 예정이었으나 코로나19 상황 때문에 늦춰졌습니다. 지난해 5월, 40년사 발간 준비를 위해 교회에서 첫 모임을 했습니다. 사진을 수집하고 10~12월에는 청장년, 청년, 장년 교우 좌담회를 실시했고, 2022년 3월부터 교회 자료를 정리하고, 4~5월에는 전임 목회자와 옛 교우들의 인터뷰를 진행하였습니다. 그렇게 진행된 좌담회, 인터뷰 자료와 교회 자료들을 정리하여 5월 말에 한 목사님께 넘겨드렸습니다.

이제 40년사가 얼굴을 내밉니다.

사진과 자료, 문장 정리로 땀 흘리신 조용원 전도사님, 첫 기획부터 갈무리까지 아이디어를 내며 동참한 정다혜 청년 그리고 편찬위원 및 교우들의 기도와 수고에 감사드립니다.

돌아보니 가슴 벅찬 일들도 많았지만, 아프고 힘들었던 시간도 있었습니다. 그러나 그 모든 것이 하나님의 역사하심이요, 은혜였다고 고백합니다. 서상중, 이혁, 김성희, 세 분의 담임목사님들과 우리 교회를 섬겨온 교역자들 그리고 과거와 현재의 모든 우리 독립문 교우들에게 감사를 드립니다.

2022년 9월, 독립문교회 40년사 편찬위원

유완식, 유승주, 장해영, 정다혜, 조용원을 대표하여

장로 유완식 씀

민중에서 출발하여 마을의 플랫폼이 된
독립문교회 여정을 살피다

『독립문교회 40년 발자취』는 '기억'에 초점을 둔 책이다. 독립문교회의 오늘이 있기까지 지난 40년 동안 독립문교회 목회자와 교인들이 행촌동에서 복음의 씨앗을 뿌리고 눈물로 가꾸어 온 그 발자취, 민중에서 출발하여 마을로 들어간 그 여정들을 더듬고 살펴보았다.

이 책의 1부는 크게 10년 단위로 나누어 다섯 장으로 구성하였다.

1장은 독립문교회 초기 역사로서 독립문교회 전신인 '민중교회'가 왜, 어떻게 탄생되었는지를 서상중 목사의 개인사 중심으로 살펴보고, '민중교회'의 건축 이야기와 그에 따른 선교활동을 서술하였다.

2장은 창립 10주년을 맞은 '민중교회'의 모습과 창립 10주년 행사를 중심으로 초창기 창립 정신을 찾고자 노력한 그동안의 시도들을 살펴보았다. 그리고 10주년 이후의 지역공동체를 섬기기 위한 노력들과 교회 과제를 이행하기 위한 교인들의 신앙 훈련 이모저모를 찾아보고, 이를 중심으로 기술하였다. 이 책을 쓰면서 교회 이름인 '민중교회'는 민중교회 운동으로서의 민중교회와 혼선을 피하기 위해 작은 따옴표를 써서 나타냈다.

3장은 '민중교회'가 교단을 한국기독교장로회로 바꾸고 교회 이름도 '독립문교회'로 바꾼 이유와 상황들, 독립문교회로 교회 이름을 변경한 이후 교회의 상황들과 독립문교회 창립자인 서상중 목사가 목회를 은퇴하면서 남긴 이야기를 중심으로 기술하였다.

4장에서는 미조직 교회이던 독립문교회가 조직 교회가 된 과정과 의미, 이혁 목사가 담임목사로 부임한 후 독립문교회에 어떤 변화가 있었는지를 이혁 목사의 목회 활동과 교인들의 신앙 훈련, 교회 성장을 위한 노력 들을 중심으로 정리하였다. 이혁 목사 시대, 독립문교회의 위기 상황은 상세히 기록하지 않고 위기에 처한 교회를 일으켜 세우기 위한 교회와 교인들의 노력들을 기술하였다. 이렇게 두 목회자를 중심으로 교회의 모습을 정리하면서 목회자 부인인 사모의 존재에 대해서도 기술하였다. 왜냐하면 독립문교회 서상중 목사의 부인 조정자 집사와 이혁 목사의 부인 한선아 사모의 위상과 역할이 매우 달라서 사모상에 관해 생각할 거리를 던져주기 때문이다.

5장에는 독립문교회 30년 이후 40년이 되기까지 10년의 역사를 담았다. 독립문교회 3대 담임 목회자인 김성희 목사의 교회를 회복하기 위한 노력과 마을목회 활동을 중심으로 서술하였다. 여성 목회자로서 김성희 목사의 목회 활동과 코로나19 위기 상황에서 독립문교회가 어떻게 대처해 나갔으며, 어떻게 패러다임을 전환해나갔는지를 기술하였다. 또한 김성희 목사가 여성 담임목사라는 데 주안점을 두어 그가 한 여성 목회 활동에 관한 부분도 같이 기술하였다. 이 장에서 마을목회에 관한 부분을 많이 서술했는데, 이는 마을목회를 하려는 이들에게 이정표 역할을 했으면 하는 바람에서다.

『독립문교회 40년 발자취』는 1부 통사와 2부 교인들의 글, 부록으로 나누었다. 이 책을 쓰면서 독립문교회 역사를 크게는 10년 단위로 쪼개어 연대기적으로 서술했지만, 세부 사항은 연대기보다 항목을 중심으로 기술하였다. 2부에는 40년사를 준비하면서 진행되었던 좌담회 요약본, 교인 4명의 글과 김성희 목사의 2022년 창립주일 설교 그리고 글 두 편을 담았다. 좌담회 기록을 남긴 것은 그 내용이 살아있는 증언으로 가치가 있고, 문서기록에 없는 많은 이야기가 담겨 있기 때문이다. 장년 좌담회는 본문에 많이 인용했기에 따로 싣지 않았다. 부록으로 주요 교회 연혁과 목회자와 제직 명단을 4~5년 단위로 정리해서 게재하였다.

『독립문교회 40년 발자취』를 집필하는 데 많은 어려움을 겪었다. 초대 서상중 목사는 주보, 공동의회와 제직회 회의록, 회계장부 등을 꼼꼼하게 기록해두었다. 이것은 초기 독립문교회 역사를 아는 데 큰 도움이 되었다. 아쉬운 것은 독립문교회가 지역사회를 위해서 실시한 선교들, 예를 들어 어린이 선교원, 공부방, 유치원, 어린이집 등에 관한 것은 시작했다는 기록은 있으나 그 기관에 대한 자료는 별도로 남아있지 않아 활동들을 서술하지 못했다. 부분적인 기록은 연혁과 좌담회 기록에 의존하였다.

독립문교회 20년 후부터 10년 동안의 기록은 사실상 공백기나 다름없다. 이혁 목사의 재임 기간의 기록이 거의 없었다. 이 시기의 기록은 노회에 보고된 독립문교회 상황보고서와 김성희 목사의 인도로 열린 좌담회 기록에서 끌어낼 수밖에 없었다. 기록과 기록보존의 중요성을 다시금 인식하는 기회였다.

독립문교회 30년 이후 40년에 이르는 이 시기의 교회사는 김성희 목사가 써놓은 마을목회와 여성 목회 원고와 설교, 공동의회 자료 등 김 목사가 제공한 자료를 중심으로 초안을 썼다. 이 초안을 김 목사가 다시 수정 보완하여 기술하였기에 김성희 목사와 공동 집필인 셈이다.

　『독립문교회 40년 발자취』는 시간의 한계, 자료의 한계와 더불어 필자의 능력의 한계 등, 여러 가지로 한계가 많다. 솔직히 기독여성단체의 역사와 운동사는 몇 권 썼으나 교회사는 처음이라 부족한 점이 많다. 미진한 부분은 50년사에서 보충할 것을 기대하며, 이렇게 부족한 대로 펴내는 이 책이 독립문교회의 미래를 여는 데 도움이 되면 좋겠다.

2022년 9월

글쓴이를 대표하여 한국염 씀

차 례

1부 ◆ 독립문교회 40년사

1장 _ 독립문교회 주춧돌, 행촌동 언덕 위 '민중교회'

1기(1982~2000)

2장 _ '민중교회' 창립 10주년, 이웃과 더불어

1기(1982~2000)

2부 ◆ 독립문교회 회고와 비전

1부

독립문교회 40년사

1장
독립문교회 주춧돌,
행촌동 언덕 위 '민중교회'

독립문교회 전신인 '민중교회'가 설립된 1980년대는 민주화의 격변기였다. 정치적으로 1980년 5·18 광주 민주화 항쟁, 군사정권에 의한 1987년 박종철과 이한열의 죽음, 권인숙에게 가한 부천경찰서 성고문 사건 등으로 촉발된 6·10 민주화 항쟁으로 문민정부 시대를 가능케 하였다.

경제적으로는 88올림픽을 통해 국가의 위상이 올랐고, 국가 경제가 성장 일로에 있었다. 그 이면에는 경제성장 일변도의 국가 정책으로 고통당하는 사람들이 생겨났다. 이미 1970년대부터 일자리를 찾아 농촌에서 도시로 몰려든 사람들은 주로 공장 노동자가 되어 저임금을 받으며 일해야 했고, 노동자와 도시빈민의 삶은 피폐해졌다. 이들의 주거지는 공장 지대나 도시 변두리의 달동네로 불리는 산동네였다.

종교적으로는 한국 개신교 100주년을 맞아 교회의 성장세를 드러내던 때였다. 한국교회도 한국 사회의 물량적인 성장 분위기를 따라 교회 성장 운동이 일어났다. 주로 양적 성장을 목표로 '우리 교회 교인 만들기'에 전력을 기울였다. 전국에 성령 운동과 기복주의, 내세 중심의 '복음화'

운동이 일어났다.

이런 복음화 운동과는 달리 사회적으로 광주 민주화 항쟁을 기점으로 민주·민중·민족의 문제가 크게 부각되었고, 분단과 통일문제가 시대적 과제로 중요성을 갖게 되었다. 이런 시대적 상황에서 1970년대부터 빈민 선교와 노동자 선교를 하던 목회자와 노동자들이 도시빈민 지역에서 민중교회를 세웠다. 이 교회들이 지역 주민과 함께하는 선교활동을 벌였고, 이를 민중교회 운동이라고 한다. 1980년대 초에 시작한 민중교회는 1992년에는 114개나 되었다.

1. '민중교회'라는 이름의 교회가 탄생하다

독립문교회의 전신인 '민중교회' 창립은 한국 사회가 광주 민주화 운동으로 요동치던 시기를 시대적 배경으로 하고 있다. 서상중 목사가 종로구 사직동에서 '민중교회'라는 이름으로 교회를 개척한 것이 지금의 독립문교회 뿌리다.

교회 창립자인 서상중 목사는 본디 목회자가 되려고 했던 사람이 아니라 공직자요, 사업가였다. 수원에 있는 서울대학교 농과대학 부설 '한국지역사회 개발대학'을 졸업한 후 부흥부(현 기획재정부) 지역사회개발위원회로 파견되었다. 이 지역사회개발위원회가 새마을 운동에 강제 편입되어 제주도 도청 4급(을)에 보임되었다. 서상중은 재건복을 입고 굽실거리는 것이 성격에 맞지 않아 2년 후 사표를 내고 30대 중반에 서울로 올라와서 사업을 하였다. 천호동에서 스티로폼 공장을 했는데, 그 공장에 불이 났다. 서상중은 이 사태를 접하고 '하나님이 막으신 거다'라고 해석을 했다. 이미 결혼해서 초등학교에 다니는 자녀들이 있었지만, 목회자가 되어 교회를 섬기다가 생애를 마감하겠다고 결심하였다. 목회자가 되려면 신학 공부를 해야 하는데, 당시 사업을 하고 있었기 때문에 야간 신학교에 다닐 수밖에 없었다. 수소문 해보았더니 서교동에 야간에만 운영하는 대한신학교가 있었다. 2학년으로 편입하여 낮에는 사업을 하고 밤에는 신학교에 다녔다.

신학교에 다니면서 서상중 전도사는 매일 아침 인왕산에 올라 '지역사회가 필요로 하는 교회, 가난하고 이름 없이 살아가는 사람들을 위한 교회를 설립하고 싶다'는 기도를 드렸다. 대한신학교를 졸업했으나 나이 때문에 기존 교회로 가는 것을 포기하고 교회를 개척하겠다고 마음을 먹었다. 어느 날 가족과 친지들이 함께 모여 예배를 드리던 중, 교회를 설립하고 싶다는 뜻을 내보였더니 그 자리에 모인 사람들이 모두 적극적인 지지를 표명하였다. 그때 그의 나이는 49세였다. 그가 개척교회를 할 엄두를 낼 수 있었던 것은 고등학교 교사인 부인이 버팀목이 되어주었기 때문이다. 가계 부양과 자녀 교육은 부인이 감당하였기에 개척교회 사역에 전념할 수 있었다.

교회 출발은 서상중 전도사의 자택인 서울시 종로구 무악동 59번지 13호 연립주택에서 가정예배로 시작되었다. 1981년 12월 20일 서상중 전도사의 인도로 첫 예배가 시작되었다. 독립문교회 역사가 시작된 것이다. 첫 예배 참석자는 김명희, 조성수, 조정자, 강호자, 안태진 씨와 서상중 전도사의 형제와 부인의 형제들, 서 전도사의 자녀들이었다. 가정교회로 예배를 시작한 지 2년 후인 1983년에 서상중 전도사는 대한예수교장로회(대신) 교단에서 목사 안수를 받았다. 그는 안수받은 후, 목회를 제대로 해야겠다는 생각에 예배처를 마련하기로 했다. 서대문 영천

동 주변에서 교회 장소를 찾다가 종로구 사직동 체신문화회관 7층 15평 건물을 전세로 임대했다. 서 목사의 사모 조정자 씨가 임대를 위한 헌금을 해서 이루어진 것이다.

왜 교회 이름을 '민중교회'로 지었나?

1982년 2월 28일 11시, 드디어 교회로서의 면모를 갖추고 창립 예배를 드렸다. 이때 참석한 예배 인원은 8명으로 담임 목회자인 서상중 전도사와 서 전도사의 가족과 친척들인 조정자, 서경률, 조성수, 김명희, 안태진, 강호자 등 7명으로, 이들에 의해 교회가 시작되었다. 첫 예배를 드린 다음 주일에 서상중 목사는 교인들에게 교회 이름을 '민중교회'로 하겠다고 선언했다.

서 목사는 교회 이름을 왜 '민중교회'라고 했을까? 이를 이해하기 위해서는 서상중 목사의 신앙의 뿌리를 알 필요가 있다. 서 목사는 전라남도 해남에 있는 한국기독교장로회(기장) 해남읍 수성교회 출신이다. 당시 해남읍교회 담임목사 이준묵은 해남의 성자라고 불렸고 기장 총회장, 한국신학대학(后에 한신대학교로 바뀜) 이사장을 역임한 분이었다. 해남읍교회에서 함석헌 선생님을 초청해서 강연회를 했는데, 당시 청년이었던 서 목사는 그분의 강의를 통해 민중이라는 의미와 성경을 보는 원리를 배웠다고 한다. 함석헌 선생을 만난 경험이 기폭제가 되어 대한신학교 시절, 한신 학생 동아리들과 교류하면서 민중목회에 대한 인식을 높였고, 당시 선교교육원 원장이었던 서남동 교수님의 강의를 들으면서 민중신학에 대한 이해를 넓혀갔다.

서대문에 있던 선교교육원(지금의 총회교육원)은 박정희 유신독재 치하인 1976년에 기장 교단의 사회선교정책 강화를 위해 캐나다 선교부와 독일 개신교 선교회의 지원을 얻어 설립되었다. 유신독재에 항거하다 많은 대학생이 제적당하고 교수들이 해직되자 교육원은 특별히 위촉생 교육과정을 개설하였다. 한신을 비롯해 여러 대학에서 제적당한 학생들이 선교 교육원에서 신학을 공부하고 기장의 목회자가 되었다. 이곳의 교수들은 주로 한신의 해직 교수들과 한신 교수들을 비롯해서 각 대학교에서 해직된 교수들로 강사진을 구성하고 있었다. 이곳에서는 민중신학을 가르쳤는데 안병무, 문동환, 서남동 교수가 역대 원장으로 있었다. 이 선교교육원의 교과목과 교수들 때문에 대학에서 제적당한 학생들뿐만 아니라 수많은 일반인도 청강을 했는데, 서상중 목사도 그중 한 명이었다. 이 모임을 통해 상계동에서 민중교회 운동을 하는 젊은 목회자들을 만나게 되고, 이들에게 자극을 받아 민중교회를 세우겠다는 꿈을 갖게 되었다. 이 꿈이 열매를 맺어 교회를 개척하게 되었고, 교회 이름을 '민중교회'라 짓게 된 것이다.

서상중 목사는 교회 이름을 민중교회로 정하게 된 과정을 이렇게 회고한다.

"입당 첫 주일예배 후, 교회 이름을 '민중교회'로 할 것을 신도들에게 선언했다. 지난날 민중신학을 공부하던 중, 도시빈민선교회의 활동과 서울 변방 밑바닥 인생의 삶을 목격하게 되었는데, 그때 이런 부류의 사람들과 삶을 함께해야겠다는 생각을 하게 되었다. 때마침 상계동에서 민중교회 운동을 하는 목회자들과의 만남에서 민중들과의 삶을 살아야겠다는 신념을 더욱 굳히게 되었다. 이것이 또한 민중교회라는 이름을 선언하게 된 동기가 되기도 했다."

'민중 선교원' 설립으로 사회선교를 시작하다

이렇게 교인 7명으로 시작했던 '민중교회'는 교회가 창립된 이듬해인 1982년 4월 13일, 민중선교의 첫걸음으로 사직동 언덕에 '민중선교원'을 설립하였다. 서 전도사의 신학교 후배인 김미리 씨가 선교원 책임자로 부임하였다.

당시 민중교회에서는 전도가 목적이라기보다는 민중을 섬기는 길의 하나로 세운 것이기 때문에 선교원이 아니라 '탁아방'이라고 불렀다. 그러나 '민중교회'가 다른 민중교회들처럼 탁아방이라고 부르지 않고 선교원이라 한 것은 당시 일반교회의 관행을 따른 것이다. 선교원이란 어린이집을 인가받아 운영할 자격과 여건이 안 되는 교회들이 유치원 형식과 어린이집을 접목한 시설을 선교원이란 이름으로 운영하는 경우가 많았다. 교회에서 운영하는 기관이라 어린이집보다 저렴한 가격으로 운영하였다.

민중어린이선교원의 원아를 모집하자 52명의 아이들이 왔다. 이 아이들의 어머니들을 대상으로 선교원 자모회를 조직했다. 서 전도사가 자모회를 조직한 것은 이 자모회원들을 선교원 운영의 주체로 삼기 위함이었다. 당시 민중교회에서는 교인들을 타자화하지 않고 주인으로서 서는 것을 중요하게 생각하였다. 서 목사는 자모회원 가정을 교인 가정이라는 개념으로 방문하고, 어린이 교육과 삶의 이야기를 나누며 상담을 하였다. 선교원에서 하는 어린이 대잔치, 어린이 야유회까지 동행하며 자모들과 밀착 선교에 집중하였다. 서 전도사는 선교가 전도이고, 전도가 선교라는 신념에서 어린이 선교원을 교회 운영과 같은 선상에 두었다. 그의 노력 덕분에 선교원 어린이의 반 이상이 교회에 나오게 되었고,

자모들도 일부 교인이 되었다. 이 아이들을 대상으로 교회학교를 시작했다. 선교원이 그야말로 선교센터가 된 셈이다. 그 결과 개척 1년 만에 신도가 50명, 중고등부 학생 20여 명, 교회학교 학생 30명의 결실을 얻었다. 아이들의 자모 중 일부는 민중교회의 집사가 되었고, 중추적인 교인이 되었다.

교회를 개척한 지 초기 2년 동안에는 '민중교회'가 조직을 갖추지 못하다가 교회 창립 2년 만에 1984년 제직회를 구성하게 된다. 박재심, 명순임, 양양림, 이경례, 신을순, 양정희 등 6명의 여집사가 임직되었다. 임직 집사들이 피아노, 방석, 커튼 등 교회 비품을 마련하였다. 이렇게 제직을 선임하고 제직회를 구성해서 민중교회는 교회 규모를 갖추기 시작했다. 목사 자녀와 목사 자녀의 친구들을 비롯한 청소년들이 교회에 나오기 시작해서 중등부를 조직하였다. 교회학교 규모가 어린이부, 청소년부로 확장되었다. 그해 10월 5일에는 청년회를 조직하였다.

2. 행촌동에 터를 잡고 교회 건물을 짓다

교인이 늘어나자 더 넓은 장소가 필요하였다. 제직회 구성 2년 만에 제직회에서 교회 건물을 신축할 것을 결의하였다. 서상중 목사는 남의 건물에 임대로 있다가 1~2년 후에 건물 주인이 나가라고 하면 또 예배 장소를 옮겨야 하는데, 이것이 교회 안정에 도움이 되지 않는다는 생각에 무리해서라도 건물을 구입하기로 작심하였다.

1983년 3월 1일 종로구 행촌동 210-167에 대지 52평을 매입하였다. 행촌동은 1914년 이곳에 있던 동리인 은행동과 신촌동에서 각각 '행' 자와 '촌' 자를 따서 합성한 데서 유래되었다고 한다. 한국전쟁 당시 성곽을 사이에 두고 인민군과 국군이 대치하던 동네였고 전쟁의 상흔이 많이 남은 곳이기도 하다. 성곽에는 판잣집이 줄지어 있었다. 전쟁이 끝나고 돌아갈 곳이 없는 이들이 이곳에 임시 거처를 마련했다. 그러다가 판자촌 사람들이 성남으로 이주하면서 행촌동에 사는 이들도 많이 성남으로 이주하였다. 행촌동 일대의 집들은 80년대까지 여전히 판잣집이거나 시멘트로 만든 블록 위에 기와를 얹어 만든 '와가'였다. 이렇듯 낙후된 이미지를 가진 달동네였다.

이런 동네라 상대적으로 토짓값이 저렴하였다. 대지 구입은 서 목사의 부인인 조정자 씨와 그의 형제들인 조승웅, 조성수 그리고 서상원의 헌금과 전세금을 안고 2,200만 원에 매입하였다. 대지를 구입하고 처음부터 교회 건물을 지은 것은 아니다. 당시 독립문교회가 구입한 대지에 'ㄷ'자 모양으로 된 한옥이 있었고, 이 건물에 두 가정이 임대로 살고 있었다. 두 집 중 한집은 전세를 주고, 다른 한 집을 조금 개조해서 약 3년 동안 온돌방에서 방석을 놓고 예배를 드렸는데, 방이 교인들로 꽉 찼다.

1985년 초, 제직회의 제안으로 공동의회에서 교회를 건축하기로 의견을 모았다. 1985년 4월 7일에 교회 건축 기공예배를 드렸다. 건물 건축에 필요한 자금은 은행에서 땅을 담보로 융자를 받았다. 원래 있던 'ㄷ'자 형태의 집 두 채를 허물고 52평의 네모반듯한 건물을 지었다. 교회 건물을 짓는 기간 동안 예배는 다시 무악동 서 목사 자택에서 드렸고, 선교원도 임시로 문을 닫아야 했다(선교원은 교회 건물이 완공되고 나서 재개되었다가 나중에 교회가 세운 어린이집으로 통합되었다).

교회를 지을 때 비용을 절약하기 위해 교인들 모두가 인력 봉사를 했으며, 특히 청년들이 건축 자재를 나르는 등 건축에 힘을 쏟았다. 그러나 교회를 건축하는 과정은 순탄하지 않았다. 공사가 시작되자, 몇몇 중심이 되는 집사들이 재정적 부담으로 교회를 떠나는 아픔을 겪었다. 3개월이면 끝나야 할 공사가 6개월 이상 지연되었다. 초기에 마을 통장이 앞장서서 청와대와 구청에 진정서를 제출하는 등 공사를 방해하는 바람에 많은 어려움을 겪었다. 워낙 불교계가 강한데다가 국사당도 있는 곳이다 보니 교회를 여기에 세우는 것 자체를 싫어했다. 교회 들어오면 시끄럽다. 땅값 떨어진다. 반대하는 이유들이 많았다. 예배당을 1층에 두지 않고 지하로 정한 데에는 주민들이 시끄럽다고 항의할 것을 우려했기 때문이었다. 교회가 2층 건물이라 위에서 내려 보여서 샤워를 못해 불편하다는 집도 있었다. 그 집에 샤워실이 따로 없고 마당에서 했는데 그걸 못하게 되었으니 불평할 만했다. 처음에 공사할 때, 옆집의 반대가 심하다 보니 지하를 깊게 파지 못해 본당이 얕아졌는데, 이는 물난리를 겪는 원인이 되었다. 설상가상으로 교회 신축 공사 도중에 마을 아이한 명이 사망하는 불상사가 일어났다. 서 목사는 목회를 해야 하기에 서 목사의 형님이 책임을 지고 대신 옥고를 치르는 아픔도 있었다. 이토록 교회가 세워지기까지 크고 작은 어려움과 고난들이 있었지만, 시간이 가면서 반대도 줄어들었고 마침내 준공을 하게 되었다.

우여곡절 끝에 1985년 6월 29일, 종로구청으로부터 준공검사 필증이 나왔다. 창립 4주년이 되는 1986년 2월 23일에 입당예배를 드리면서 전교인이 감격의 눈물을 흘리며 기쁨과 감사의 기도를 드렸다. 입당예배 시, 교회 건축에 공로가 큰 이순욱, 신을순, 이 두 사람에게 건축 공로 표창장을 수여하였다.

3. 초기 '민중교회'의 예배·조직·교육·재정

'민중교회'의 예배

'민중교회'의 예배는 여느 교회처럼 오전 11시에 드리는 주일 낮 예배를 기본으로 하였다. 예배순서는 부름과 나옴, 말씀과 신앙, 보냄과 분류로 진행되었다. 부름과 나옴 순서는 전주, 예배 부름, 송영, 고백 기도, 용서의 선언, 영광 찬송, 오늘의 기원(집사 기도)이다. 말씀과 신앙은 옛 계약의 말씀(구약성경), 새 계약의 말씀(신약성경), 특별찬양, 오늘의 증언(설교), 신앙고백, 성도의 교제, 봉헌사, 예물봉헌, 봉헌기도 순이다. 보냄과 분류는 선교 소식, 결단의 찬송, 파송의 말씀, 축복의 기원 순서로 진행되었다. 한 달에 한 번 성찬식을 거행하였다.

주일 밤 예배는 저녁 8시에 드려졌고, 수요기도회는 성경 강해로 진행되었다. 예배는 담임목사가 인도하였고, 봉사위원이 있어 예배가 순조롭게 인도되도록 했다. '민중교회' 예배 중 특이한 것은 대표 기도를 일반 교회에서는 보통 1명이 하는데, 민중교회에서는 매주 예배에서 3명의 집사가 대표 기도를 하였다. 그 외에 봉헌위원이나 안내위원들이 교회를 섬겼다. 또 하나 주보 봉사가 있는데 주일학교와 청년회 주보 봉사자를 정해 주보를 만들었다.

'민중교회'의 조직 발전

새 교회로 입당하고 나서 '민중교회'는 여집사 6명만 있던 조직을 10명의 남녀 집사로 확대하였다. 유완식, 박옥출, 이순욱, 표정의, 김영옥, 신남호(後에 신서현으로 개명), 주진아. 추연화, 유만상, 이복순 등, 10명의 집사들이 임직하였다. 해마다 서리 집사 제도가 정착하기 시작했다. 1989년 3월 26일에는 공동의회를 열어 유완식, 박옥출, 이순욱 3명을 안수집사로 선출하였고, 박재심, 명순임이 권사로 취임했다. 교회는 안수집사, 권사의 취임으로 조직이 강화되었다. 당시 안수집사의 무게가 얼마나 컸는가 하는 에피소드를 유완식 장로의 부인인 신남호 권사로부터 들어보자.

"우리 가족은 그때 인천에서 살고 있었기 때문에 교회를 인천에서 다녔어요. 그때는 자가용이 없었어요. 애들을 데리고 인천에서 삼화고속을 타고, 신촌에서 내려서 또 교회로 오는데 세 번을 갈아타고 오다 보니 제시간에 맞춰 오기가 힘들었어요. 예배 시간에 한 5분 10분 늦게 되더라고요. 그래서, 그게 너무 힘들었어요. 또 어머니께서 이 산동네까지 오시는 걸 너무 힘들어하셔서 어머니는 가까운 데 다니시라고 했지요. 어머니가 '임마누엘교회'를 다니셨는데, 그 교회 분들이 오셔서 저희도 '임마누엘교회'를 나오라고 권유했어요. 하지만 저희는 지키는 교회가 있고, 남편이 안수집사가 되었는데, 아무리 멀다고 해도 주일은 성수해야 한다는 그런 마음으로 교회를 다녔어요. 생각해 보면 젊었으니까 그렇게 왔지, 좀 힘들었지요."

교회를 창립하고, 선교원을 통한 선교활동을 하고, 교회 건물을 짓고, 교인들의 신앙 훈련을 해온 '민중교회'는 80년대를 마감하는 1989년에 돌아보면 장족의 발전을 하였다. 1989년 1월 1일 공동의회 회의록을 통해 그 발전상을 살펴보자.

공동의회	의장	서상중
	서기	이순욱
	부서기	박옥출
제직회	회장	서상중
	서기	이유준
	회계	유완식
	부회계	주진아
	총무부	유완식, 김영옥, 이정숙
	전도부	신을순, 박은숙, 김행택
	재정부	유완식, 주진아, 이유준, 양정희
	관리부	박옥출, 이능섭, 심영애
	친교부	전미영, 명순임, 김희숙
	선교부	서점례, 박재심, 최옥분
	교육부	이은선, 박영희, 신남호, 서경률
교역자 회의	목사	서상중
	전도사	이송분, 오영광
구역장	제1구역장	주진아
	제2구역장	박은숙
	제3구역장	김영옥
	제4구역장	최옥분
	제5구역장	신남호
기관장 회의	남전도회장	이순욱
	여전도회장	주진아
	청년회장	이동형
	학생지도	박영희, 박공선
	유년부장	이유준
주일학교 교사	이유준, 전미영, 박종옥, 김은수, 오영광, 정미숙, 지연희, 황정례	
성가대	서윤표, 이동형, 박종옥, 이태준, 김진석, 김은숙, 전미영, 김소연, 지연희, 이현숙, 정미숙, 기경아	

강화된 교회 조직의 면모를 보여주는 것 중 하나가 전교인 합동 체육회와 야외예배다. 합동 체육회와 야외예배에 50여 명이 참석하였다. 합동 체육회를 통해 교인들의 단합심을 기르게 되었다. 야외예배는 복잡한 도시환경을 떠나서 사람의 손으로 지은 문명의 산물이 아닌 하나님의 창조하신 자연 동산에서 직접 하나 되는 신성한 경험과 함께 순서들을 통하여 성도들 개개인의 자기 발산과 서로 간의 화해와 교제가 깊어지는 기회가 되었다.

교회학교의 확장과 발전

교회학교도 발전하였다. 1987년 1월에 '민중교회'는 박옥수 전도사가 부임하면서 미인가 유치원을 개소하였다. 지역사회를 위한 교회 기관을 확장한 것이다. 유치원과 연동되어 교회학교에 유치부가 생겼고, 전미영 집사가 유치부 전담 교사로서 유년부장을 겸임하였다. 교회학교의 부서도 어린이부, 중등부에서 유치부까지 확장되어 교회학교의 각부서가 자리를 잡게 되었다.

교회교육도 일취월장하여 어린이 여름성경학교와 청년 여름 수양회를 실시하였다. 교육관 공사를 해서 선교원도 재개원하였다. 중학생들이 많이 왔다. 교사인 사모의 인도를 따라온 학생들도 있고, 미션스쿨에서 친구들의 인도로 교회에 나와 또래들이 많이 생겼다. 건축하고 나서 어린이부와 중등부 학생들의 수가 늘었다. 이 학생들이 동네에서 전도하여 아이들을 데리고 왔다. 대예배 드리고 난 후 2부 예배는 학년별로 나누어 반끼리 예배를 드리고, 선생님들과 성경 공부를 하였다. 그렇게 온종일 교회에서 지냈다. 중고등부에 다니는 학생들이 초등부와 유치부

보조교사를 하니 주일학교가 더 활성화되었고, 중고등부 학생들이 성가대원이 되기도 했다.

주일학교가 활성화되자 청년과 학생회 전도 그리고 교육 사역을 담당하는 교육 전도사로 한국대학생선교회 CCC 간사훈련을 한 사람을 선임하였다. 교회가 대학생선교회에서 간사훈련을 한 전도사를 초빙한 것은 순모임을 통해 제자훈련을 강화해 교회를 활성화하려는 뜻에서였다. 순모임은 쉽게 말해 소그룹 성경 공부 모임으로, 대학생선교회(CCC)가 개발한 제자훈련의 한 방식이다. 기장에서는 구역모임이라고 하는데, 일반교회에서는 CCC의 방법을 도입해 순모임을 하는 경우가 많고, 구역과 순을 합쳐 구역 순모임이라고도 한다. 그룹을 하나의 순으로 조직하고 순원들을 인도하는 순장이 있다. 순모임을 위해 소그룹 성경 공부 교재들이 있는데, 소그룹 성경 공부가 왜 필요한지, 순 성경 공부의 특색은 무엇인지, 순모임 성경 공부반의 조직은 어떻게 하는지, 순모임 성경 공부의 시작, 토의를 위한 좋은 질문 만드는 방법 등을 안내하는 교재들이 있다. 구역 순모임뿐만 아니라 청년회 직장선교회 순모임, 직장여성선교회라는 순모임이 발족되었다.

'민중교회'의 재정

이렇게 교회 조직이 발전한 데 비해 재정 상태는 매우 열악한 형편이었다. 공동의회에 제출된 1989년 예산안을 보면 약 1천 8백만 원의 예산을 세웠다. 수입은 십일조, 주일 헌금, 절기헌금, 심방을 비롯한 각종 감사헌금 그리고 건축 헌금 등으로 1천 8백 3만 원이었다. 지출은 교역자 사례비로 월 35만 원씩, 연 420만 원과 부흥강사 사례비(30만 원씩, 연 2회) 60만

원이 책정되어있을 뿐, 대부분의 예산이 교회 건축 시에 토지를 담보로 융자한 융자금 지출과 사채 이자(950만 원가량)로 잡혀있다. 노회비, 관리비, 선교활동비를 비롯한 교회 살림에는 고작 350여만 원만이 책정되어 있다. 교회 재정 절반 이상이 융자 상환으로 매우 불균형을 이루고 있음을 볼 수 있다. 교회 재정을 총괄하였던 유완식 장로는 "그럼에도 교회가 유지된 것은 하나님의 은혜로 생각할 수밖에 없다"라고 말했다.

4. '민중교회'의 정체성 강화와 신앙 훈련

1986년에 교회 건물을 신축하여 입당예배를 드린 후 본격적인 교회 조직을 정비하기 시작하였다. 주일예배는 지하실에서 드렸고, 1층은 선교원으로 사용하였다. '민중교회'는 민중교회로서, 지역을 섬기는 교회로서의 정체성은 분명히 하면서도 신앙생활은 한국의 일반적인 교회와 동일한 모습을 하고 있다. 주일예배를 기본으로, 각종 예배와 성경 연구 등을 통해서 교인들의 신앙 훈련과 '민중교회' 교인으로서의 정체성 확립에 힘을 쏟았다. 정체성 교육은 주로 주보를 통해서 이루어졌다.

1988년도 주보를 보면 뒷면에 교회안내와 더불어 고정란이 있다. 이 고정란 한 면을 통해 민중교회 교인들의 신앙 훈련과 정체성 확립을 위한 교육을 하였다. '민중교회'는 1988년부터 교인들에게 '민중교회' 교인으로서의 정체성을 갖도록 주보를 통해 교육하였다. 1988년에는 '내일의 민중교회 신앙과 실천을 위한 고백'을, 1989년에는 '새 신자가 알아야 할 일들', '교회의 과제'를 시리즈로 실었다. 또한 교회 표어를 제정해 그해 교회의 방향을 설정하였다.

'민중교회 교인'으로의 정체성 훈련

내일의 민중교회 신앙과 실천을 위한 고백

1. 우리는 성경이 증언하는 창조주 하나님을 믿습니다. 하나님은 영원하신 은총의 약속 안에서 하늘과 땅과 다함이 없는 사랑의 능력으로, 온 우주와 그 가운데 생명을 새롭게 하시는 창조주이십니다.

2. 우리는 구원의 주 예수 그리스도를 믿습니다. 예수는 사람의 아들로 태어나시어 가난하고 억눌린 자의 친구가 되셨으며, 악의 세력에 맞서 사랑의 저항을 하시다가 고난을 받으시고 십자가에 달려 죽으셨습니다. 그러나 제3일에 다시 부활하시어 하늘과 땅의 모든 것을 바로 잡으시고 인간과 역사와 자연을 속량하시어 하나님과 화목하게 하시는 화해의 주님이십니다.

3. 우리는 하나 되게 하시는 성령을 믿습니다. 성령은 자유케 하시는 영으로서 사람들로 하나님의 형상 곧 예수 그리스도를 닮도록 변화시키시고, 우리는 정의와 평화를 위해 일할 때 온갖 고난을 이기는 용기와 지혜와 희망을 주시며 인류해방의 새 삶을 창조해 가시는 보혜사이십니다.

4. 우리는 그리스도의 몸이요, 어머니 같은 교회를 믿습니다. 교회는 믿음의 공동체로서 신도가 함께 모여 하나님을 예배하고, 신도가 흩어져서 그리스도의 나라가 임할 때까지 세계의 평화와 민족의 평화통일을 위해 부름받은 하나님의 선교공동체입니다.

5. 우리는 이 역사의 종말적인 완성을 믿습니다. 예수 그리스도가 다시 오심으로 이 역사의 종말이 오고 하나님의 의로운 심판으로 모든 것이 회복되고 모든 것이 완성될 때까지 우리가 이 세상에서 믿음으로 성취한 몸의 부활과 영원한 삶에 참여하게 될 것을 믿습니다.

이 고백문을 1988년 6월 12일부터 한 달 동안 주보에 게재하였다. 신앙과 실천을 위한 고백문을 보면 어느 교회의 신앙고백과는 맥이 다름을 볼 수 있다. 비록 '민중교회'가 민중교회 운동체에 회원으로 속해 있지는 않지만, 민중교회 본연의 정체성을 갖고 교인들의 신앙지도를 하고 있음이 드러난다.

새 신자가 알아야 할 일들에 대한 안내문을 만들어 새 신자 교육

'민중교회'는 신앙과 실천을 위한 고백문 다음으로 "새 신자가 알아야 할 일들"을 주보에 시리즈로 안내하고 새 신자 교육을 하였다. 새 신자 교육의 내용은 기독교인이 되는 구체적인 몇 가지 규례와 법도들이 있음을 알리고 여섯 가지 항목을 안내하고 있다.

6가지 항목은 교회란 무엇인지, 교회가 하는 일은 무엇인지, 교회 내의 직분, 예배의 참뜻, 교회의 집회에 대해, 교회 생활, 그리스도교란 무엇인가, 그리스도의 경전은 어떤 것인가, 성령이란 무엇인가, 교회 생활을 어떻게 할 것인가, 기도하기, 전도하기, 성경 공부와 성경 읽기 등에 관한 실제적인 내용과 방법 등이 안내되어 있다. 이 "새 신자가 알아야 할 일"은 비록 새 신자라는 대상이 붙어있지만, 사실상 교인 전체를 위한 교재이다.

이렇게 '민중교회' 교인으로서의 정체성을 확립하도록 교육하고, 새 신자로서 알아야 할 내용들을 교육한 교회는 1989년에 한 해 동안 교회가 할 과제를 다음과 같이 설정하였다.

'민중교회'의 과제

1. 빈부의 격차가 극심한 오늘 가난한 자의 친구로, 고난받는 자의 형제가 됨을 교회의 책임으로 하여 가난한 자에게 복음을 전파하는 것

2. 구조 악에 밀려난 인간의 기본 권리와 자유를 빼앗긴 자의 억울함을
   위로하고 대변하여 비인간화로 이끄는 원인 제거에 관심하는 것
3. 세상의 비위와 불의에 대하여 교회는 예언자적 사명을 다함으로써
   고난의 종의 길을 바로 걷는 것
4. 한국적 전통문화의 옥토에 기독교를 올바로 심어서 기독교적 한국문
   화 건설에 모범이 되는 것
5. 자체 교회만의 확장과 미화 치장을 지양하고, 주변 환경과 조화를 이루
   며 세상을 위해 선교하는 교회를 지향하는 것

　이 과제설정은 앞의 '민중교회'로서의 정체성 확립과 맞물려 있는
것으로, 민중교회의 시대적 사명을 잘 드러내고 있다. 이 과제는 민중교
회들뿐만 아니라 개혁적 교회가 추구해야 할 사명이기도 한데, 이런 시
대적 사명을 '민중교회' 교인들이 얼마나 이해하고 수용했을지는 미지
수다. 그만큼 어려운 과제이기 때문이다. 이 과제는 대한예수교장로회
에 속한 교회가 설정한 과제라고 보기가 어렵고 오히려 한국기독교장로
회가 내건 과제나 민중교회운동연합에서 제시한 과제에 가깝다.

　교회 표어로 한 해 교회 방향을 제시하다
　1990년은 '민중교회'의 출발점인 가정예배가 시작된 지 10년이 되는
해이며, '민중교회' 설립 8년이 되는 해다. 이때에 이르러 교회가 안정적
으로 자리 잡고 있음이 보인다. 1월에는 '민중교회'가 시작된 이후 처음으
로 "네가 어디 있느냐?"라는 교회 표어를 정했다. 창세기 3장 9절에서
하나님이 금지하신 선악과를 따먹고 부끄러움에 숨어있는 아담을 찾아
"네가 어디 있느냐?" 하고 물으신 질문이다. '민중교회'와 교인들의 삶의

자리에 대한 질문으로, 교회의 좌표에 대한 물음이었다.

이렇게 표어를 정한 '민중교회'는 교회 창립 10년 만에 양병룡 강도사(기장의 준목과 마찬가지)의 부임으로 부목회자 제도가 정착되었다. 그리고 성가대가 조직되어 지휘에 서윤표, 반주자 서정수, 지연희 체제로 자리를 잡게 되었다. 성가대가 조직될 정도로 자리를 잡아가고 있음을 말해준다. 제직들도 교회 기관을 책임지는 역할로 분화되어

성미관리 - 명순임 권사

예배기록 - 양병룡 강도사(기장의 준목)

강단관리 - 정미숙, 이현숙

헌금관리 - 유완식

청결정비 - 서점례, 양정희, 주진아

예배실 - 이순욱

교육관 - 박옥출

사무실, 회의실 - 표정의

각각 역할을 정해 일을 분담하기에 이른다. 제직들의 역량이 그만큼 강화되었다는 뜻이다.

'민중교회'의 신앙 훈련

'민중교회'의 신앙 훈련은 성경 공부와 금식기도, 신앙 강좌를 통한 제자훈련을 통해서 이루어졌다. 1989년 5월 첫 주부터 90년 4월 말까지 민중 성경 대학을 열어 1년 동안 각 기관 중심으로 성경 공부를 시작하였다. 기관의 임원은 의무적으로 참석하게 하였다. 청년회와 학생부를 대

상으로 합동 신앙 강좌를 연 3회 실시하였고, 성경 대학을 열어 교인들의
성경 지식과 이해를 넓혔다. 성경 대학은 청년회, 학생회, 교회학교 교사,
제직회 등, 대상별로 실시하면서 성경에 대한 이해를 넓히는 것뿐만 아
니라 부서에 속한 사람들 간의 친교도 깊어지게 하였다. 성경 대학에
참여한 이들은 다음과 같다.

청년회	이유준, 이정수, 이현숙, 이운선
학생회	지연희, 박민례. 김윤우. 전승수
주일학교 교사	김소연, 기경아, 장해경, 정미숙
제직회	서점례, 주진아, 신을순, 이순욱, 유완식, 박옥출

성경 대학과 더불어 '민중교회'는 교회의 발전과 교인들의 신앙 성숙
을 위하여 40일간 금식기도를 실시하였다. 전 교인이 40일간 금식기도를
하는 것이 아니라 교인들이 40일 동안 한 날을 정해 교회에 와서 금식기도
를 하는 것이다. 1989년 11월 6일부터 12월 15일까지 40일 동안 실시된
이 기도에 '40일간 금식기도 담당자 표'에 의거하여 40명이 참여하였다.
이 금식기도회 참여한 사람들의 기도자 표를 통해 당시 '민중교회' 주요
교인들의 명단을 살펴볼 수 있다.

서점례, 양정희, 이정숙, 신을순, 최옥분, 신남호, 심영애, 이옥순, 표한분, 주진
아, 김분심, 조정자, 박영희, 전미영, 서명옥, 정미숙, 이현숙, 박옥출, 이유준,
유완식, 이순욱, 서상중, 표정의, 이운선, 명순임, 이영순, 이태준, 기경아, 김옥
식, 박민례, 김성훈, 김윤우, 지연희, 서경률, 정미현, 김소연, 서윤표, 노종순,
표석용, 박재심

민중교회 신앙 훈련은 강좌로만 진행된 것은 아니다. 신앙강좌와 성

경 대학 프로그램 운영과 더불어 중고등부, 청년회, 남전도회, 여전도회가 돌아가며 주일 밤 찬양 예배를 주관하도록 하였다. 부활절에 전교인 성경퀴즈대회도 열었고, 특별간증집회(강사: 대전 중부교회 성경호 집사)를 열어 교인들의 신앙을 북돋았다. 이렇게 외부 초청 인사의 간증을 듣는 특별 집회 뿐만 아니라 수요 집회에서 교인들의 간증(김윤우 형제)을 듣는 순서도 마련하였다. 지역 주민을 대상으로 부흥 사경회 '예수 초청 대잔치'를 열어 지역에 교회의 존재를 알리기도 했다. 이런 노력의 결과 맥추감사절에는 교회가 창립된 후 처음으로 세례식을 거행하였다.

교회 창립 8주년에 예수 말씀 큰 잔치를 열다

90년도는 교회 창립 8주년이 되는 해다. 그해 7월 30일부터 8월 1일까지 3일 동안 부흥사경회에 해당하는 '예수 말씀 큰 잔치'를 열었다. 이 예수 말씀 큰 잔치는 이 해에 느닷없이 생긴 것이 아니라 민중교회 창립 이후 해마다 한 해에 두 번씩 해온 부흥사경회의 연장선에 있다.

당시 배포된 안내문에 의하면, '예수 말씀 큰 잔치'란 예수님의 말씀 잔치로 길 잃은 양 무리를 초청하는 기간이다. 교인 개인적으로는 그리스도의 제자로서 못다 한 본분을 다하기 위하여 피땀 흘려 수고하는 기회가 되고, 교회적으로는 "길모퉁이와 산을 두루 돌아 내 빈집을 채우라"라는 주님의 명령을 받드는 기회가 되게 하는 데 있다. 이 잔치의 목적은 연인원 400명을 초청하여 생명의 말씀을 나누게 하고, 120명의 결신자를 하나님 앞에 인도함으로써 살아계신 하나님이 함께 하심을 체험하고, 교회의 일대 부흥 전기를 마련하여 하나님께 영광을 돌려드리자는 데 있다.

이 큰 잔치를 위해 '민중교회'는 대회조직을 하였다. 대회장 밑에 준비

위원장을 두고 준비 위원회는 총무부(부장:박옥출, 차장:유완식), 예배부(부장: 이유준, 차장: 신남호), 전도부(부장: 신을순, 차장: 기경아), 홍보부(부장: 이운선, 차장: 기경아), 안내부(부장: 주진아, 차장: 박민례), 시설부(부장: 이순욱, 차장: 서정원, 김윤우), 재정부(부장: 유완식, 차장: 정미숙)를 두고 부서별 업무 분담을 하였다.

대회를 준비하며 서상중 목사는 교인들에게 대회 취지와 부탁의 말을 전하였는데, 이 계획이 이루어질까, 의심하지 말라고 하면서 재미있는 권유를 하였다.

"6·29가 '한국 민주사회'를 앞당기는 계기가 되었다면, 7·29는 길을 잃고 방황하는 생명들이 떼를 지어 주님 앞으로! 우리 민중교회로! 돌아오게 하는 계기가 될 것을 믿습니다."

여기서 6·29는 6·10 항쟁으로 노태우 대통령이 직선제를 하겠다고 선언한 날을 의미한다. 7·29는 큰 잔치를 하는 날이다. 7·29 예수 말씀 큰 잔치를 하면서 서상중 목사는 7월 29일! 그날부터 하나님 앞으로 돌아올 사람들을 위해 "400명 이상을 보내주소서!, 120명 이상의 결신자를 주옵소서!"라고 기도를 하도록 함과 동시에 이 잔치를 위해 모든 직장인이 휴가를 얻고, 결근계를 내어 참여하도록 독려하였다.

이렇게 1981년에 가정 교회 예배, 1982년에 교회 창립, 1986년에 교회 건축을 하고 1988년과 1989년에 조직을 정비한 민중교회는 교육을 비롯한 각종 프로그램을 통해 교인들의 신앙 훈련과 더불어 단합하는 기회로 삼았다.

기독교 언론개혁을 위해 새누리신문 창간위원이 되다

1990년 5월 7일에 '민중교회'는 '새누리신문' 창간에 창간위원으로 참여하였다. '새누리신문'이란 기독교인들이 예언자적 사명을 다하는 기독교 신문을 발간하자는 뜻에서 만든 기독교계 주간신문이다.

당시 기독교 언론들의 사주들은 대부분 기업인이었는데, 정부의 눈치를 보는 기업가들에 의해 운영되다 보니 소신을 다할 수 없었다. 그래서 "한겨레 신문처럼 국민들이 주주가 되는 방법으로 신문을 만들자!"라는 캠페인을 벌여 국민 주주를 모집하였다. 뜻있는 많은 교인과 교회들이 주주로 참여하였고, 신문 이름을 '새누리신문'이라 명명하여 마침내 1990년 5월 7일에 새누리신문이 창간되었다.

이렇게 만들어진 새누리신문의 초대 대표는 교회협의회 총무와 기독교방송 사장을 역임한 바 있는 김관석 목사였다. 편집국장은 동화작가로서 예리하게 교회 문제에 필치를 휘둘렀던 이현주 목사였다. 이 새누리신문은 애석하게도 시간이 지나면서 초창기에 참여했던 이들이 물러나고 재정난이 이어지면서 사업가에게 운영이 넘어가 그 본연의 임무를 다하지 못하게 되었다.

아무튼 이러한 새누리신문 창간에 '민중교회' 이름으로 참여했다는 것은 목회자의 정의로운 언론관을 보여주는 일이기도 하거니와 교인들이 함께 주주가 되고 구독을 했다는 점은 두 가지 측면으로 해석할 수 있다.

하나는 '민중교회' 교인들이 예언자적 목소리를 기다리는 시대적 요청에 응답했다는 긍정적인 측면이 있다. 다른 면으로는 기독교 언론 개혁에 대한 관심보다 담임목사의 요청에 응답한 측면도 있었던 것 같다.

2장
'민중교회' 창립 10주년,
이웃과 더불어

민중교회 창립 10주년을 맞은 1990년대는 문민정부가 들어선 때였다. 김영삼 정부에서 김대중 정부로 넘어가던 시절이었다. 1988년 성공적인 올림픽으로 국가의 위상은 올라갔다. 한국 산업계에서 반도체 사업이 시작되어 컴퓨터로 대변되는 정보통신산업에 진입하였다. 소위 세계화의 물결에 한국 사회가 합류하게 되었다.

1990년대 전반부에 굵직한 세계교회 행사들이 한국에서 열렸다. 1990년 3월 5~12일 기간에 세계교회협의회(WCC)가 주최하는 '정의·평화·창조의 보전(JPIC) 서울대회'가 개최되었다. 이 세계대회를 기점으로 한국기독교교회협의회(NCCK, 교회협)에 속한 교회들이 정의로운 사회, 평화로운 세상 그리고 하나님의 창조질서 보전을 위한 환경운동들을 교회의 사명과 과제로 인식하여 실천운동으로 나서게 되었다.

또한 대규모 평화통일 행사가 1995년에 한국에서 열렸다. 그해는 한국기독교교회협의회가 선언한 '1995년 평화와 통일 희년의 해'였다. 한국기독교교회협의회(NCCK)는 1988년 한국교회 분단과 해방 50년이 되는 1995년을 '평화와 통일 희년의 해'로 선포했다. 그해가 되자 '1995년 평화와 통일 희년의 해'를 맞이하는 각종 통일과 평화 행사가 전국 교회에서 진행되었다. 특히 1995년 8월 15일에 평화와 통일을 기원하며 한라에서 백두까지 이어지는 '남북 인간 띠 잇기' 행사와 북에 '사랑의 쌀 보내기' 운동을 전개하였다. 이런 행사에 한국기독교장로회(기장)가 주도적으로 참여하였다.

한편 1992년 여의도광장에서 순복음교회와 성령운동 계열의 부흥사들이 주도한 '92 세계성령화대회'가 개최되었다. 이 대회를 계기로 성령운동과 교회 성장이 대부분의 한국교회를 주도하는 흐름이 되었다.

뜻하지 않게 90년대 후반부에 국가 부도 사태가 발생하였다. 1997년 한국이 국제통화기금(IMF)의 관리를 받게 된 상황이 발생한 것이다. 이러한 외환위기 앞에서 모든 국민이 '금 모으기' 대열에 참여하는 등, IMF를 벗어나기 위해 구국적 열정을 보였고, IMF를 극복하기 위해 전 국민이 노력을 기울였다.

그러나 불어닥친 세계화의 물결과 신자유주의 경제체제 하에서 많은 국민이 극심한 고통을 받고 있었다. 중산층이 축소되고 빈곤층이 증가하는 양극화 현상이 급속히 진행되었다. 가장들이 일자리를 잃었고, 여성들이 비정규직으로 떨어지거나 일자리를 잃어 생존 문제에 직면했다. 밥을 굶는 어린이들의 문제가 심각해지자 정부에서 생활이 어려운 아동들을 위해 공부를 도와주고 끼니를 제공해주는 지역아동센터를 곳곳에 설치하였다.

교회도 IMF 하에서 어려움을 겪었다. 대형 교회는 별문제가 없었지만, 빈곤한 지역의 교회는 지역 주민들이 경제적 문제로 고통을 당한 것뿐만 아니라 작은 교회들이 문을 닫는 일이 속출하였다. 한국교회가 침체를 겪는 시기였다. 이러한 상황에서도 사회적 약자들과 함께하는 교회들이 빈곤 극복과 실업 극복 운동을 펼치고, 무료 급식 등 나눔 선교를 활발히 전개하였다. 이때 대부분의 민중교회 공부방이 지역아동센터로 전환되었다.

1. 갈릴리로 가는 '민중교회'

선교회 발족과 사영리 신앙 훈련

1991년 '민중교회'는 "하나 되게 하소서"라는 교회 표어를 정했다. 선교원, 유치원을 통해 지역사회를 섬기고, 장애인 후원, 농촌지역 의료봉사, 지구촌의 가난한 이들을 위한 헌금을 했던 데서 본격적으로 선교를 할 채비를 갖추었다. 그 시작이 '갈릴리 선교회' 발족이다. 선교회 이름을 '갈릴리'로 지은 것은 갈릴리 지역에서 병든 자, 가난한 이들과 함께 한 예수님의 사역을 따르고자 함이다.

갈릴리란 억눌린 사람들, 고통을 당하는 노동자들, 가난에 찌들어 힘들게 살아가는 이들, 건강한 사람들 중심에서 장애인이라는 이유로 차별받으며 고통을 당하는, 그런 사람들이 사는, 상징적인 곳이다. '민중교회'가 선교회 이름을 '갈릴리 선교회'로 정한 이유는 민중교회로서의 사명을 다하겠다는 의지를 표명하기 위함이었다. 교회는 갈릴리 선교회를 발족하고 선교회원을 모집하고 운영위원회를 구성하였다. 운영위원은 유완식, 이영희, 서점례, 박옥출, 이운선 집사다. 그러나 갈릴리 선교회는 실제로 뚜렷한 선교활동을 벌이지는 못하였다.

예수님을 따라 갈릴리 민중과 하나가 되겠다는 포부를 안고 "하나되게 하소서"라는 표어를 내건 '민중교회'는 먼저 교인들이 하나가 되는 것이 중요하다고 생각하였다. 하나가 되기 위해서 1991년에 집중한 것이 사영리와 순모임을 통한 교인들의 신앙 훈련이다. 사영리란 대학생선교회(CCC)가 만든 전도 전략, 즉 예수 그리스도를 믿음으로 얻을 수 있는 구원의 기쁜 소식을 전하는 하나의 방법이다. 사영리는 4가지 영적 원리로서 첫 번째는 요한복은 10장 10절에 근거하여 하나님은 당신을 위한 놀라운 계획을 갖고 계신다, 둘째는 인간이 죄에 빠져 하나님과 분리되었으며(롬 3:23), 그 결과로 인간이 하나님의 놀라운 계획을 알 수 없게 되었다(롬 6:23), 세 번째는 "예수 그리스도만을 통해 죄 사함을 받을 수 있고 하나님과 올바른 관계를 회복할 수 있음으로(롬 5:8) 예수 그리스도를 구세주로 영접해야 한다. 그러면 우리는 구원을 선물로 받을 뿐만 아니라 우리를 향한 하나님의 사랑을 알게 된다(행 16:31)"라는 원리다. 사영리에는 예수 그리스도를 구세주로 영접하는 사람이 구원을 베푸시는 하나님께 믿음과 감사를 표현하는 기도가 있다.

서상중 목사는 대학생선교회가 하는 사영리를 직접 공부하고 이것을 목회에 도입하였다. 교인들에게 사영리를 외우게 하고 암송대회를 열어 사영리를 깨우치게 하였다. 1991년 당시에 '민중교회'에 청년부, 여전도회, 교사 그룹 등 각 그룹마다 순모임이 조직되었고, 순모임을 통해 사영리 원리와 기도가 전파되었다. 이 사영리 교육은 후에 제자훈련과 접목되어 독립문교회로 이름이 바뀐 '민중교회'의 중요한 목회와 사역 지침이 되었다.

이렇게 사영리 원리를 도입한 해에 '민중교회'는 한국교회가 일반적으로 드리는 추수감사절 예배를 한국 민족의 감사절인 추석으로 하기로 결정하고, 1991년도 한가위인 9월 29일에 예배를 드렸다. 본디 한국교회가 11월 마지막 주일에 지키는 추수감사절은 미국 선교사들의 영향을 받아 미국식 전통을 따른 것이다. 한국 민족문화에 대한 의식이 깨어난 한국교회들 중에서 "서양의 감사절이 아닌, 우리 민족 고유의 추수감사절인 한가위를 추수감사절로 하자. 이스라엘 백성이 유월절과 장막절, 초막절 등 민족 절기를 지키면서 감사예배를 드렸듯이 우리도 우리 민족의 고유 절기인 한가위를 추수감사절로 지키자!" 하는 운동이 일어났다. 이 취지에 공감하는 교회들이 늘어났고, '민중교회'도 이 대열에 합류해 한가위를 추수감사주일로 지키기 시작하였다. 후에 한가위에 드리던 추수감사절 예배는 목회자가 바뀌면서 도로 11월 말경으로 돌아갔다.

2. 창립 10주년, 섬기는 교회공동체를 강조하다

1992년은 '민중교회'가 창립된 지 10주년이 되는 해다. 창립 10주년을 맞아 '민중교회'는 교회의 표어를 "섬기는 공동체가 되게 하소서"로 삼았다. 예수께서 제자들에게 "너희 사이에서 위대하게 되고자 하는 사람은 너희 사이에서 섬기는 사람이 되어야 한다(마 20:26)"라고 하신 말씀을 따른 것이다. 이 표어 아래 교회 공동 기도 제목을 사랑하는 교회, 봉사하는 교회, 기도하는 교회, 교제하는 교회, 전도하는 교회, 훈련하는 교회로 정했다.

창립 10주년 예배와 행사

1992년 2월 23일 창립기념주일에 '민중교회' 교인들은 창립 10주년

감사예배를 드렸다. 창립 기념 예배에서 교인들은 "우리들의 본성은 부정하고, 무지하여 지금까지 우리를 위하여 행하신 하나님의 은총과 사랑에 대하여 배은망덕한 자들이었음"을 고백하는 참회의 기도, "하나님께서 행하신 능력과 영광을 자연 만물과 역사적인 사건들을 통하여 나타내시오니, 사람들이 대대로 그 은총을 찬양하게 하소서" 하는 찬양의 간구와, "오늘도 우리 교회 안에서 지난 10년 동안 행하신 선하신 사역들을 찬양한다"라는 감사의 기도를 드렸다.

서상중 목사는, 여호수아 4장 5~8절의 말씀, "후일에 너희 자손들이 무엇 때문에 이 돌을 여기에 세웠습니까? 하고 너희에게 묻거든, 요단강 물이 여호와의 언약궤 앞에서 끊어졌다는 영원한 기념비라고 일러라" 한 말씀에 근거하여 "너희 후손이 묻거든"이라는 제목으로 '민중교회'가 세워지게 된 의미에 대해 설교를 하였다. 10주년 기념 예배에서 이날이 오기까지 수고한 공로자들을 표창하였다.

이렇게 섬기는 공동체를 표어로 내건 '민중교회'는 7월에 창립 10주년을 기념으로 마을 주민들을 초청하여 10주년을 축하하는 '예수초청 대잔치'를 열었다. 12월 24일 성탄전야에는 예배와 함께 민중 예술제를 열어 연극, 인형극, 캐롤송 대항전, 뮤지컬 등의 공연을 통하여 주민들과 함께 즐겼다. 민중 예술제란 민중교회가 마련한 축제라는 뜻도 있지만, 여타의 민중교회 축제에서 보듯이 민중교회가 주민들을 위해, 주민들과 함께한다는 뜻도 담겨 있다. 창립 12주년이 되는 1994년에는 지역 주민 대표들을 초청하여 12주년 기념품을 증정하고 점심 식사를 제공하고, 노래와 장구춤 공연을 하였다.

창조세계 보전을 위한 사랑의 재생용품 모으기

'민중교회'는 1992년 6월 28일 환경 주일예배를 드렸다. 이 예배를 시작으로 교회는 '사랑의 재생용품 모으기'(신문, 잡지, 헌 옷 모으기)를 실시하였다. 구체적으로 작은 것이라도 버리지 않는 사랑의 실천 운동(경제생활훈련), 정성을 모아 이웃을 돕는 사랑의 실천 운동, 신용 협동조합 설립을 위한 협동 훈련 그리고 환경을 정화하고 자원을 재활용하는 시범 운동을 전개했는데, 이는 교회가 하나님께 드리는 헌신과 봉사 정신 훈련의 일환이기도 하였다.

서상중 목사는 이렇게 사랑의 재생용품 모으기를 하면서 교인들에게 주보를 통해 '성 대 바실레이오스의 권고'를 소개하였다.

"너희 집에서 썩어가고 있는 양식은 굶주린 자의 것이다. 너희 침상 밑에 곰팡이가 슬고 있는 구두는 아무것도 신지 못한 자의 것이다. 너희 옷장 속에 쌓여 있는 옷은 헐벗은 자의 것이다. 너희 금고에서 값이 떨어지고 있는 돈은 가난한 자의 것이다."

어떻게 보면 '성 대 바실레이오스의 권고'는 서민들이 대부분인 '민중교회' 교인들의 삶과는 거리가 먼 권고일 수도 있다. 그러나 섬기는 교회 교인으로서 찾아보면 나눠줄 것이 있다는 간곡한 권고에 교인들의 마음을 움직여, 없는 가운데서도 내어놓는 삶의 실천을 하도록 이끌었다.

이렇게 교회가 섬기는 공동체의 실천방안으로 사랑의 재생용품을 모아 이웃을 돕는 운동을 벌인 것은 당시의 시대적 흐름과 밀접한 관계가 있다. 세계적으로 대량생산 시대에 접어들면서 풍요 속에서 소비문화가 증진되었지만, 다른 편에서는 빈곤에 허덕이는 양극화 현상이 점점 심해졌다. 이미 북반구의 얼음이 녹아내린다는 경고가 시작되었다. 의식 있는 미래 인류학자들이 지구의 미래를 위해 풍요 속에서의 소비가 아니라 아껴 쓰고 나눠 써야 한다는 삶의 방식들을 제안하였다. 세계교회협의회와 한국기독교교회협의회를 비롯한 교회, YWCA나 YMCA 같은 기독교 단체 등이 이에 동참하였다. "오늘날 사회가 죽임의 세계로 향하고 있으니 생명을 살리는 데 앞장서야 한다"라고 주장하며 "아껴 쓰고, 나눠 쓰고, 바꿔 쓰고, 다시 쓰는, 아나바다" 운동을 시작하였다.

'민중교회'는 보수 교단인 대한예수교장로회(대신)에 속해 있었지만, 평소 민중 목회와 기독교의 사회적 책임에 뜻이 있는 서상중 목사의 인도로 교회는 '아나바다' 운동에 참여하였다. 작은 것이라도 버리지 않고 잘 정리해서 이웃을 돕고, 환경을 정화하고 자원을 재활용하는 시범 운동을 교인들을 중심으로 먼저 솔선수범하였다. 지역에서 진행된 이 시범 운동은 우리 것을 아껴서 이웃과 나눌 수 있는 사랑의 실천 운동이었다. 이렇게 아나바다 운동을 벌인 '민중교회'는 1994년에 신구중학교 이근숙 교감으로부터 의류 300점을 기증받아 지역 주민을 위한 바자회를 열기도 했다.

정의 · 평화 · 창조질서 보전을 위한 서울대회

한국에서 이러한 운동을 촉진시키게 된 중요한 대회가 세계기독교 교회협의회 주최로 1990년 2월 14일에 열렸는데 바로 '정의, 평화, 창조의 보전(JPIC)' 대회였다. 1983년 캐나다 밴쿠버에서 열린 제6차 세계교회협의회 총회는 회원들로 하여금 정의, 평화, 창조질서의 보전에 상호 헌신할 공동체적 삶의 방향을 찾도록 하는 내용의 결정을 하였다.

그리고 1987년 제네바에서 모인 세계교회협의회 중앙위원회에서는 1990년에 JPIC세계대회를 한국 서울에서 열기로 결정하였다. JPIC 정신은 예수님의 하나님 나라 정신의 본질적인 요소이며, 동시에 그리스도교 신자들의 삶에서 본질적인 요소로서 샬롬과 하나님의 나라를 인간의 역사 속에서 실현하기 위한 것이라고 보았다.

JPIC는 인류가 지금 전 세계적인 위기에 직면해 있다는 현실인식으로부터 출발한다. 세계적 경제위기, 정치적 갈등, 자원의 고갈, 환경파괴 등으로 인한 지구적 불안으로 인하여 인류가 대파국을 면하려면 철저하게 새로운 방향으로 전환할 필요가 있다는 사실을 깨닫기 시작했다.

생명에 대한 전 세계의 위협들은 첫째, 정의의 위배로, 둘째 평화에 대한 위협으로, 셋째, 인류와 창조세계 전체를 위험에 빠뜨리는 땅과 바다와 공기의 오염 등 환경파괴로 간주되었다. JPIC 서울대회에 자극되어 1992년 리우환경회의가 열렸고, 생태계 보존 문제가 세계적인 이슈로 등장하였다. 한국 기독교에서도 이 JPIC 대회 이후 이 운동을 전개하고 있다.

신용협동조합 설립을 위한 교인훈련을 하다

창립 10주년을 맞아 '민중교회'가 벌인 특별한 사업 중의 하나는 신용협동조합 설립을 위한 협동 훈련이다. 신용협동조합(신협)이란 "거주지역이나 단체, 직업, 종교 등의 상호유대를 가진 구성원들이 상호 협동하여 자금을 조성해서 이용하는 협동조직"이다. 한국에서는 1960년대 말에 설립되어 1982년 8월에 제정된 신용협동조합법에 의해 정착되었다.

조합원들이 출자한 출자금과 예탁금을 조합원에게 대출하여 조합원의 경제적 사회적 지위 향상을 위한 교육 및 지역사회개발을 위한 사업을 하는 목적으로 결성되었다.

이런 신협 운동은 초기에 주로 빈민촌에서 전개되었다. 교회가 중심이 되기도 했는데, 이는 지역을 섬기기 위한 한 방안이었다. 신협을 하기 위해서는 왜 신협이 필요한지, 어떻게 운영해야 하는지, 신협의 취지와 목적은 무엇인지 등에 대한 회원 교육이 기본이며 필수다. 서상중 목사가 신협 교육을 한 것은 행촌동 주민들의 경제 문제를 해결하기 위해 신협이 필요하다고 생각했기 때문이다. 그러나 아쉽게도 훈련만 마치고 신협 결성은 시작도 하지 못하였다.

나라와 민족을 위한 기도

그해 12월은 대통령 선거가 있는 때였다. 교회는 대선 앞에서 민주화를 위한 선거, 민족분단의 비극이 끝나는 통일이 속히 이루어지는 대선을 기대하면서 '나라와 민족을 위한 기도드리기' 운동을 전개하였다. 기도의 당위성과 더불어 교인들에게 생각할 거리를 던져주었다. 주보에 실린 기도 이유를 보면 다음과 같다.

"우리 민족의 과제는 크게 두 가지로 볼 수 있다. 하나는 완전한 민주주의를 뿌리내리게 하는 문제이고, 또 하나의 문제는 조국 통일의 문제로 이 둘은 우리 한반도와 민족의 운명을 하나님 나라 건설로 이끄는 데 중대하고 시급한 문제이므로 한반도에 사는 기독교인이 소홀히 해서는 안 됩니다."

"오늘 우리 기독교는 한반도, 한국 사회 안에 존재하고 하나님의 통치권을 넓혀가고 있습니다. 그러므로 이 나라의 정치, 경제, 사회, 문화, 교육이 어디로 가고 있는가, 그중에 기독교는 무엇을 할 수 있고 해야 하는가를 깊이 생각합시다."

사회적 약자를 위한 봉사 활동

창립 10주년에 이른 민중교회는 교회 차원에서 선교원과 유치원 운영으로 지역을 섬겨왔다. 1992년에는 그 지경을 넓혀 여전도회, 남전도회, 청년회 등 교인들이 주축이 되어 부평 장애자 복지재단(예림원)을 후원하는, 사회적 약자를 위한 섬김을 시작하였다. 민중을 섬긴다는 '민중교회'의 사명은 행촌동 마을에 국한되지 않고 장애인 봉사에 이어 교인 중 의료직에 종사하는 교인(서경률, 정미현 등)들이 경남 하동과 전남 진도에서의 의료선교로 이어졌고, 이 경험은 간증을 통해 교인들과 공유되었다. 교인들의 의료봉사는 하나의 씨앗이 되어 1995년에 한의사를 초빙하여 지역 주민을 위한 침술 의료선교활동으로 이어졌는데, 이때 마을 주민 350여 명이 시술을 받았다. 한의사 진료를 통한 지역 섬김은 '독립문교회' 학생 출신인 서정욱이 한의사가 되면서 독립문교회의 고정적인 선교 활동이 되었다.

1992년 한해를 마감하면서 교회는 성탄절에 굶주리는 지구촌 형제들을 위한 특별 헌금을 실시하였다. 지구촌에 대한 관심은 1994년 르완다 어린이들을 위한 헌금으로 이어졌다. 이는 '민중교회' 선교영역이 지역에서 전국으로, 세계로 그 지경을 넓혀가는 상징이기도 하다.

교회 건물 수리와 증축

민중교회가 토지를 마련하고, 건물을 신축했다고는 하나 건축비와 여러 가지 여건 때문에 건물을 완벽하게 마감하지 못하였다. 몇 년에 한 번씩 부분적인 수리를 해야만 했다. 1998년에 방수 처리를 하고 임시 처방으로 미화 작업을 하였다. '민중교회' 지하 예배실의 모습은, 높고 큰 강대상과 천장에 아크릴로 만든 빨간 십자가에, 강단 양옆으로 대기 실 겸 창고가 있었다. 전면을 자줏빛 휘장으로 둘러놓은 지하 예배실은 좁고 답답했고 습하고 캄캄하였다. 당시 예배실을 들어가는 지하 입구 문이 까만 옛날 새시(샷시)였다. 후에 공능교회 교인들이 취임예배에 참 석하러 왔다가 까만 새시를 열고 지하에 내려가서, 도시가스 파이프가 지나가는 예배당 벽을 보고 '아직도 서울에 이런 곳이 다 있구나'라고 말하며 마음이 아파서 울고 갔다고 할 정도로 예배실 환경이 열악하였 다. 지하에 물이 새 물건 넣을 곳이 없어서 옥상에 있는 창고까지 올라다 녀야 했다. 낡은 건물이라 한 번 물이 새기 시작하면 잡기가 어려웠다. 가을에 폭우가 쏟아지는 바람에 피해가 컸다. 교회 종탑 쪽에도 피해가 있었다. 문제가 생겨도 재정 문제 때문에 근본적으로 보수를 못 하고 응급 복구를 할 수밖에 없었다. 그래서 1999년에 본격적으로 예배당을 수리하는 공사를 하였다.

한편 1986년 교회를 신축할 당시에 건축비가 없어서 2층까지밖에 올리지 못했던 건물을 1993년에 3층으로 올리는 증축공사를 했다. 그 당시에도 돈이 있어서 증축공사를 시작한 것은 아니다. 열심히 건축 헌 금도 하고 2~3년짜리 적금을 붓고 미리 대출을 받아 헌금하는 등 교우들 의 헌신으로 이루어졌다. 담임목사를 비롯해 유완식, 황의복, 박옥출,

조정자, 이연복의 건축 헌금, 교인들이 증축을 위한 건축 헌금을 해서 건물을 3층으로 올렸다. 이로써 교회 건물은 지하 42평, 1~3층은 각각 25평씩을 확보하였다. 그러나 3층 증축에 대한 신고는 했지만, 주차장 구비 문제로 완공필증을 받지 못했다. 그래서 건물이 미완성으로 남게 되었다.

초등학생 대상 공부방 개원과 독서실 설치

교회 건물을 3층으로 증축한 다음, 1993년에 교회는 초등학교 학생을 대상으로 한 공부방을 개원하고, 독서실을 만들어 지역사회에 개방하였다. 공부방은 지금처럼 학원 같은 곳이 아니라 저소득층 학생들의 방과 후 수업을 지원하는 곳으로, 대부분 무상으로 운영되고 있었다. 도시 빈민촌 지역에 있는 교회는 대부분 지역선교의 일환으로, 저소득층 아동을 위한 탁아소와 공부방을 운영하고 있었다. 지금처럼 어린이집이나 놀이방이 보편화되지 않았던 시절에 민중교회들에서 하는 선교원 또는 어린이집은 지역사회 맞벌이 부부를 위한 큰 보탬이 되었다. 공부방 역시 방과 후 집에서 공부할 여건이 되지 않는 청소년들에게 매우 중요한 보호처요, 기댈 언덕이 되었다(후에 민중교회운동 차원에서 하던 방과 후 공부방은 복지부에서 지원하는 지역아동센터가 되었다). 이때의 일을 신남호 권사는 이렇게 말했다.

"목사님은 민중교회가 이 지역에 어떻게 하면 좀 도움이 될까? 그런 것을 많이 생각하셨어요. 그래서 마을 애들을 데려왔고, 또 사모님이 교사이셨기에 책을 많이 공수해 와서 여기에 놓았지요. 어린이들이 와서 독서하는 도서관으로 개방했어요. 그래서 주민들도 '이 교회는 자기네들끼리만 하는 게 아니라, 지역을 생각하는구나'라고 인식하게 되었지요. 교회가 아이들에게 도서관을 개방하고, 공부방도 하고 유치원도 했거든요. 그런 부분이 민중교회 하면 연세 드신 분들을 비롯해 지역사회 주민들에게 어느 정도 좋은 인식을 남긴 것 같아요."

_ 2021. 12. 5. "장년층 간담회" 중

3. '민중교회'의 신앙 훈련

표준새번역성경으로 성경 읽기

1993년의 표어는 "약속의 새 땅으로!"다. 이 표어는 창립 10주년을 보낸 '민중교회'가 향후 어떻게 갈 것인가를 보여주는 표어라 할 수 있다. 93년 들어 교회학교 체제가 부장체제(청년부장: 이운선 집사, 유년부장: 이유준 집사, 학생부장: 이동형 형제 등)로 자리 잡고, 부서별 프로그램을 진행하였다.

그해, 민중교회는 특별한 선택을 한다. 교회가 속한 대신교단을 비롯해 여타의 보수 교회가 성경을 '개역 한글판'을 사용해 왔는데, '민중교회'는 이제까지 사용하던 개역 성경 대신 '표준새번역' 성경으로 바꾼 것이다.

> **표준새번역 성경을 펴낸 이유**
>
> 한국교회에서 쓰고 있는 성경전서 개역 한글판은 출간된 후 오랜 세월이 흐름에 따라 어려워하는 사람이 많아졌다. 이런 까닭으로 1980년대에 들어서면서 한국교회의 많은 목회자와 신도들로부터, 앞으로 교

회에서 개역 성경의 뒤를 이어 사용할 새 번역을 준비해달라는 요구가 강력하게 제기되었다. 그래서 개역 성경의 수정이나 교정이 아닌, 전적으로 새로운 번역을 한 표준새번역 번역판 성경을 출간하게 되었다.

표준새번역 성경은 우리말을 아는 사람이면 누구나 쉽게 이해할 수 있는 쉬운 현대어로 번역하되, 우리 사회 대다수의 언어 인구가 널리 쓰고 있는 표준말로 번역했고, 언어의 뜻을 분명히 파악한 다음, 우리 어법에 맞게 표현했고, 교회에서 드리는 예배와 교회학교 교육에 사용할 수 있는 번역으로, 지명 등 고유명사들은 중·고등학교 교과서에 나오는 표기에 따라, 개신교에서 특별히 중요하게 여기는 용어는 할 수 있는 대로 그대로 살려서 사용하였다. 단 '여호와'라는 하나님의 명칭은 하나님의 이름을 부르지 않는 세계교회의 성경 번역 전통에 따라 '주'라고 번역하였다.

표준새번역 성경전서는 1992년 성탄절에 맞추어 출간되었다. 이 성경을 1993년에 교회에서 사용하기로 결정했다는 것은 '민중교회' 서상중 목사가 얼마나 시대적 흐름에 민감했는가를 보여주는, 하나의 지표이기도 하다. 소위 정통을 주장하는 보수 교단에서 여전히 표준새번역 성경을 거부하고 개역 성경을 사용하고 있는 현실과 비교할 때, 서상중 목사와 서상중 목사가 담임으로 있는 '민중교회'는 당시 보수 교단의 눈으로 보았을 때는 이상한 교회로 보였을 수도 있다. 표준새번역이 읽기 쉽고 원문 번역이 잘 되어 있지만, 오랜 기간 개역판으로 성경을 읽어온 교인들에게는 이질감이 들었다. 낯선 언어들을 이해하기 위해서 개역과 새번역 성경을 대조해가며 읽어야 하는 불편함이 생겼다. 결국 몇 년 후, 표준새번역 성경을 포기하고 개정개역 성경으로 돌아갔다.

주보를 통한 신앙교육

1994년에 '민중교회'는 주보를 통해 일 년 동안 신앙상담을 하였다. 교인들이 궁금해하는 것을 답하는 형식이다. 주제는 "축하 예배, 적절한 표현인가?"를 시작으로 "예수님의 생일이 정말로 12월 25일까? 하나님의 뜻과 팔자, 정치와 종교 분리의 원칙은 성경적인가?, 태교가 중요하다는데, 신학과 신앙의 문제, 욕심의 열매, 강단장식 색깔은 무슨 뜻인가?, 기독교는 기복종교인가?, 은혜의 참뜻, 왜 농촌(농업)을 사수해야 하나?, 어떻게 해야 존중받는가?, 항상 진실만을 말하고 살 수 있는가?, 하나님과 동행하려면?, 하나님! 왜 응답하지 않으시나요?, 돈에 대한 그리스도인의 자세, 애찬과 성찬의 차이점, 묵시란 무엇인가?, 교회생활 어떻게 할까요?, 교회란?, 교회의 하는 일은?, 우리 신앙의 대상은 누구인가?, 하나님과의 만남-하나님을 만나는 방법은?, 죄책감에서 해방되려면?"과 같은 주제로 신앙상담을 하였다.

민중교회에서 10년 세월을 목회한 서상중 목사가 1994년 10월 6일부터 15일까지 10일간 4개국의 성지순례를 떠났다. 이 기간에는 주보에 신앙상담이 아니라 신앙에 도움이 되는 내용들이 게재되었다. 이현주 목사의 신앙고백을 15주 동안 실었다. 성지순례에서 돌아와서는 성지순례 소감을 16주 동안 실었다. 이후 1995년 2월 26일부터는 성경 입문에 관해 게재하였다. "성경은 어떤 책인가, 성경은 누가 언제 기록했는가?, 성경은 어떻게 구성되었고, 내용은 어떤가?, 성경해석은 어떻게 해석되어 왔는가? 성경은 어떻게 해석해야 하는가?, 성경은 어떻게 읽을 것인가?, 이렇게 성경에 대한 안내를 하였다. 이후는 교회가 하는 일은 무엇인가?"를 4주, 주기도문 해설에 대한 강좌를 26회 게재하였다.

3장
독립문교회로 역사의 새 장을 열다

1. 한국기독교장로회 독립문교회로 탈바꿈하다

'민중교회'는 1996년 9월 29일 교단을 예수교장로회(이하 예장) 대신 측에서 한국기독교장로회(이하 기장)로 바꾸고 교회 이름도 '민중교회' 에서 '독립문교회'로 바꾸는, 그야말로 대변신을 한다. 1993년에 민중교 회의 표어가 "약속의 새 땅으로!"였다. 이 표어는 기장이 예장과 갈라진, 새 역사 출발 40주년에 붙인 표어와 동일하다.

기장으로 교단을 옮긴 이유

1993년에 제정된 "약속의 새 땅으로!"라는 표어가 앞날을 예고한 것 인지, '민중교회'는 1996년 9월 29일, 대한예수교장로회(대신 측) 교단을 탈퇴하고 한국기독교장로회 교단에 가입한다. 교회 이름도 '민중교회' 에서 '독립문교회'로 바꾸고 새 역사를 시작한다. 1996년 9월 29일에 교단 탈퇴를 알리는 성명서를 다음과 같이 새누리신문에 공고하였다. 교단을 바꾼 이유가 "보다 개혁적이고 진취적인 교회로 발전하기 위해서"라고 명백하게 밝히고 있다.

우리 교회 신도 일동은, 1982년 2월 28일 창립하고 대한 예수교장로회 대신 측 서울북노회에 소속하여 오던 바, 신학과 신앙 노선에서 보다 개혁적이고 진취적인 교회로 발전하기를 희망하여 소속 교단을 탈퇴할 것을 공동의회에서 만장일치로 결의하고 위와 같이 공고함.

1996년 9월 29일

대한예수교장로회 대신 측 민중교회

공동의회 의장 서상중 목사 / 서기 유완식 집사

위 공고에서도 교단을 대신에서 기장교회로 옮긴 이유를 공식적으로 밝히고 있지만, 서상중 목사는 개인적으로 교단을 바꾼 이유에 관해 이렇게 말한다.

"목회자가 되기 위해 신학 공부를 해야 했는데, 그때는 직장에 다니고 있어서 야간에 하는 신학교가 대한신학교밖에 없었어요. 대신 측 신학교를 나왔기에 개척을 해서 소속은 예장으로 했지만 장차 교회를 나의 모태 교단인 기장으로 해야 한다고 생각하고 있었지요. 당시 예장에서 보니 목회자 개인이 교회를 가지고 이 교단 저 교단으로 돌아다니는 경우를 보았는데, 목사는 왔다 갔다할 수 있지만 교회는 한 군데에 못을 박아야 된다고 생각했습니다. 그때 '민중교회'가 내 이름으로 돼 있었는데, 내가 어디로 가더라도 그것 때문에 교회가 좌지우지 않도록, 또 후임자가 와서도 교회를 가지고 장난을 치지 못하도록 기장으로 하겠다고 마음을 먹었습니다. 나이가 많이 들어 개척했지만, 은퇴할 때 교회하나는 남겨 두어야겠다, 뿌리를 내려놔야겠다. 이런 생각으로 기장으로 간 거지요. 그때 나는 이미 목사가 된 후에 선교신학대학원(서대문 선교교육원

내)을 다녔어요. 선교신학대학원에 다니면서 서남동, 안병무 교수에게서 민중신학을 배웠는데, 그 사명을 감당할 교단도 기장밖에 없었고, 그토록 애써서 세운 교회를 아무 교단에다 맡길 수 없기도 했고요. 그래서 기장교단에 찾아가서 우리 교회를 기장에 소속하겠다고 말했더니 절차를 알려주었어요. 교단의 방침대로 공동의회를 열어 교단을 옮기기로 결정하고 신문에 공고하는 절차를 거쳐 한국기독교장로회 서울노회에 가입하게 된 거지요."

서 목사가 다닌 선교신학대학원이란 기장총회가 인정한 석사 과정이다. 신학을 전공하지 않았지만, 신학, 선교, 사회문제 등에 관심 있는 사람들을 위한 일종의 특수대학원이었다. 사회분과, 선교분과, 여성분과 세 분과가 있었다. 이 선교신학대학원은 초기에는 한신대학교에서 운영하다가 얼마 후 정부의 압력으로 폐쇄되어, 선교 교육원에서 신학분야만을 대학원 과정으로 관할하다가 나중에 총회교육원으로 이름이 바뀌었다.

한국기독교장로회란 어떤 교단인가?

민중교회가 교회 이름을 독립문교회로 바꾸고, 새로 가입한 교단인 한국기독교장로회란 어떤 교단인가? 한국기독교장로회는 1953년 6월 10일에 대한예수교장로회 총회의 불의한 결의에 반대하여 종교개혁의 전통에 서서 제38회 호헌(헌법을 수호하는) 총회를 열고 새롭게 출발한 교단이다.

해방 후 대한예수교장로회(예장) 총회의 신학교육을 담당한 신학교는 조선신학교(현 한신대학교 신학대학)로서, 진보적인 입장을 취하고 있었다. 그러나 총회는 조선신학교의 합법성을 부인하고 1953년에 제36회 총회에서 조선신학교 교수인 김재준 목사를 파면하였다. 이에 분노한 김세열 목사 외 80여 명은 조선신학교와 김재준을 거부한 37회 총회 결정에 불복하고 1953년 조선신학교(한국신학대학의 전신) 강당에서 38회 호헌총회를 개최하였다.

다음은 새롭게 기장으로 출발하면서 호헌총회가 낸 선언문의 주요 내용이다.

1. 우리는 온갖 형태의 바리새주의를 배격하고 오직 살아계신 그리스도를 믿음으로 구원을 얻는 복음의 자유를 확보한다.
2. 우리는 건전한 교리를 세움과 동시에 신앙양심의 자유를 확보한다.
3. 우리는 노예적인 의존사상을 배격하고 자립자조의 정신을 함양한다.
4. 그러나 우리는 편협한 고립주의를 경계하고 전 세계 성도들과 협력병진하려는 세계교회 정신에 철저하려 한다.

이렇게 해서 개혁적 장로교회인 기장교회가 한국 땅에 새롭게 탄생했다. 이 개혁적 장로회의 탄생은 한국교회가 선교사 신학으로부터의 출애굽한 사건이었으며, 자주적 교회로 탄생한 사건이었다. 호헌총회를 통해 선포한 선언서에 나타난 "복음의 자유, 신앙양심의 자유, 자립자조의 정신, 에큐메니칼 정신"은 향후 기장의 정체성을 가늠하는 정신이 되었다.

출애굽처럼 출발한 한국기독교장로회의 특성을 뜻하는 '기장성'은 한국의 민주화와 인권을 위한 이정표로써 하나님의 구원사의 화살촉 역할을 하였다. 기장은 1960년대부터 군사정권의 압제와 불의 앞에서

"아니요!" 하는 예언자적 목소리를 내고, 고난 당하는 사람들과 함께하며 고난을 받았다. 1980년대 이후 전개된 민주화운동 대열에 앞장서는 전위 대가 되었다. 결과적으로 기장의 출범은 하나님이 민족을 구원하시기 위해 예비해두신 은총의 도구였음을 '기장인'들은 고백하고 있다.

교회 이름을 독립문교회로 바꾸다

교회는 공동의회에서 교단을 기장으로 옮기기로 결정하면서 교회 이름도 독립문교회로 바꾸었다. 처음에 교회 이름을 '민중교회'라고 지 었지만 민중교회 운동을 하던 시대도 변하였고, '민중교회'라는 이름이 센 어감이 있어 교인 중에 불편하게 생각하는 사람들도 있었다. 또 이름 때문에 교회 나오기를 부담스러워하는 사람들도 있으니 이름을 바꾸자 고 하였다. 이미지를 쇄신하여 지역사회에 뿌리를 내리려면 지역의 이 름을 붙이는 것이 좋겠다고 생각했다. 마침 이 지역에 있던 독립문교회 (예장)가 강남으로 이전하게 되었다. 그때 지역 이름인 독립문교회로 하 자는 의견에 교인들이 동의하여 교회 이름을 독립문교회로 결정하였다.

1996년 11월 6일에 '독립문교회'는 한국기독교장로회 서울노회에서 가입이 허락되어 명실공히 기장교회로 새롭게 출발했다. 독립문교회가 기장교회 식구가 된 것은 매우 이례적인 경우다. 서울노회에 타교단 교 회가 가입한 경우는 거의 없었기 때문이다.

교단을 기장으로 바꾼 후 독립문교회는 교단총회가 정한 여신도주 일을 비롯한 각종 특별주일을 지킴으로 기장의 일원으로서 사명을 감당 하였다. 예를 들어 여신도회 주일을 지키면서 "오늘은 총회가 제정한 여신도회 주일입니다. 교회에서 큰 역할을 감당하고 있는 여신도회의 발전과 임원들을 위해서 늘 기도해주시기 바랍니다." 이런 광고를 통해 여신도들을 격려하였다.

서울노회에 가입한 이듬해 열린 1997년 제72회 서울노회 정기회에 보고된 독립문교회 상황은 다음과 같다.

①집회상황

주일 낮 예배 45명, 주일 오후예배 15명, 수요집회 10명, 중고등부 5명, 청년회 6명

②경과사항

제직수련회(1.19), 해외선교주일예배 헌금(2.28), 교회 창립기념주일(2.28), 부설 독립문 어린이집 개원(3.3), 공동의회-서상중 목사 청빙의 건, 봄 심방 실시(3.11~3.22), 도시 농어촌선교주일예배 및 헌금(3.30), 고난주간 금식기 도 및 북한동포 돕기 헌금(3.30), 모잠비크에 안 입는 옷 보내기 참가(3.30), 장애인 주일예배 및 헌금(4.20), 모범가정표창 (5.11)

독립문교회가 서울노회에 가입한 이듬해 1997년에 부교역자로 한신대학원을 졸업한 박승렬 전도사를 초빙하였다. 박승렬 전도사는 마침 독립문교회와 같은 시찰인 수도교회에서 사역하고 있었는데, 추천을 받아 독립문교회로 오게 되었다. 박 전도사는 담임목사가 민중지향을 추구하고 있어 호감으로 전도사로서의 사역을 시작할 수 있었다고 한다. 잠시 그때 전도사로 일했던 박승렬 목사의 이야기를 들어보자.

"당시에 행촌동은 굉장한 산동네로서 집들도 다 허름했어요. 제가 그곳에 갔을 때에 마을버스를 타고 너른 마당(지금의 넓은 마당)에서 내리라고 하더라 고요. 정류장 이름을 너른 마당이라고 하길래 굉장히 넓은 마당이 있는 줄 알았 어요. 그런데 마을버스를 타고 내린 곳은 결코 넓은 마당이 아닌 그냥 좁은

공간인 거예요. 제가 잘못 내린 줄 알았어요. 내려서 교회로 갔는데, 지금 있는 건물 그대로예요. 건물은 지금보다 새 건물이었지만 돈이 없어서 교회 2층부터 세를 내주고 있었지요. 그래서 '산동네에 있는 교회에서 힘들게 목회하는구나!' 라는 생각이 들었던 게 기억에 남습니다.

교회에 들어갔을 때 참 협소하다는 느낌이 들었는데, 거기에 '독립문 어린이 집'이라고 쓰여 있었어요. 어떻게 보면 작은 교회들이 그 지역에서 지역 주민들 하고 교감할 수 있는 가장 좋은 매개가 어린이집이었지요. 어린이집을 맡아서 하시던 최희영 집사님하고 남편 되시는 신원영 집사님 몇 집사님들이 열심히 하셨지요. 특히 최 집사님이 정말 어려운 어린이집 살림을 운영하느라 되게 힘들어하셨지요. 그래서 '그분들이 독립문교회에 오래 계셨으면 참 좋겠다.'라 고 생각했었던 기억이 납니다.

제가 독립문교회를 나와 다른 사역지로 옮긴 지 20년이 넘었지만, 지금도 독립문교회 하면 애잔함이 있어요. 집사님들의 헌신적인 모습 그런 것들이 참 기억이 남죠. 특히 산 바로 아래로 내려가면 넓고 좋은 교회들이 있잖아요. 그런데 그 큰 교회에 가서 섬기지 않고 작은 교회에 와서 성심성의껏 봉사하시 는 모습, 그런 헌신성이 참 기억에 남는 부분이지요."

2. 독립문교회의 예배와 신앙 훈련

1998년 1월 4일 첫 주, 독립문교회는 교회 표어를 "이웃을 하나님의 집으로"라고 정하고 전도에 집중하였다. 새해의 목표를 "하나님의 은혜 에 감사하는 교회"를 이루는 것에 두었다. "날마다 성경을 읽읍시다"라 는 슬로건 하에 전교인 성경 읽기를 하였다. 교인들이 성경 읽기에 적극적으로 동참할 수 있도록 성경 말씀을 한 주에 4장씩 읽도록 하고 주보에 그 주에 읽은 성경 구절에 대한 질문을 하며, 교인들이 빈칸에 답을 써서 부교역자에게 제출하도록 하였다. 이렇게 성경 읽기를 하는 한편, 1998년 1월 5일 첫 주부터 1999년 12월 26일 마지막 주까지 2년 동안, 주보를 통해 '장로교의 신앙요리문답과 해설 교육을 실시하였다. 독립문교회는 기장의 '신앙요리문답' 교육을 시작하면서 그 이유를 다음과 같이 발표하였다.

"많은 교파가 있지만, 장로교회는 개신교 교회의 중심이 되고 나름대로의 특성이 있다. 그에 알맞은 교리와 교육이 필요하다. 장로교회의 교리문답의 교육이 충분히 이루어질 때 교회의 정체성을 찾을 수 있고, 교회의 책임과 의무를 충실히 감당할 수 있다. '요리문답'은 세례를 받기 위한 의례적인 통과 절차가 아니다. 거기에는 우리의 신앙고백이 담겨있어야 한다. 이에 신앙요리문답을 공부하고자 한다."

장로교회는 1647년 웨스트민스터 회의에서 장로교의 교리로서 '성경 대소요리문답'을 제정하여 공포하였다. 한국의 장로교회도 이 '성경 대소요리문답'을 장로교의 교리로 채택하여 사용하였다. 기장은 이 요리문답을 현대식 문장과 표현으로 고쳐서 1980년 총회에서 '신앙요리문답'으로 개정하여 선포하였다.
_ 독립문교회 1998년 1월 5일 주보에서

독립문교회는 이렇게 교인들의 신앙교육을 하면서 1998년 한 해의 표어를 '이웃을 하나님의 집으로!'라고 정한 목표를 살려, 7월부터 12월까지 6개월 동안을 교회 전 기관이 전도 체제로 전환하고 전도에 힘썼다. 1999년 표어도 이와 맞물려 '모든 민족을 제자로 삼으라'(마 18:19)로 정하였다.

3. 독립문교회의 사회선교

독립문교회가 교단을 기장으로 바꾸고, 교회 이름도 민중교회에서 독립문교회로 바꾸었지만 특별히 달라진 것은 없었다. 여전히 민중교회 흐름을 이어받아 지역을 섬기는 선교활동을 하였고, 신앙 훈련은 일반교회와 차이가 없었다. 독립문교회로 이름을 바꾸고 한 선교활동은 저소득가정 어린이를 위한 어린이집과 중학생들을 위한 공부방을 개설한 것이다.

독립문 어린이집을 열다

1997년 3월 2일에 보건복지부가 인가한 '독립문 어린이집'을 개원하였다. 교회지원 3,100만 원과 국고보조 2,500만 원으로 개소하였다. 어린이집 정원은 23명이었다. 교회 지원 3,100만 원은 어린이집으로 사용하는 1층 장소를 자산 평가한 것이고, 국고 보조 2,500만 원은 장소 보수와 교육시설비로 사용되었다.

어린이집 교사로 최희영 집사가 전담을 하였고, 신을순 집사가 보조 교사로 일했다. 최희영 집사는 1992년경부터 '민중교회'의 교인이 되었다. '민중교회'를 다니게 된 이유는 집 앞에 교회가 있었기 때문이다. 교인이 30명 정도밖에 안 되는 작은 교회라서 교회를 나오자마자 일을 맡게 되었다. 작은 교회임에도 지역사회를 위해서 의료봉사도 하고, 지역사회 발전이나 환경 문제 등에 관심을 가지고 일하고 예배를 드리는 본당을 지하에 두고 1층을 교육관으로 활용하여 마을을 위해 일하는 것이 마음에 들었다고 한다. 교회에 익숙해지자 서 목사는 최 집사에게 어린이집 교사직을 제안하였다. 최 집사는 서 목사의 권유로 숙명여자대학교 평생교육원 유아교육과정에 등록하여 교사 자격을 취득하고 어린이집 운영을 맡았다. 최희영 집사는 그때 일을 이렇게 회고한다.

"목사님이 그렇게 권면했을 때 저도 흔쾌히 받아들였어요. 개인적으로도 가르치는 일을 제가 좋아했고, 어쨌든 교회 사역 중에 하나였기 때문에 그걸 제가 '못합니다'라고 거절할 수가 없었어요. 아멘으로 받고 순종하는 마음으로 했던 거지요."

어린이집 책임교사였던 최 집사의 회고를 통해 당시 독립문교회가 위치한 지역의 상황을 알 수 있다.

"우리 교회가 위치한 곳이 산동네잖아요. 굉장히 가난하고 어려운 사람들이 많이 살았어요. 한부모 가정이 많았죠. 저도 결혼해서 애를 낳고 기르는데, 이렇게까지 혼자 아이를 키우는 편부, 편모가 많은 줄 몰랐어요. 어린이집에 오는 아이들을 보니까 대부분 그런 경우가 많은 거예요. 생각보다 아이들의 가정형편이 심각하다고 느꼈지요. 이런 아이들을 보며 우리 교회 어린이집에서 풍성하고 훌륭하게까지는 못했으나 우리 나름대로는 아이들에게 최선을 다하려고 했습니다. 영아들이 많았는데 그 아이들이 기저귀 찰 때부터 제가 돌보았지요. 그런 아이들이 자라고 변화되는 모습 속에서 보람을 느꼈어요. 아토피가 엄청 심한 아이가 있었어요. 온몸에 아토피가 심했지요. 그렇게 아토피가 심한 아이를 엄마가 제대로 돌보지 못하고 맡겨두고 가서 일을 해야 하는 그런 상황에서, 아이는 온종일 울고, 긁고, 이런 모습을 보면서 참 안타까웠지요. 2년 동안 다니다 제 엄마가 데리고 갔는데 그 아이를 보면서 굉장히 안쓰럽고 안타깝고 그랬어요. 또 한 아이는 열성 경기가 좀 심했어요. 막 발작을 일으킬 때마다 놀라고 고생했던 기억이 납니다. 제 나이 30대 중반 때였지요. 갇혀 지내는 아이들에게 바람이라도 쐬어 주려고 밖으로 많이 나갔지요. 봄에 물놀이를 다니거나 자연학습 등, 여러 가지 프로그램을 진행하였습니다. 교회에 차가 없어서 차를 대절해서 나들이를 했지요. 보조교사가 한 명 있었지만 여건이 열악하다 보니 자주 바뀌었는데, 다행히 신을순 집사님이 주방을 책임져주셔서 매우 든든했지요."

독립문 어린이집은 지역사회를 돕는 차원에서 개설한 것이라 다른 곳보다는 저렴하게 비용을 받았다. 그래서 항상 재정난을 겪었다. 어린이집 운영을 위해 운영비의 90% 정도를 구청에서 지원했고, 교회가 10%의 자부담금을 감당해야 했다. 교인 30명 정도인 독립문교회로서 10%를 자부담으로 감당하는 것은 쉬운 일이 아니었다. 어린이집 운영은 많은 교우에게 "어려운 교회 형편에서도 지역 어린이들을 위해서 뭔가 할 수 있다"라는 자부심을 갖게 하였다. 선교원에서 어린이집으로 개원하여 더 전문화되었고, 또 아이들이 변화하는 것을 보면서 자부심도 생겼다.

이런 장점에도 불구하고 어린이집에 다니는 원아들이나 부모들이 교인으로 흡수되지 않았고, 재정이 부족해서 파생된 어려움이 컸다. 어린이집 재정문제 때문에 목회자와 교인들 간에 갈등도 생겼고, 이런 갈등으로 교인들이 줄어들기도 했다. 그러나 다른 교우들은 주인의식과 책임감으로 교회를 지켰다. 특히 이를 위해 유완식 장로와 부인 신남호 권사가 대들보요, 기둥처럼 버텨주어 큰 힘이 되었다. 결국 지역사회를 섬기기 위해 설립한 독립문 어린이집은 최희영 집사의 인내와 성실에도 불구하고 재정상의 문제로 위탁기간이 끝나는 5년 만에 문을 닫았다.

중학생들을 위한 공부방을 개설하다

1998년 2월 1일, 독립문교회는 초등부에 이어 중등부 학생들을 주 대상으로 하는 무료 공부방을 시작하였다. 새로 부임한 박승렬 전도사는 독립문교회 상황을 좀 변화시키기 위해서, 산 위에 있는 교회가 지역사회를 섬길 수 있는 방법을 찾다가, 지역의 중학교 학생들을 위한 공부방을 해보자는 제안을 하였다. 이듬해인 1998년에 한신 신대원에서 박 전도사와 같이 공부한 권동용, 이난희의 도움으로 중등부 공부방을 열어 영어와 과학, 학습 상담을 하였다.

공부방은 전도와 함께 지역사회를 섬기기 위한 방안으로 시작했는데, 결과적으로 '중등부 공부방' 인원 8명이 교인이 되어 중등부 부원으로 학생 예배를 드리게 되었다. 이 공부방에 도움을 준 것은 역시 교회 청년들이었다. 청년들이 공부방 자원 교사가 되어 중학생들 학습을 도우면서, 이 일을 매개로 교회 청년들 간의 관계가 원활해졌다. 의사인 서 목사의 아들들이 청년 프로그램에 참여해서 의료봉사 프로그램도 만들었다.

박승렬 전도사가 부임한 후 교회에 출석하는 청년들이 많이 늘었다. 서 목사 자녀들과 그 친구들이 교회에 왔기에 작은 교회치고는 청년들이 많았다. 청년들의 분포를 보면 마을에 살고 있는 청년들, 예전에 그 동네에 살다가 이사 갔지만 여전히 교회에 출석하는 청년들 그리고 박 전도사와 함께 활동했던 기장청년회(기청) 회원들, 이렇게 크게 세 부류로 나눌 수 있다. 독립문교회는 독립문 전철역에서도 제일 높은 지역으로, 산등성이를 올라오다 보면 갑자기 높아져서 108계단을 걸어 올라 교회에 오게 된다. 이런 불편한 여건에도 청년들은 잘 적응하였다. 청년들도 그렇지만, 교인들의 삶은 대부분 경제적으로 어려웠는데, 열심히 살려고 노력하며 교회에도 헌신하는 사람들이 많았다. 이때 청년이었던 김윤우 집사는 일산으로 이사했지만, 지금까지 기도와 헌금으로 교회를 지탱하는 데 큰 역할을 하고 있다.

4. 교회 장기발전협의회와 청년회

기장교회로서 새롭게 출발한 독립문교회는 1년 6개월 후인 1998년 5월에 '교회 장기발전협의회'를 열었다. 장기발전위원회 위원은 유완식(남신도회), 서경률, 조상현, 이승진(청년회), 신남호(여신도회), 박승렬(부교역자) 등, 기관대표들로 구성되었다. 이 위원회는 월 1회 매월 마지막 주일에 열렸다. 장기발전협의회를 통해 교회 발전 중장기계획을 수립하고, 청년을 중심으로 하는 교회를 지향하기로 결정하였다.

장기발전협의회의 배경은 교인 수의 급감과 청년의 증가와 관련이 있다. 서울노회에 보고된 교회 상황을 보면 5월 봄 노회에는 주일 낮 예배 참석인원이 45명, 주일 오후예배 15명, 수요기도회 10명, 중고등부 5명, 청년 6명이 될 정도로 교인이 증가하였다. 그러나 가을 노회 집회상황 보고에서는 주일 낮 예배 참석이 30명으로 줄었다. 어린이집 운영의 재정적 어려움 등에 대한 이견과 갈등이 원인이었다. 주일 낮 예배가 6개월 만에 45명에서 30명으로 급감했지만, 청년들이 10명에 이르게 되니 청년들의 비중이 확 높아졌다. "이번 기회에 일(사역) 중심의 교회로 성격을 좀 바꿀 필요가 있다. 일을 매개로 해서 떠나갔던 교우들을 다시 불러 모으고, 도심지에 있는 산동네 교회로서 역할을 제대로 하는 교회로 만들자." 이런 의도들이 정책협의회를 하게 된 배경이었다.

청년을 중심으로 하는 교회 선언

당시에 독립문교회는 기장 교단이나 민중신학적인 풍토에서 위치상 적절한 교회였다. 서 목사가 목회를 시작하면서 추구했던 교회상이나 민중 지향적인 기장의 가치관에서 볼 때 서울 도심 내에서는 가난한 지역인 행촌동에 독립문교회가 자리 잡고 있으니, 기장교회가 주창하고 있는 하나님의 선교, 민중 지향적 선교를 하기에 적합한 곳이었다. 교회 장기발전협의회는 그런 맥락에서 '교회의 변화를 만들어 가보자, 청년들을 중심으로 한 교회를 세워가자, 독립문교회가 기장교회에 가입해서 이루고자 했던 그 목표들을 청년들이 중심이 되어 만들어보자'는 생각으로 교회 발전 중장기계획을 세우게 되었다.

청년을 중심으로 하는 교회를 선언한 독립문교회는 공부방 수련회, 청년회 수련회를 여는 한편, 공부방 주최로 1차 길거리 농구대회를 대신 고등학교에서 지역 사람들의 호응 아래 성황리에 열었다. 다음 해에 2회 길거리 농구대회가 열렸는데, 그때도 50여 명이 참석했을 정도로 활기를 띠었다.

청년들을 교회 중심에 세우겠다고 선언하고, 청년들 간의 소통을 원활하게 하려고 노력하였다. 박 전도사가 전도한 기청 후배들과 그 지역에 살고 있는 청년들과의 친밀감을 위해 청년회지 발간을 기획하였다.

박 전도사의 인도로 회지발간을 위한 모임을 갖고 서로 많은 이야기를 나누고 비전을 모아내며 청년들 사이의 교감도 높아졌다. 청년들이 자신들이 하고자 하는 것이 무엇인가를 생각하며 그런 것들을 회지에 담는 1년 동안의 준비 작업을 거쳐 두 차례 회지를 발행했다. 마침 청년 회원 중에 시각 디자이너가 있어 좋은 디자인으로 청년 회지를 만들 수 있었다. 그러나 1998년 11월 박승렬 전도사가 사임하면서, 함께 온 기청 후배들도 흩어지게 되었다.

후임으로 임용환 준목이 부임하고, 공부방 교사였던 권동용과 이난희 씨가 전도사로 임명되었다. 이들이 목회 대열에 참여하면서 학생회를 재창립하고, 침체상태에 있던 어린이 교회학교를 재건하게 되었다. 이때 어린이 교회학교의 조직은 다음과 같다.

교장(서상중 목사), 부장(신원영 집사), 서기(이현숙 집사), 교사: 최희영(유치부), 신남호(유년부), 권동용(초등부), 이재일(소년부)

이후 청년회 주관으로 설날 맞이 윷놀이를 하고, 성가대 주관으로 가족 찬송경연대회도 열었다. 마을 경로잔치에 이어 침술 의료 봉사도 실시하여 20명 이상이 참석하였다. 특히 독립문교회 학생회 출신인 서정욱 한의사가 주기적으로 침술 봉사에 참여했다. 수해 지역인 파주중앙교회에 위문품을 전달하였고, 1999년 3월부터는 지역에 거주하는 어려운 가족(독거노인, 소년 소녀 가장)들과 가족 결연을 맺어 이들과 함께하는 등 청장년들이 지역선교에 참여하였다.

5. 신앙 성숙과 교회 성장을 위해 제자훈련을 도입하다

2000년 새 밀레니엄 시대를 맞아, 독립문교회는 21세기 비전을 평신도를 훈련시켜 지도자로 세우는 교회, 소그룹 중심으로 성숙해가는 교회가 되는 데 두었다. 비전에 맞추어 2000년도 표어를 '아름다운 교회'로, 2001년은 '소그룹으로 성숙해가는 교회'로 정하고 교회의 지향점을 평신도를 훈련하여 제자로 세우는 교회, 소그룹으로 성숙해 가는 교회, 성령의 음성에 민감한 교회로 교인들을 훈련하는 데 주력하였다. 이를 위해 7월 첫 주부터 교회의 구역을 다락방 체제로 전환하고, 다락방 순장을 임명하고 순모임을 편성하였다. 주보에 게시된 설명에 의하면 다락방이란 그리스도 안에서 관계 중심으로 모인 공동체, 나눔과 섬김을 중요시하는 공동체, 전도와 선교를 위한 공동체, 평신도 지도자에게 재량권을 주어 사역하게 하는 공동체를 말한다.

교역자의 변화가 생겨 임용환 준목과 권동용 전도사가 사임하고 이영희 전도사가 새로 부임하였다. 서상중 목사는 평신도를 훈련하여 제자로 세웠다. 그리고 전도 방법이나 교회를 확장하는 데 전통적인 방법보다는 새로운 방법을 모색하다가, 사랑의 교회 옥한흠 목사에게 직접 제자훈련을 받고, 교회에서 제자훈련 교육을 시작하였다.

제자훈련은 '내적인 훈련'과 외적인 훈련이 있다. 내적인 훈련은 주님의 성품을 닮아가는 것이다. 생각과 말과 행실과 인격이 주님을 닮아가도록 훈련한다. 말씀과 기도를 통해서 나의 내면이 변화되도록 하고, 하나님의 뜻을 발견하고 하나님의 뜻에 순종하도록 훈련한다. 또 하나는 '외적인 훈련'이다. 공격적이고 전투적인 자세를 갖추는 적극적인 훈련이다. 다른 사람을 전도하는 훈련이요, 사회 속에서 크리스천으로서 봉사와 섬김을 통해 빛과 소금과 등대의 역할을 능동적이고 과감하게 감당하는 훈련이다. 사랑의 교회 제자훈련은 제자훈련과 사역훈련, 두 개의 큰 훈련으로 이루어져 있다. 여기서 제자훈련이란 '초급 제자훈련'을 말한다. 이 초급 제자훈련에 이어 '사역훈련'이 있다. 사역훈련을 '고급 제자훈련'이라고도 한다(출처: 국제제자훈련, 제자훈련개요).

제자훈련은 만만치 않았다. 서상중 목사가 생각하기에는 제자훈련이 서민들과 함께하기보다는 사회적으로 안정되고 공부하는 것도 몸에 익어서 차분히 공부할 수 있는, 중산층, 지식인들에게 더 맞는 방법인 것 같았다. 그래서 서 목사는 대학생선교회로 필리핀에 21일 동안 현지 훈련을 다녀오기도 하고, 젊은이들이 좋아할 수 있는 미래의 교회를 생각했기 때문에, 자신의 두 아들을 CCC로 보내서 거기서 훈련받게 했다. 이런 과정을 통해 교회 형성의 색깔이 다채로워졌다. 서 목사는 교회가 발전하기 위해서 다양성을 인정하고 포용해야 한다는 생각에서 기장의 진보색과 아울러 보수의 신앙 훈련 방법도 포용한 것이다. 민중지향적인 목회를 추구하면서도 고착되면 안 되겠다는 생각으로 사영리와 제자훈련 등 일반교회의 다양한 신앙 훈련 방법을 도입한 데 대해 서상중 목사는 이렇게 소신을 밝혔다.

"어떤 사욕과 집착이 없었고 어떻게 하든지 교회가 좀 발전하고 내가 아닌 다른 색깔이라도 다채롭게, 형성하고 있는 사람들의 꿈에 맞게 그렇게 하려고 한 것 같아요. 너무 진보적으로만 한다고 다 포용할 수 없잖아요. 고착돼서는 안 되겠다는 생각이 들었어요. 양극단으로 가면 안 된다, 그런 얘기지요."

이렇게 해서 시작한 제자훈련에 유완식, 신남호, 서점례, 이영희, 황의복, 이현숙, 최희영 집사가 참여했다. 요셉반(남성반), 루디아반(여성반)으로 나누어 운영하기도 하였다. 제자훈련은 옥한흠 목사가 쓴 교재를 사용하였다. 공부한 것을 실천하고 실천한 것을 쓰고 보고하는 형식으로 진행되었다. 이와 더불어 119기도 운동(새 신자전도, 한 가족씩 명단선정 제출 후 기도 운동)을 하였다. 절두산 성지순례, 강화 선두수양관에서 실시한 제자훈련 수련회에서 QT노트, 제자훈련 교재, 간증문, 태신자 명단, 성경 암송 카드 작성하기를 교육하였다. 교회에 돌아와 작성한 태신자 명단 소개와 기도와 신앙 간증, 선교여행 간증 시간을 가졌다. 신앙 간증에 참여한 이들은 다음과 같다.

유완식 집사(9/17), 이현숙 집사(9/24), 서점례 집사(10/1), 최희영 집사(10/8), 신남호 집사(10/15), 서경률 집사 선교여행 간증(11/5)

신앙 간증 프로그램을 마친 후 작성한 태신자 명단을 중심으로 2001년 2월 25일에 태신자 초청예배를 드렸다. 이렇게 전개하니 모두 별개의 사항으로 보이지만 사실상 이런 사항들은 모두 제자훈련에 연동되어 있다. 제자훈련에서는 '태신자' 개념이 중요하다. 2001년 2월 11일 주보에는 '태신자' 설명을 이렇게 하고 있다.

"태신자란 구원의 목적으로 전도자가 마음에 잉태한 잠재적인 신자를 말합니다. 전도자가 태신자를 품고 기도하는 것은 마치 그 어미가 품은 자식에게 필요한 풍부한 영양을 공급하는 것과 같습니다. 태신자를 품는 것은 그 자체가 영적인 사역입니다. 태신자의 이름을 부르며 구체적으로 매일 기도하십시오. 태신자가 영접할 것을 확신하며 기도하십시오. 꼭 해야 할 말이 생각나도록 도와주시기를 기도하십시오."

독립문교회는 2000년 11월 26일에 제1기 제자훈련반 수료식을 했다. 9명이 시작을 했는데 유완식, 신남호, 서점례, 이현숙, 이 4명만 수료했다. 그때의 경험을 유완식 장로는 이렇게 회상한다.

"약 2년의 제자훈련과 사역훈련 과정을 거치면서 2번의 교회 수련회와 여러 선교지 성지순례를 다니면서 순교자들의 삶과 활동을 보면서 많은 도전을 받았고, 신앙을 체험하게 되었던 시간이었다."

다음은 신남호 집사의 소감이다.

"저희 집사들은 2년에 걸쳐 제자훈련과 사역훈련으로 단련하게 되었습니다. 처음으로 체계적인 성경 공부와 매일 QT로 집사들은 힘겨워했지만, 그 시간을 되돌아보면 개개인의 신앙에 큰 도움이 되었습니다."

좌담회에서 나온 한 참여자의 평가에 의하면 제자훈련을 통해 참여자들 간에 팀워크도 생기고, 가족적인 분위기로 잘 운영되었다. 이 제자훈련은 독립문교회에서 서상중 목사의 마지막 목회 열정이 된 셈이다.

6. 서상중 목사의 은퇴

독립문교회를 세우고 20년을 목회한 서상중 목사는 2001년 5월 공동 의회에서 은퇴 의사를 밝히고 실제로 목회 일선에서 물러났다. 그러나 법적인 절차가 남아있어 2002년 5월 12일 오후예배 때 열린 공동의회에 서 담임목사 시무 사임을 청원하여 허락받고 이틀 후 열린 서울노회에서 68세에 자원은퇴를 하셨다. 교인들이 기억하는 서상중 목사는 이렇다.

"목사님께서는 성격이 매우 강인하시고 원칙을 중요시하시는 분입니다. 교인들의 행동이 바르지 않다고 생각하시면 바로 그 자리에서 직설적으로 말씀 을 하시지요. 그래서 상처를 입은 사람도 있고요. 그러나 어떻게 보면 진짜 원칙을 지키는 목사님이세요. 공무원 생활을 하셔서 그렇기도 했다는 생각도 드는데, 아무리 긴급한 상황이 생겨도 한 번도 예배를 거른 적이 없어요. 무슨 일이 있어도 예배는 꼭 드려야 했어요. 저희들이 그때는 조금 힘들고 어렵기도 했어요. 정말 FM대로 가니까 힘들었는데 지금 와서 생각해 보니 우리가 훈련을 많이 받았다는 생각이 들어요. 훈련을 시키시는 걸 보면 본인도 힘드실 텐데 교육에 대한 열정이라든지, 어떻게라도 좀 키워내야겠다는 생각을 많이 가지 셨던 목사님이라고 생각해요. 열정이 대단하셨던 분입니다."

서 목사 시절의 목회에서 가장 기억에 남는 일로 한 신도는 '선교 금고' 를 기억한다. 선교 금고란 교회에 비치해 놓은 금고로, 교인들이 십시일 반으로 돈을 모아서 선교를 위해 쓰고 밥할 때마다 한 숟갈씩 떠서 성미를 모아 매주 한 번씩 교회에 내면 그걸 모아서 수해 지구나 어려운 상황에 처한 사람들을 지원했다.

은퇴한 서상중 목사는 본인의 목회 시절을 이렇게 회고하고 있다.

1981년 당시, 매일 아침이면 인왕산 중턱에 올라 자연스럽게 무릎을 꿇었다. 그리고는 '이 지역사회가 필요로 하는 교회, 가난하고 이름 없이 살아가는 사람들을 위한 교회를 설립하고 싶다'는 기도를 드렸다. 그 후 가을 어느 주일에 가족과 친지들이 함께 예배하던 중, 나는 교회를 설립하겠다는 생각과 의지를 전달했고, 그 자리에서 모두가 적극적인 지지를 표명했다.

이듬해 1월 중순쯤, 인근 마을에서 교회부지를 물색하던 중, 한 부동산에 들러 한 장소를 소개받았다. 체신부에서 운영하는 문화회관이었다. 사직동과 행촌동의 경계지역에 소재한 건물의 7층 한 칸을 계약하게 되었다. 그동안 반신반의 하면서 방황하던 내 마음이 큰 안식처를 선물로 받은 듯 즐겁고 평안했다. 교회개척에 한 발짝 다가서는 심정이었다. 겨우 몇 사람이 드리던 가정예배에서 벗어나, 공공건물 강당에 교회다운 예배처소를 마련하게 되었다는 생각에 감사했다.

입당 첫 주일예배 후, 교회 이름을 '민중교회'로 할 것을 신도들에게 선언했다. 지난 날 민중신학을 공부하는 중, 도시빈민선교회의 활동과 서울 변방의 밑바닥 인생의 삶을 목격하게 되었는데, 그때 이런 부류의 사람들과 삶을 함께 해야겠다는 생각을 하게 되었다. 때마침 상계동에서 민중교회 운동을 하는 목회자들과의 만남에서 민중들과의 삶을 살아야겠다는 신념을 더욱 굳히게 되었다. 이것이 또한 민중교회라는 이름을 선언하게 된 동기가 되기도 했다.

다음 달 2월 28일 오전 11시 정각, 민중교회 첫 예배가 드려졌다. 그리고 4월에는 '민중어린이선교원'이 개설되었고, 책임자(원감)로는 신학교 여성 후배가 부임하였다. 전도사 겸 원감과 나는 선교원 원아모집에 집중한 결과, 52명의 원생을 등록받았다. 그리고 '자모회(子母會)'를 조직했다. 이는 자모회원들을 선교원 운영의 주체로 세우기 위함이었다. 이 모임에 정성을 기울인 결과, 어린이 절반이 교회학교에 출석하게 되었고, 자모회원 중, 십여 명이 교회에 등록을 했다. 이로써 교회는 어린이 선교를 통해 지역사회와 교회의 거리감을 좁혀갈 수 있다는 경험과 교훈을 얻었다.

어느 사회에서나 복음화에 성공하려면, 그 지역사회 구성원들의 필요를 채워줄 수 있어야 한다. 그래야 주민들이 교회가 하는 프로그램에 거부감 없이 동참할 수 있다는 것이다. 그 결과 교회는 개척 1년 만에 신도 50여 명, 중고등부 학생회 20여 명, 교회학교 30여 명의 결실을 얻게 되었다. 그래서 더 넓은 예배 장소를 필요로 했다.

이듬해, 대지 52평의 한옥 주택을 마련하고, 교단 명의로 등기를 마쳤다. 새로운 장소를 구입하기까지의 일화를 잠시 소개하고자 한다. 구입하고자 한 교회부지의 원주인은 경남 김해군 변방의 한 오지에 거주하고 있었다. 그래서 주인을 만나기 위해 찾아갔으나, 그는 부재중이어서 다시 김해읍으로 돌아와 한 여관에 투숙하고, 다음 날 다시 주인을 만나 적정한 가격에 합의를 했다. 서울로 돌아와 합의한 내용을 교회에 설명하고, 자금을 마련하기 위한 방법을 의논했다. 그 결과 매입자금을 원만하게 해결할 수 있었다. 그 후 교회건축을 위해, 부지를 은행에 근저당 설정을 하여 건축 자금을 마련했다.

1985년에 이르러서는 새 예배당 건축을 완공하고 준공 예배를 드렸다. 그리고 자모회원 가정을 교우 가정처럼 방문하고, 어린이교육과 인간의 삶에 대해 상담했다. 어린이 대잔치, 어린이 야유회까지 동행하며 자모들과 밀착 선교에 집중했다. 나에게 있어, 어린이 선교회는 교회 운영과 같은 선상에 둠으로써 선교가 전도이고, 전도가 선교라는 신념이었다. 돌이켜 보면, 선교활동으로 교회가 비약적인 발전을 가져왔다고 생각된다.

당시의 귀한 열매들로는 권사 두 명, 안수 집사 세 명, 집사 열 명, 대학생네 명, 의대생 두 명, 신학생 두 명 등이었다. 이들은 교회 규모로 볼 때, 비교적 지식인 계층이 상당수 성장하고 있어, 교회의 미래는 밝다고 보았다. 숫자에 매달리지 않고, 상식적인 신도를 기대하면서 목회를 했던 결과가 아닐까 싶다.

_ 서상중 목사의 회고 글에서

민중교회 사모

민중교회 초기 교회 상황을 보니, 조정자 또는 조정자 집사가 계속 나오며 헌금도 많이 했고 교회에 책도 기증한 것을 볼 수 있다. 그녀가 바로 서상중 목사의 아내였다. 일반적으로 목사의 아내면 당연히 '조정자 사모님'이라 불리는 게 통상적이다. 그런데 '민중교회'에서는 사모라고 불리기보다 집사라고 불렀다.

서상중 목사의 설명에 의하면 조정자 씨는 직업이 교사였기에 전적으로 남편의 목회 일선에 같이 뛰어드는 데는 한계가 있었다. 일반 목회자의 사모처럼 전적으로 목사와 함께 발 벗고 뛰었으면, 더 빨리 교회가 자리 잡았을 수도 있겠다고 교인들은 기대할 수도 있다. 그러나 개척교회에서 교회 재정이 부족해 목회자 사례비를 충당할 수 없는 상황에서 아내가 직장인이면서 동시에 살림과 육아를 책임졌기에 그 덕에 목회자가 가정을 책임져야 하는 큰 걱정 없이 목회에 전념할 수 있었다. 아내는 그러한 일로 목회에 충실히 협조했다고 생각한다. 학교 교사로서 교회의 재정을 많이 담당했고, 도서 기증, 교회학교 교육 등의 제안을 하는 등, 제직으로서의 사명을 감당했다.

조정자 씨에게 집사라는 직분을 맡기고 사모가 아니라 집사로 불린 또 다른 이유가 있다. 사모로 불린다는 것은 목회자의 아내에게 붙이는 존칭이지만, 교회에서는 사모라는 직분은 없다. 계속 사모님으로 남아 있으면 나중에 남편이 목회를 은퇴하고 나면 본인의 존재 자리가 없다. 그래서 사모로 불리기보다 제직으로 교회에서 자리매김을 하는 것이 좋겠다고 생각했다. 서 목사 말에 의하면 아내에게 살림을 맡기고 목회 일을 전념하기 위한 것이 일차적이요, 아내가 목회자의 아내로서만이 아니라 교회 직분을 맡음으로 교회 돌아가는 사정을 알고 교회에 대한 관심을 높임은 물론, 제직으로서 교회에서 지내는 것이 교인들과의 관계도 좋고, 사모 본인에게도 이름도 없는 사모 자리보다는 집사라는 자리매김이 사모의 존재감에도 중요하다는, 이중적인 장치를 한 것이라고 했다.

사모에게 집사라는 직분을 맡겨 제직이 되게 했다는 것은 당시 시대를 굉장히 앞서 나간 것이다. 지금도 여전히 목회자 부인에게 사모되기를 강요한다. 그래서 젊은 목회자의 아내들은 "우리가 '원 플러스 원'이냐?" 이렇게 불평하기도 한다. 자기는 자기 삶이 있는데, 배우자가 목회자가 되면 주변에서 사모로서의 역할을 기대한다. 하지만 정작 목회자는 남편의 '플러스'로 가는 게 아닌데 말이다. 우리도 직업과 직장이 있기에 남편에게 종속된 존재가 아닌 하나의 독립된 주체로 존중해 달라는 요청이자 요구인 것이다. 여성이 담임목사인 경우에는 남편을 사부라고 부르면서 부인 목사의 일을 도우라고 하지는 않는다. 그럴 경우에는 배우자인 남자는 당연히 자기 직업을 가지고 일해야 한다고 생각하고 집사, 장로 등 직분을 갖게 된다. 한국교회는 여전히 남자와 여자에 대한 이중 잣대를 가지고 있다.

사모라는 호칭은 실제로 젊은 목회자의 아내에게 부담이 되고, 불편한 자리이기도 하다. 심지어 배우자가 동시에 신학 공부를 한 경우에도 여성 신학도는 자기가 공부한 전문가로서의 목회자가 아니라 남편의 배우자로서 사모가 되기를 원하는 경우가 많고, 그것을 남자 목회자를 초청할 때 조건으로 내거는 교회도 많다. 많은 교회에 목사는 남성이 담임 목회자이고, 그 아내는 사모로서 존재한다는 고정관념을 가지고 있는 경우가 많다. 다행히 최근에 이르러 기장 같은 경우는 남편과 아내 각자 자기 몫이 있어서 부부 목회를 하는 경우도 많다. 남편은 담임목사, 아내는 부목사 또는 교육 목사로 같은 교회에서 목회하는 경우도 생겨나는 추세다. 지금부터 40년 전, 그 당시에 목사 아내를 사모가 아닌 집사로, 교회의 제직으로 세웠다는 것은 그걸 제안한 목회자나 그 제안을 수용한 교인들의 수준이 시대를 앞서간 일이었다.

4장
21세기 첫 10년,
조직 교회로 내실화를 꾀하다

독립문교회가 창립 20주년을 맞은 2000년대는 새로운 밀레니엄, 새 천년 시대라고 해서 사회와 교회가 새로운 비전을 갖고 많은 꿈을 꾸던 시기였다. 동시에 2000년대 첫 10년은 고통과 희망이 교차하는 시기였다. 한국 사회는 지난 세기말에 맞은 국가 부도 사태라는 위기를 맞아 힘든 시기를 보내야 했고 그 여파가 2000년대까지 이어졌다. IMF 관리상 황에서 부닥친 세계화 물결의 파고로 여전히 한국은 대량 해고와 실직을 비롯해 빈부 차이가 양극화되는 상황 속에 놓였다. 비록 세계화의 덫이라는 함정에 걸려 중산층이 붕괴되는 상황에 놓이기는 했지만, 생각보다 김대중 정부는 IMF 위기를 일찍 극복하고 서서히 경제 발전을 해나갔다.

6·15 남북공동선언과 금강산에서의 남북교회 만남

2000년 초기 10년에 한국에서 가장 괄목한 성과는 6·15 공동선언이다. 대한민국 김대중 대통령과 조선민주주의인민공화국 김정일 국방위원장이 2000년 6월 15일 평양에서 역사적인 상봉을 하고, 남북관계 발전과 평화통일 실현을 위한 '6·15남북공동선언'을 발표하였다. 남과 북에서 정부, 민간단체, 종교들이 6·15 공동선언 실천을 위한 노력을 전개하였다.

한국교회도 한국기독교교회협의회를 중심으로 남북교회의 화해 증진을 위해 노력을 기울였다. 금강산에서 남북 교회 지도자들이 모여 기도회를 실시하였고, 한국교회는 북에 평화의 쌀, 사랑의 쌀 보내기, 북한 어린이 이유식 보내기, 의료기기와 농사기술 지원 등 북과의 나눔 운동을 전개하였다. 2004년에는 용천 수해참사로 고통당하는 북의 동포를 지원하기 위해 한국교회가 적극 나섰다.

세계교회협의회, '폭력극복을 위한 10년' 선언과 기장의 새 역사 50년

한편 세계교회협의회는 2000~2010년까지를 '폭력극복의 해'로 정하고 부제로 '화해와 평화를 일구어 가는 교회'를 선포하며 지역별, 교회별로 이를 실천하도록 장려하였다.

독립문교회가 속해 있는 기장의 경우, 2003년은 기장으로 출발한 지 50년이 되는 희년의 해로서, 새역사 50주년을 맞아 50주년 희년선포문과 함께 7가지 과제를 발표하였다. 7가지 선교 과제를 정리하면 '생명, 평화, 정의가 실현되는 하나님의 나라'로 요약할 수 있다. 2007년 사순절 기간에는 '이 땅의 가난한 사람들과 생명 살림을 위한 금식기도 운동이 기장교회들에 의해 전개되었다.

새 역사 50주년 희년선포문 7개 선교 과제

① 파괴된 자연을 하나님의 창조질서로 회복시켜 이 땅이 생명공동체
가 되도록 정의와 평화를 구현한다.

② 물신숭배와 폭력의 문화를 생명 문화로 전환시킨다.

③ 분단된 민족의 화해와 평화통일을 일구어낸다.

④ 분열된 교회를 '하나의 교회'로 고백하여 일치를 이룬다.

⑤ 교회를 갱신하여 그리스도의 온전한 몸을 이룬다.

⑥ 남녀 간의 평등과 세대 간의 화합을 도모한다.

⑦ 이웃사랑 정신으로 나눔과 섬김을 한다.

이러한 시대적 상황 속에서 행촌동 언덕 위에 있는 독립문교회는 2001년 새로운 목회자가 부임하여 제2기 시대를 맞는다.

1. 독립문교회, 조직 교회가 되다

서상중 목사의 은퇴와 이혁 목사의 부임

독립문교회는 새 천년 초입에 새로운 담임 목회자를 맞이한다. 제2대 이혁 목사의 부임이다. 독립문교회를 설립하고 20년간을 섬겨 온 서상중 목사는 새로운 천년이 되는 2000년에 목회직에서 물러나겠다는 은퇴 의사를 밝혔고, 제직회에서 이를 수락하여 후임 목사 청빙을 위한 작업 에 들어갔다. 그 결과 이혁 목사가 부목사로 청빙되어 2000년 12월 31일

송구영신 예배에서 교인들과 인사를 나누었다. 이혁 목사는 2001년 1월 부터 5월까지 부목사로 사역하였다.

2001년 5월, 서상중 목사가 교인들에게 은퇴하겠다고 선언하고 부목사인 이혁 목사에게 담임 목회직을 넘겼다. 그러나 목사의 사퇴와 임직은 임의로 할 수 있는 게 아니다. 기장 교단의 목회자 사퇴와 청빙은 교회의 결의를 거쳐 노회에서 허락해야 하는 절차가 있다. 교단의 목회청빙 절차에 맞춰 이듬해인 2002년 5월 12일, 독립문교회 공동의회에서 이 목사를 청빙한다는 것을 결의하고, 5월 14일 열린 서울노회에서 이를 허락받았다.

2002년 8월 11일 독립문교회에서는 서상중 목사의 은퇴식과 유완식 집사의 장로 임직식, 이혁 목사의 담임목사 취임식이 동시에 거행되었다. 서울노회장 배태덕 목사의 인도로 서상중 목사의 은퇴 및 명예 목사 추대식이 일차로 진행되었고, 후에 장로 임직식이 독립문교회 임시 당회장인 권오성 목사의 인도로, 담임목사 취임식은 배태덕 목사의 인도로 진행되었다. 이런 과정을 거쳐 이혁 목사가 독립문교회 2대 담임목사가 되었다.

독립문교회 제2대 담임 목회자가 된 이혁 목사는 전북 군산 출신으로, 1990년에 한신대학교 신학부에 입학하여 1997년에 한신대학교 신학대학원을 졸업하였다. 대학교 시절 군산 '믿음의교회' 교육 전도사로 2년간 사역했고, 신학부 졸업 후 서울 한신교회 청년회 교육 전도사로 1년 8개월 동안 시무하였다. 1997년에 한신대 신학대학원을 졸업 후 서울 창현교회에서 전임 전도사로 시무하다가 1998년 10월에 준목 인허를 받았다. 1999년 1월에 준목으로 전주 희년교회에 부임, 11월에 목사안수를 받았다. 2000년 12월 31일 희년교회를 사임하고 독립문교회 부목사가 되었다.

독립문교회 부임한 이혁 목사의 가족은 부인 한선아 씨와 4살 그리고 6개월 된 두 자녀가 있었다. 교인들은 40대 젊은 목회자 부부가 와서 신선하다는 느낌을 받았다고 한다. 이 목사가 주일 낮 예배 전에 찬양을 이끌었고, 수요예배 같은 경우에 목사님이 손수 기타를 치면서 찬양하는 모습이 매우 인상적이었다고 한다. 목사님이 인도하는 찬양이 은혜가 되었다고 회고하는 이들도 있다.

조직 교회가 된 독립문교회

장로교회는 교회법에 따라 아무리 오래된 교회라고 해도 장로가 없으면 미조직 교회라 칭한다. 당회란 목사와 장로로 구성된 교회 행정과 치리 기구다. 당회가 없는 교회는 미조직 교회로서, 비록 목사가 교회 목회를 전담한다고 하더라도 법적으로 담임목사가 될 수 없기에 전도목사로 시무하게 되어 있다.

독립문교회는 2002년 5월 서울노회에서 유완식 안수집사가 장로 고시에 합격하고, 그해 8월 11일에 장로 임직식을 서울노회 주관으로 실시하였다.

유완식 장로는 행촌동이 고향이다. 행촌동에서 태어나 유년 시절부터 결혼 직전까지 행촌동에서 살았다. 유 장로가 독립문교회의 교인이 된 것은 독립문교회의 전신 민중교회 시절인 1985년에 장로님의 어머니께서 이 교회에 다니셨기 때문인데, 어머니를 따라 이듬해 가족들이 합류하게 되었다. 민중교회가 개척된 지 4년 후인 1986년 창립 4주년에 서리집사가 되어 교회 재정을 담당하게 되었다. 그 시기에는 교회 재정이 매우 어려워 목회자 사례비도 드리지 못하는 형편이었고, 사모 조정자 집사가 교회 재정과 집안 살림을 책임지고 있는 실정이었다. 그 어려운 상황 속에서도 서상중 목사가 염원하던 교회 신축에 심혈을 기울이는 과정에서 몇몇 중심이 되는 집사들이 재정적 부담 때문에 교회를 떠나는 시련도 있었다. 1989년에 7주년 기념 예배 겸 입당예배 때 박옥출, 이순욱 집사가 함께 안수집사가 되었으며, 교회 신축건물을 준공하기까지 물심 양면으로 기여한 결과 공로 표창을 받았다.

유완식 장로가 안수집사 시절 교회에 차가 없어서 본인의 차로 봉사를 많이 하였다. 교회와 떨어진 곳에서 살기에 혼자 교회 오기 힘든 교인들을 예배 시간에 모시고 오는 일, 교회 행사 때 장을 보는 일, 교회 건물 수리를 비롯해서 신도들의 신앙 인도까지, 제반 문제에 힘을 쏟았다. 이렇게 헌신적으로 교회를 섬긴 유완식은 그 공로를 인정받아 교회 출석 17년 만에 장로로 피택 받고, 2002년 8월 11일 장로 임직을 하게 되었다.

유완식 장로의 장로 임직식 후 서상중 목사 이임식과 이혁 목사 담임 목사 취임식을 함께 거행하였다. 유완식 장로의 장로 임직으로 독립문 교회는 명실공히 조직 교회가 되었고, 이혁 목사가 담임목사로서 독립문 교회 2대 목회자가 되었다.

2. 이혁 목사의 목회 방향과 교회 발전

독립문교회 부임한 이혁 목사가 가장 주안점을 둔 것은 교인들의 신앙 훈련과 교회교육 강화 그리고 교회 조직의 내실화였다. 제1대 목회자가 독립문교회를 선교하는 교회로서 자리매김했다면, 2대 이혁 목사는 전임 목회자의 목회 틀을 바꾸지 않은 채 교인들의 내실 있는 신앙 훈련과 교회 조직 강화, 체계적인 성경 공부, 정기적인 제직 훈련, 교회학교 정비 등을 해나갔다. 교인들의 신앙 훈련은 제자훈련과 순장 교육, 금요일 심야 기도회를 통해 이루어졌다.

제직 훈련을 통한 제직의 리더십 강화

독립문교회는 이혁 목사가 부임하여 처음으로 열린 2002년 신년 제직 수련회 때 '독립문교회 목적문 작성'을 하였다. 그때 만들어진 목적문은 다음과 같다.

(1조) 우리 교회는 외양을 꾸미기보다는 모이기에 힘쓰며 변화되어 제자로서 다른 제자를 양육하는 데 힘을 모은다.
(2조) 독립문교회는 전도에 주력하여 그들의 믿음이 성숙되어 소그룹으로 생명력 있는 공동체로 이웃을 섬긴다.

이 목적문을 보면 제직의 역할을 그리스도의 제자로서의 역할로 규정하고, 독립문교회 방향을 모이는 교회, 이웃을 섬기는 교회 공동체로서 정립하고 있다. 초창기부터 시작된 독립문교회의 정신을 살리면서도 교인훈련을 통한 교회 성장을 하겠다는 이혁 목사의 의도가 보인다. 이혁 목사와 제직들이 첫 제직회에서 이런 목적문을 만들었다는 것은 독립문교회의 상황과 관계가 있다. 독립문교회가 민중교회로 출발하여 지역 선교에 앞장서 왔지만, 이 일을 잘 감당하기 위해서는 교회의 과제로 교인증가를 위해 노력해야 했던 것을 알 수 있다. 교회가 설립된 지 20년이 되었지만 교인 수가 20~30명 정도인 현실을 감안할 때 소위 교회의 사명과 선교도 어느 정도 교인 수가 되어야 감당할 수 있다고 판단한 것이다.

이 제직 수련회를 기점으로 독립문교회는 해마다 신입 제직들을 중심으로 제직 훈련을 하였다. 2003년 1월에는 '독립문교회 존재 목적'이라는 제목으로 신앙 수련회를 하였다. 제직 훈련 후 목사와 인터뷰를 하고 제직으로서의 소명을 다졌다. 인터뷰 내용은 내가 교회에 다니는 목적, 교회를 다니면서 은혜로웠던 것, 앞으로 교회 다니면서 어떤 봉사를 할 것인지, 공부해서 권사 직분을 받는 교육과정, 제직 직분을 감당하기 위해서는 성경 공부, 제자훈련 등을 해야 한다, 집사가 갖고 있는 달란트를 좀 더 폭넓게 하려면 공부를 많이 해야 등. 집사로서의 역할에 대한 권면의 말이 주 내용이었다.

2004년에는 제직 수련회와 교회의 각 부서 리더를 선정하고 제직들에게 구체적인 역할을 맡겼다. 그리고 각 부서 리더 훈련을 하였다. 당시 부서별 리더들은 다음과 같다.

전도팀: 이순덕

바나바팀: 신남호

중보기도팀: 김윤우

성가대: 이은

청년팀: 한상용

시설관리팀: 박창오

중고등부팀: 이효순

어린이부팀: 신남호

국내선교팀: 미정

해외선교팀: 미정

경조팀: 유완식

이때 시설관리를 맡은 박창오 집사는 사실상 교회 관리에 대해서는 백지상태였는데, 관리팀장이 되고 나니 필요에 의해서 전문가가 되었다고 한다. 교회 건물에 문제가 생겨 손 볼일이 있으면 배워서 수리하다가 거의 전문가 수준이 되었다. 교회 근처 마을에까지 소문이 나서 전기 등 소소한 문제가 생기면 주민들이 기다릴 정도가 되었고, 홀로 사는 어르신들 도배, 집수리 등을 하게 되면서 독립문교회 '맥가이버'라는 별명도 생겼다.

2006년에는 성가대, 예배부, 전도부의 사역 지침서를 만들어 훈련하였다. 이를 통하여 각 부서가 사역자로서의 사명을 갖고 일하도록 하기 위함이었다. 이러한 훈련을 통하여 제직들의 사명감과 역할에 대한 인식이 고취되어갔다.

제자훈련과 순모임을 통한 신앙의 내실화

이렇게 '독립문교회 목적문'을 기본으로 하여 이혁 목사와 교인들은 모이는 교회로서의 사명을 위해 각종 기도회와 제자훈련, 순모임을 열심히 하였다. 이혁 목사가 부목사로 부임한 초기부터 금요 심야 기도회를 시작해 교인들의 영성을 키우려 하였다. 다락방 순장 교육을 통해서 순모임을 인도하게 함으로 평신도 지도력을 키웠다. 또한 전임 목회자가 기초를 놓은 제자훈련에서 한 걸음 나아가 사역 제자반 훈련을 실시해서 교인들을 그리스도의 제자로서 사역자가 되게 하는 시도를 하였으며, 성경 대학과 성경교육을 통해 교인들의 성경을 보는 눈을 키움으로 내실 있는 신자가 되도록 역량을 기울였다.

제자훈련 교육은 2년 과정으로 학기별로 개강하였는데 적은 수의 인원이 참석하였다. 1기에는 4명, 2기에는 2명이 참석하였고, 청년반은 3명이 참여하였다. 2001년 9월 9일에 제자훈련을 개강하여 2002년 6월 16일에 2년 과정을 4명이 수료하였다. 2003년 4월에 2기 제자훈련을 시작하여 김현정, 정현옥 2명이, 2006년 청년 제자반에는 5명이 수료하였다. 제자훈련 후에는 담임목사와의 인터뷰도 있었는데, 이때 참여한 자들은 이순덕, 정미숙, 이은, 김문선, 김미랑, 이효순이었다. 제자훈련은 이혁 목사가 독립문교회를 그만둘 때까지 계속되었다.

이렇게 참여 인원이 적은 것은 교인 수가 얼마 안 되는 데다, 2년 과정으로 참석 자격이 매우 엄정하였기 때문이다. 모집 요강의 신청자 자격을 보면 다음과 같다.

① 본 교회 등록 1년 이상인 자로서 세례받은 지 2년 이상인 자

② 새 가족 모임을 마친 자

③ 30~50세

④ 순모임을 6개월 이상 참석하고 있는 자

⑤ 배우자의 허락을 받은 자

⑥ 신체가 건강하고 끝까지 훈련에 참여할 자세가 있는 자 등

서상중 목사 시절에는 제자훈련 교재로 사랑의 교회 옥한흠 목사가 쓴 교재를 사용했지만, 이혁 목사가 이끌 때는 이혁 목사가 교재를 만들어 교육을 하였다. 제자훈련과 더불어 강화한 것이 순장 교육이다. 2001년

6월 5일부터 8회기 동안 다락방 순장 교육을 통해 3명의 예비 순장을 배출하였다. 여자 순모임 2개 반이 운영되다가 2003년 2월에는 남자 순모임(순장: 유완식 장로)을 시작하였다. 2004년에는 순모임이 행촌동 3곳, 청년회 1곳 모두 4개의 순모임으로 늘어났다. 2005년에는 가을 순모임을 시작했고(순장: 한선아, 신남호), 2007년에는 남자 순모임 2개 반이 시작되었다. 전체 순장 사역 강화 훈련도 실시하였다.

지역만이 아니라 교회에서도 순모임을 하였다. 2008년 8월에 다시 남자 순모임이 시작되었으며, 주일예배 후에 8명이 참석하였다. 교회에서 하는 순모임은 소그룹으로 진행되었다. 순모임 회원들을 순원이라고 하는데, 이 순원들이 순장과 함께 그룹 미팅반에 모여 말씀과 삶을 나누고, 본당에 다시 모여 토의 결과를 정리하고, 매주 한 그룹씩 전체 앞에서 발표하는 순서로 진행되었다. 그러나 시간이 지나면서 여자들의 순모임은 활발해졌지만, 남자들의 순모임은 어려워졌다. 나중에는 갈수록 제자훈련보다 순모임이 강화되었는데, 이는 그 당시 한국교회에서 제자훈련이 소강상태에 들어가고 셀 모임이 다시 유행했던 것과 무관하지 않다. 순모임은 모임에서 자기 이야기를 많이 했기 때문에 모임원들의 개인 사정도 나눌 수 있었고, 교제도 많이 이루어졌다.

여신도로 구성된 한 순의 경우 순원이 7~8명 됐다. 진행은 성경 공부와 생활 나눔을 했다. 주로 개인 집을 돌아가며 모였고, 때로는 교회에서 할 때도 있었다. 한 여신도 순원은 당시를 회고하며 이렇게 말했다.

"당시 독립문교회 교인들의 지역이 가난한 동네이다 보니 대부분 사는 형편이 어려웠어요. 그래서 순모임을 할 때는 항상 생필품, 옷 등을 기부하고 필요한 것들은 물물교환 같은 것도 하였지요. 같이 밥도 먹으며 친교가 되었습니다.

교회가 작다 보니까 순모임을 통해 속속들이 사정을 알게 되는 장점이 있어 좋았습니다."

순장이었던 신남호 권사는 이렇게 소감을 밝혔다.

"2대 이혁 목사님이 시무하던 시절에는 유일한 지역 모임인 순모임이 활성화되었어요. 순장들과 평신도가 순모임을 통해 속마음을 털어놓고 가정의 크고 작은 일을 공유하면서 기쁨과 슬픔을 같이하였지요. 교회를 통해 삶을 나누며 통성기도로 뜨겁게 모두 함께하는 시간을 가졌고, 서로를 알아가는 소중한 기회였다고 생각됩니다."

성경 공부를 통한 교인들의 영성 훈련

이혁 목사가 열정을 쏟은 부분 중의 하나는 성경 공부다. 이혁 목사가 독립문교회 목회자로 첫 시작을 새벽예배 때 갈라디아서 강해를 시작한 것만 보아도 성경 공부에 관심을 가진 이혁 목사의 면모를 알 수 있다. 이 목사는 담임목사 취임 후 오후예배를 주일 낮 예배의 설교 말씀을 나누며 삶에 적용하는 소그룹 성경 공부로 진행하였다. 새벽예배 시에는 시편을 강해하였고, 수요예배는 복음서를 강해하였다.

이렇게 예배 시에 성경 공부를 하는 한편 다양한 성경 공부 교실을 운영하였다. 기초 성경 대학반을 모집하여 '일대일 제자 양육 성경 공부'로 공부하였다. 2005년에는 9월부터 1년 과정으로 여자 성경 대학반을 열어 8명이 졸업했고, 젊은 남신도 성경 대학반을 시작하여 3명이 참석하였다. 2008년에는 일반 기초 성경 공부방을 매주 수요예배 후 열었는데

7명이 참석하였다. 2009년에는 수요예배에서 요한계시록 제대로 알기를 했는데, 성경 원어로 제대로 보는 요한계시록을 시작했다. 요한계시록 읽기는 교인들이 어려워해서 끝까지 진행하지 못했다.

2004년부터는 태신자를 위한 새 가족 성경 공부 교실을 열었다. 새 가족 성경 공부는 새 신자가 교회에 등록한 날부터 5주간 실시하였다. 교회학교에 다니는 학생들 대상으로 어린이부 말씀 수련회를 했는데, 수련회 내용은 요한복음을 통독하는 것이었다. 추수감사절 예배 때는 전교인 성경암송대회 프로그램을 진행하여 교인들이 열심히 성경을 외우는 기회를 제공했다. 2010년에는 신구약 완독과 통독을 위한 특별 새벽 기도회를 실시하였다.

한편 성경 연구에 열정이 있는 이혁 목사는 2002년 교회에다 아람 성경 원어 연구원 모임을 유치해서 원어로 성경을 읽는 모임을 열었다. 아람 성경 원어 연구반은 30년 전부터 시작된, 우리나라에서 유일한 성경 원전 강독 모임이었다. 매주 월요일과 금요일, 주 2회 성경 원어 읽기 교실을 열었다. 10여 명의 신학대학원 학생과 목회자들이 참석하였다. 이혁 목사는 신학 전문가를 위한 성경 원어 교실뿐만 아니라 독립문교회 평신도를 대상으로 한 성경 원어 강좌도 실시하였다. 2004년부터 평신도를 위한 히브리어 헬라어 기초반을 매주 목요일 9시부터 10시까지 한 시간 동안 열었다. 성경 원어 기초반을 진행하는 이유를 이렇게 설명하고 홍보하였다.

"한국교회가 사는 길은 성도들의 말씀에 대한 집중입니다. 무슨 신비한 것들을 찾아다니는 공동체는 소망이 없습니다. 주변의 많은 성도들이 참여할 수 있도록 소개해 주시기 바랍니다."

목사님의 권유로 여신도들이 참석했는데 너무 어려워서 히브리어 성경책을 갖고 기초만 하다가 중단되고 말았다. 사실 성경 원어 공부는 교인들에게 큰 도움을 주지 못했다. 신학생들에게도 어려운 히브리어, 헬라어를 평신도들이 배운다는 건 쉬운 일이 아니었기 때문이다. 그러나 이 목사는 대학에서 개최하는 히브리어 강좌를 배우러 다닐 만큼 성경을 원어로 공부하는 데 열심이었다. 이에 대해 한 교인은 이렇게 의견을 피력하였다.

"그러니까 이 목사님은 그렇게 열정적으로 공부하는 걸 좋아했지만 당시 교인들의 상황이나 수준으로서는 그것을 소화하기는 좀 어려웠다는 거죠."

3. 교회 조직의 체계화와 새생명전도운동

2002년 1월 13일 독립문교회는 교회학교 내실화 작업의 하나로 제1기 교사대학을 열어 교회학교 교사들의 질적 향상을 꾀하였다. 이 교사대학에 유완식, 서점례, 이현숙, 신남호 집사가 참여하였다. 이해 8월 25일에는 신임교사 훈련을 시작으로 해마다 교사 훈련을 하였고, 교회학교 졸업예배를 드렸다. 이때 어린이 9명이 참석하였다. 이어 해마다 어린이부 여름성경학교, 중고등부 여름 수련회, 청년회 수련회 등을 실시했다. 2004년에는 어린이 여름 수련회에 참석한 어린이들이 32명, 중고등부 수련회에 10명이 참석하였다. 2005년 신년 예산 및 사역을 위한 제직회 보고를 보면 다음과 같이 기록되어 있다.

신임 집사: 한상용, 황성진, 정성애, 황경숙, 정현옥, 김향아

어린이부 교사: 김윤우, 최희영, 김미경, 한상용, 박미선, 신영랑

중고등부 교사: 한선아, 신남호, 유희원

　2009년에는 어린이부 여름성경학교 수련회에 어린이 28명, 청소년부와 청년회 연합 수련회에 11명이 참석하였다. 교회학교 수련회는 교회에서 하기도 했지만 주로 외부로 나가 실시하였다. 2009년부터는 한선아 사모의 지도로 어린이부 영어교실을 매주 토요일 오후 3~5시까지 2시간 동안 열었다. 처음에 5명의 학생이 참석하였다. 영어교실은 무료로 했기 때문에 지역의 아이들이 영어를 배우러 왔고, 그 아이들이 교회에 나오게 되어 중고등부 학생이 늘어나는 계기가 되었다.

　또한 각 신도부가 재정비되었다. 2002년 여신도회 총회를 기점으로 남신도회, 중고등부, 청년회가 총회를 열어 새 임원이 구성되고 수련회가 실시되었다.

　여신도회는 해마다 총회를 열어 임원진을 개편하였고, 해마다 수련회를 실시했다. 수련회 참석인원은 12~16명 수준이다. 그러나 남신도회 기록은 2002년에 회장(신중호), 회계(박창오)로 임원진이 구성되었으나 순모임 활동을 했을 뿐, 여타의 신도회 활동은 하지 못했다.

　청년부는 2002년에 용인 명지대학교 캠퍼스에서 청년 수련회를 한 것을 기점으로 2003년에 청년부가 조직되었고, 해마다 청년 수련회를 실시하였다. 2003년에 강화도, 2004년에 사랑의교회 수양관에서, 2004년 7월 21일~23일까지 2박 3일 동안 천안 호서대에서 열린 에클레시아 수련회에 5명의 청년이 참석하였다. 2005에는 수련회를 청소년 비전캠프로 대체하였다. 2008~2009년에는 청소년부와 청년부 연합 수련회를 통하

여 청년들의 신앙과 독립문교회 교인으로서의 소속감을 고취하는 기회가 되었다. 청년부 모임에는 10여 명 정도가 참여하였다.

새생명전도운동과 교회의 활성화

독립문교회 목적문 2항에도 나오듯이, 모이는 교회가 되기 위해서는 전도가 매우 중요하였다. 순모임을 강화하면서 독립문교회는 전도운동을 전개하였다. 2002년에 전도 목표를 50명으로 잡고 전도운동을 시작했다. 전도운동을 시작하면서 "유지만 하는 교회가 아니라, 민족과 지역 젊은이들을 전적으로 섬기는 교회가 되게 하소서"라는 목적 기도를 하였다. 2003년도부터 매주 토요일에 지역 전도를 나갔다. 2004년부터 봄에는 새생명전도축제로, 오후 예배 후 지역에 전도를 하면서 집에 돌아가기 캠페인을 시작하였다. 가을 전도 축제 때는 물티슈에 교회 이름을 새겨 이 동네 저 동네 가지고 가서 나눠주었다.

"넓은 마당 독립문교회에서 왔어요. 예수님 믿으세요. 너무 좋아요. 이제 나만을 위해 살지 말고 하나님 나라를 위해 삽시다!"라고 전도를 하였다. 이런 전도운동을 통해 처음에 목적한 대로 50명의 새 교인들을 확보하지는 못했지만, 행촌동 지역에 독립문교회라는 존재를 확실히 알리는 효과가 있었다.

전도운동과 일 년에 두 번씩 열리는 부흥회를 통해 '태신자'가 생기면 태신자 초청 잔치를 열어 환영하였다. 이렇게 해서 15명에서 20명 사이였던 교인들이 나중에 40~50명까지 늘었다. 2005년 노회에 보고된 집회상황을 보면 주일예배 49명, 주일 오후예배 12명, 수요기도회 10명, 금요 심야 기도회 12명, 어린이부 25명, 중고등부 7명으로, 2년 전보다 배가 증가한 것을 볼 수 있다. 2010년 4월 봄 노회에 보고된 집회상황을 보면 주일예배 52명, 어린이부 28명, 청소년부 9명으로 보고되었다.

당시 전도운동에 참여했던 김미랑 집사는 그때 일을 이렇게 회상하고 있다.

"저는 서대문에 있는 큰 교회를 다니고 있었는데, 주일에 설교를 듣긴 듣는데, 어린 아기를 안고 교회를 다니다 보니 그 의미가 별로 전달이 되지 않아서 어영부영 교회에 다녔지요. 그러던 중 독립문교회 신남호 집사로부터 이혁 목사님이 새로 부임해서 하는 부흥회에 참석해보라고 권유를 받아 부흥회에 참석을 한 것이 독립문교회와 인연의 시작이었어요. 전에 다니던 큰 교회에서는 그저 다니는 교인이었는데 작은 교회니 봉사를 해야겠다는 생각이 들었습니다. 사모님이 어린이집을 운영할 계획을 가지고 계셔서 어차피 아기가 어리니까 맡길 수 있을 것 같다는 생각에 교회에 다니기 시작했지요. 독립문교회에서 하는 제자훈련과 순장 교육에 참여했어요. 제자교육이나 순장 교육에 참여한 이들이 전도도 열심이었지요. 교인 수가 적어 전도부터 해야겠다고 생각해서 전도를 열심히 했어요. 우선 우리 집안사람들과 친지만 해도 10명은 족히 넘었으니까요. 교회에서 식사를 제공할 때 주방 봉사를 했는데 참 은혜가 되었습니다. 순모임을 통해서 어려운 가정들의 삶을 속속들이 알게 되어 좋았고요. 당시 교인들이 행촌동 지역에 사는 사람뿐만 아니라 서대문 지역에도 있었는데, 교회에 차가 없었기 때문에 이들을 산동네 교회까지 실어 나르는 일은 저랑 유완식 장로님이 주로 했지요."

_ 김미랑 집사와의 인터뷰에서

제자훈련과 순장 교육, 새 생명 전도 활동은 독립문교회가 모이는 교회로 활성화하는 데 큰 기여를 하였다.

4. 사회선교와 각 부서 독립채산제 선교

독립문교회 사회선교 전통은 어린이집과 방과 후 교실인 공부방이 큰 비중을 차지해왔다. 2001년 3월 4일, 한동안 폐쇄되었던 어린이집을 '어린이 무료 선교원'으로 개원하였다. 선교원 운영은 한선아 사모가 맡았다. 어린이 선교원을 통해 지역사회 한 부모나 맞벌이 가정의 어린이들을 보살피고, 자모들의 말벗이 되어 유대관계를 형성하였다. 선교원은 어린이의 안전한 보호를 위한 장치일 뿐만 아니라, 주일학교 발전에 기여했고, 지역에 독립문교회의 존재가치를 높이는 데 일조하였다.

한편 독립문교회는 1층 교육관을 수리해서 중단되었던 공부방을 지역의 중등부 학생들을 위한 무료 영어 공부방으로 재개하였다. 공부방에 다니는 중학생들이 교회에 나오면서 중등부가 재창립되었다.

독립문교회는 도시의 가난한 이웃들과 함께하기 위해 만들어진 교회다. 그 정신을 따라 지역의 '이웃과 함께하는 사랑의 초청 잔치'를 종종 열었다. 지역사회 노인정에 있으신 분들에게 부침개나 커피를 타 드리고 말벗이 되었다. 친숙해진 노인정을 빌려 바자회를 열었다. 바자회에서 옷과 아이들 장난감, 어린이책 등을 동네 주민들과 어려운 교인들에게 싸게 팔았고, 전이나 국수 등 음식을 만들어 판 이익금을 선교비로 사용했다.

전교인이 사랑의 헌혈 운동에 참여하도록 하기도 했다. 이 운동은 교회에 모여 한 것이 아니라 각자 개인이 가서 헌혈을 하고 헌혈 카드를 교회에 제출하는 방식으로 이루어졌다. 교회는 그 카드를 모아 적십자 사에 기부를 하였다. 그리고 매년 태풍 피해를 입은 교회와 성도를 위한 헌금을 실시하였고, 어린이부는 어린이들이 헌금한 것을 가지고 지역 독거노인을 방문했다. 아이들은 작은 선물을 드리며 말벗이 되어드리기 도 했다.

이렇게 지역사회 선교활동을 하는 한편, 북한 용천에 수해 참사가 났을 때 노회가 벌이는 '용천 돕기 헌금'에 동참하여 북과 나눔 선교를 하였다. 또한 동남아 해일 피해자를 지원하기 위한 노회 사업에 동참함 으로 지역을 넘어 아시아로 관심의 지평을 넓히기도 하였다.

2006년에 독립문교회는 교회 기관을 재정비 하면서 특이한 제도 하 나를 만들었다. 각 부서 '독립채산제 선교'라는 것이다. 독립채산제라는 것은 어린이부를 비롯한 교회학교 각 부서와 여신도회, 청년회 등 기관 들이 한 헌금을 자기 부서가 자율적으로 선교에 사용하는 것이다. 예를 들어 어린이부 헌금은 절기별로 행촌동 마을의 독거노인을 방문하는 데 사용되었고, 중고등부는 개척교회를 지원하였다. 2003년의 경우 중 고등부는 전도 바자회를 실시하여 레바논 김경희 선교사를 후원했다. 여신도회 역시 이집트(후에 옮김) 김경희 선교사를 후원하였고, 교회는 중국 선교사를 후원하였다.

부서별로 모은 헌금을 자체 운영비와 선교비 후원으로, 연말에는 쌀 이나 선물로 어려운 이웃돕기 등에 사용하였다. 유치부, 초등부, 중등부, 고등부를 주일학교 하나로 묶지 않고 자기 부서에서 헌금한 것은 그 부서 에서 쓸 수 있게 하였다. 물론 부족한 것은 교회에서 지원하였으나, 이 독립채산제 선교방식은 어린이 교회학교를 비롯해 각 기관에 선교에 대한 관심과 열정을 불러일으켰고 헌금훈련이 되었다.

5. 독립문교회, 마라의 쓴 물 앞에 서다

2001년 주일 낮 예배 참석인원이 35명이던 독립문교회 집회 상황은 10년이 지난 2010년에는 주일 낮 예배 참석이 50여 명으로 증가하였다. 이렇게 부흥 일로에 있던 독립문교회가 위기를 맞게 되었다. 2010년 8월경, 목회자와 여신도 간의 문제로 교회가 소용돌이 속에 들어가 흔들리게 되었다. 나중에는 법정으로 이어졌고, 이 목사는 피부암에 걸리기까지 하였다. 결국 이혁 목사는 2011년 5월에 교회를 사임하게 되었다. 이런 과정을 겪으면서 50여 명이던 교인이 10여 명까지 줄었다. 한 교인의 말이다.

"교인들은 하나님을 바라보고 신앙생활을 한다지만 목회자를 보지 않는다고 말할 수 없잖아요. 은혜를 받던 목회자에게서 이렇게 실망하자 교회를 떠나게 된 거지요. 마지막까지 어느 것도 명확히 정리되지 않았어요. 그게 더 속상했어요."

독립문교회는 2010년 8월부터 예배를 제대로 드리지 못하였다. 8개월가량 목회자가 예배를 인도하지 못하여 공백이 생겼다. 초기에는 유완식 장로가 예배를 인도하고 한선아 사모가 설교하기도 하였다. 이 기간에 교인들이 대거 떨어져 나갔다. 2010년 4월, 서울노회에 보고된 집회 상황이 주일예배 52명, 수요예배 8명, 금요 심야 기도회 10명, 어린이부

28명, 청소년부 9명이던 데서 일 년 후인 2011년 4월에는 주일예배 20명, 수요예배 6명, 새벽기도회 3명, 금요 심야 기도회 5명으로 줄었다. 이 기간에 중고등부 모임을 비롯해서 각 부서들의 모임이 해체되었다.

이 기간은 독립문교회 교인들에게 '마라의 쓴 물' 앞에 선 고통의 시간이었다. 모세의 인도로 애굽을 나와 홍해를 건넌 이스라엘이 광야에서 물을 찾지 못하다가 마라라는 곳에 이르게 되었다. 그곳에서 물을 발견했으나 써서 마실 수가 없었다. 이스라엘 백성의 불평을 들은 모세가 주께 부르짖으니 주께서 모세에게 나무 한 그루를 보여주셨다. 모세가 그 나뭇가지를 꺾어 물에 던지니 그 물이 단물로 변했다는, 출애굽기 15장에 나오는 '마라의 쓴 물' 이야기다. 독립문교회가 처한 형국이 바로 마실 수 없는 물 앞에 선 상황이었다.

독립문교회 제직들과 서울노회는 마라의 쓴 물 앞에 선 독립문교회를 마실 수 있는 생명의 물로 변화시키기 위해 나섰다. 2011년 5월 31일 이 목사가 사임하자 유완식 장로와 제직들은 노회에 청원하여 함께 교회 문제를 수습하기로 하고 수습위원회를 만들었다. 노회에서 독립문교회에 긴급설교자를 파송하였다. 은퇴 목회자인 신익호 목사가 5월 8일부터 7월 3일까지 2개월 동안, 김준부 목사가 7월 중순부터 10월 23일까지 3개월 동안 주일예배 설교를 하였다. 7월 26일 서울노회 임시 노회에서 같은 시찰인 종로시찰회 시찰장인 김성일 목사를 임시 당회장으로 파송하였다.

이렇게 위기를 수습하면서 독립문교회는 새 목회자를 청빙하기로 하였다. 8월 28일에 제직회를 열어 가급적 이른 시일 내에 담임목사를 청빙하기로 했고, 공덕교회 부목사로 시무 중인 김성희 목사를 담임목사로 청빙하기로 결의하였다. 제직회의 결의에 따라 9월 첫째 주에 공동의회를 열어 김성희 목사를 청빙하기로 하여 후임 목회자를 맞게 되었다.

흔들리는 터전이 된 교회를 유완식 장로를 비롯해 마지막까지 남아 있던 11명의 제직과 신도들이 포기하지 않고 교회를 지킴으로 독립문교회가 재건되기에 이른다. 이들은 마라의 쓴 물이 단물로 변할 수 있도록 한 작은 나뭇가지들이었다.

이름 없이 빛도 없이 일하는 사모의 자리, 그러나 모두가 인정하고 그리워하는 사모 한선아의 자리

이혁 목사 때의 목회에 대해 말하려면 한선아 사모의 공로를 빼놓을 수 없다. 목사의 아내로서 전형적인 사모로 내조했지만, 한선아 사모는 헌신과 봉사의 아이콘이었다. 한선아 사모는 성격이 좋았고, 굉장히 따뜻하게 사람들을 많이 품었다. 아이들도 어리고 경제적으로도 힘들었을 텐데, 힘든 내색을 하지 않고 각 가정을 살피며 많은 도움을 주었다. 어린이집을 하면서 성실히 아이들을 돌보며 영어공부를 가르치기도 했다. 산동네 주부들이 도움을 많이 받았는데, 친정에서 반찬이나 곡식이 올라오면 그런 것을 나눠 주곤 했다. 교회에 아이들이 매일 오니 그 엄마들인 젊은 여신도들과 교회 주방에서 부침개도 만들어 먹으며 행복하게 지냈다.

그래서 엄마들이 조금 조금씩 모이기 시작하였다. 교회에 여신도들이 많이 모이게 된 이유는 사모의 손이 곳곳에 미쳤고, 자모들과 잘 지냈기에 그 엄마들이 교회에 나오면서 부흥되었다. 이 목사가 그만둘 때까지 교인이 한 50명까지 모였는데, 교인들은 사모의 공이 컸다고 인정한다. 이 목사가 직설적으로 표현해서 교인들이 상처를 입을 때면 사모가 이를 수습하기도 했다. 목사님 대신에 때로는 수요예배 설교도

하고, 금요일 심야기도회를 인도하기도 했다. 집사들 중에는 사모의 설교나 기도에 은혜를 받는 사람들도 있었다.

이 목사가 교회에 나오지 못할 때도 수요기도회나 금요기도회, 주일예배도 인도하며 시련을 감당하였다. 교회를 사임한 후에는 신학대학원에 입학하여 신학 공부도 했다. 이혁 목사가 어려움으로 사임하게 되자 교우들은 사모가 지금처럼 해왔다면 교회는 계속 성장했을 거라고 아쉬워하는 이들도 있었다. 한선아 사모에 대해 한 여신도는 이렇게 회상하였다.

"이혁 목사님의 부인인 한선아 사모님은 주일학교 부흥에 심혈을 기울이셨고, 그로 인해 주일학교 어린이들이 20명으로 늘어나 주일학교 교사 6명이 사명감을 가지고 활발한 활동을 하였습니다. 학생회도 15여 명으로 분당 할렐루야교회에서 주최한 청소년 여름 찬양대회와 원주 연세대학교에서 실시한 청소년 여름 수련회 행사를 통해 주님을 만난 청소년들도 있었고, 학생 서로 간의 친목과 교회에 소속감을 갖게 하는, 의미 있는 시간을 가졌던 일이 생각납니다."

5장
신발 끈을 고쳐 매고 마을목회로 향하다

1년 정도를 목회자 공백으로 시련의 시간을 보내야만 했던 독립문교회는 2011년 말에 새로운 전기를 맞게 되었다. 김성희 목사가 제3대 목회자로 부임하여 전 교인이 신발 끈을 다시 매고 마라의 쓴 물을 단물로 변화시킬 채비를 하였다.

독립문교회가 새 목회자를 맞은 2010년대는 한국에서 시대적으로 굵직한 사건들이 많았던 때다. 용산 참사, 세월호 참사, 일본군 위안부 한일합의 사태, 금강산 관광 중단과 개성공단 철수, 2018 남북정상회담 등, 커다란 사건들이 있었다. 또한 여성 혐오로 돌출된 강남역 살인사건과 서지현 검사 고발로 촉발된 '미투운동' 등, 중요한 사건들이 있었다. 사회에서 불어온 '미투운동'은 교회에도 영향을 주어 교회 내 성폭력 추방운동을 활발하게 했다.

교회사적으로는 2013년 부산에서 세계교회협의회 10차 총회를 개최한 것을 비롯해 독립문교회가 속한 기장교회는 2015년 제100회 총회와 새 역사 60주년 행사를 치렀고, 2017년 종교개혁 500주년 등 굵직한 행사들이 있었다.

무엇보다도 2019년 말에 시작된 코로나19 팬데믹으로 세상은 큰 소용돌이 속에 빠졌다. 사람들의 만남이 차단되었고, 모임이 정지되었으며, 대면 대신 비대면 삶으로 전환되었다. 종교행사도 예외가 아니었다. 독립문교회도 코로나19 대유행 상황에 대처해야 했고, 그 정점에서 2022년 독립문교회 창립 40주년을 맞게 되었다.

독립문교회가 있는 행촌동의 변화

독립문교회가 자리 잡고 있는 인왕산 성곽 아래 행촌 권역에도 많은 변화가 생겼다. 교남동은 행촌동, 홍파동, 교북동, 교남동, 평동, 송월동이 통합되어 만들어진 행정상의 새 이름이다. 경희궁 자이 아파트가 들어오기 전에는 성곽 옆과 언덕에 단독주택, 다세대, 다가구 주택이 혼재되어 있었고, 4,500명 정도의 주민들이 거주했었다.

평지 지역이 재개발되어 2017년 경희궁 자이 아파트 입주가 시작되었다. 2022년 현재, 교남동 전체인구는 9,958명이다. 자이·동아 등 아파트 거주민이 6,560명(66%)으로 아파트 거주민이 산동네 빌라·다세대 거주민 수를 훌쩍 넘어섰다. 관내 산 위 동네인 행촌동 주변 빌라 다가구 주택의 거주민은 3,398명(34%)인데, 이 중 60세 이상 인구가 982명(29%)으로 노인인구 비중이 매우 높다.

2014년에 서울시는 성곽마을 재생사업을 시작하였고, 행촌 권역은 대상 지역 중 한 곳으로 선정되었다. 2015년 5월, 서울시 도시재생본부 주거환경 개선과에서는 한양도성의 가치를 유지하면서 노후한 저층 주거지의 재생을 위해 '성곽마을 재생계획수립'을 진행하였는데, '성곽마을 행촌권 재생계획'은 2015년 6월부터 본격화되었다. 이 행촌권 도시재생의 한 축에 독립문교회가 있다.

1. 김성희 목사의 부임, 마라의 쓴 물을 회복하다

빚진 마음으로 독립문교회 목회자가 된 여성 목사

2011년 11월 13일, 독립문교회는 3대 목회자 김성희 목사의 취임식을 거행하였다. 서울노회 주관으로 진행된 1부 취임예배는 임시 당회장인 경복교회 김성일 목사의 인도, 종로시찰장인 창현교회 허광섭 목사의 기도로 진행되었다. 김성희 목사가 부교역자로 섬기던 공덕교회 호산나 성가대가 찬양을 하고, 서울노회 전임 노회장이자 공덕교회 전 담임목사인 김광집 목사가 요한복음 21장 16-17절에 의거하여 말씀을 선포하였다. 2부 취임식은 서울노회장이며 향린교회 담임목사인 조헌정 목사가 집례하였다. 김성희 목사가 존경하는 선배이자 은퇴한 여성 목회자인 박성자 목사가 축사를 하였고, 역시 공덕교회 엘림찬양단이 "은혜의 강가로"라는 노래로 김 목사의 취임을 축하하였다. 독립문교회가 마라의 쓴 물 앞에 서게 되었을 때, 주일설교 등을 담당하며 고통의 짐을 함께 져주었던 신익호 목사가 축도를 하였다.

취임하는 김성희 목사의 뜻에 따라 취임식 축하를 꽃 대신 쌀 화환으로 받아 독립문교회가 위치하고 있는 행정구역인 교남동 동사무소에 사랑의 쌀로 전달하였다. 지역을 섬기는 목회자로서의 첫걸음을 상징적으로 보여준 것이다.

김성희 목사가 경험한 다양한 목회 현장

김성희 목사는 다양한 목회 경력과 목회 경험이 있다. 한신대학교를 졸업한 김성희 목사는 신학교 시절에 역사 의식과 약자와의 연대 의식 그리고 나눔의 삶을 배웠다. 여성학회를 조직하여 평택 윤락 여성들을 찾아가서 나누며 그들과 함께 프로그램을 진행하는 등 소외된 사람에 대한 관심이 많았다. 대학 졸업 후 가난한 자에 대한 관심으로 서울 성수동에 있는 성수교회(기장 산업선교협의회)에서 전도사로 목회를 시작하였다. 공장에 다니는 근로 청소년들에게 야학, 풍물반, 한글 교실, 건강 교실, 성경 공부 등을 진행하며 노동자들의 언니가 되어 특수선교사역을 하였다.

1988년 준목 인허를 받고 난 후, 그해 8월에 인천 대우자동차 주변에서 공장 근로자들을 위한 특수선교를 하던 해인교회에서 청빙을 받고 단독 목회를 시작하였고, 1989년에 목사안수를 받았다. 야학, 노동 문화 교실(기타반, 영화반, 탈춤반), 공장 맞벌이 부부 자녀를 위한 어린이 공부방, 주부 환경 교실 등을 실시하면서 5년 5개월간 활발한 지역 선교활동을 진행하였다. 1991년에는 기독교장로회 여교역자 협의회와 캐나다 연합교회와의 교환 프로그램에 참여하여 캐나다교회 현장과 사회복지시설(양로원, 성폭력 상담소, 미혼모 시설, 외국인 여성을 위한 훈련센터 방문 등)을 탐방하면서 목회의 폭을 넓혀야 되겠다고 생각하였다. 때마침 1993년도에는 청년 교인들의 결혼 등으로 근로 청년 목회에서 맞벌이 지역 주민목회로 전환하게 되면서 새로운 변화의 필요성을 느끼게 되었다.

시대의 변화와 더불어 통전적인 목회를 꿈꾸며 1994년에는 서울 중심부 청와대 옆에 위치한 서울 경복교회 부목사로 부임하였다. 도시 중산층 계층의 지식인 교회인 **경복교회**에서 청년 사역, 청장년 사역, 여신도 사역을 담당하였다. 경로대학을 개설하여 진행하는 등 지역선교에도 관심이 많았다. 또한 10년간 사역해 왔던 특수선교에 대해 체계적으로 정리하고 싶었고 복지사회에서 교회의 역할을 정립하고 싶어서 이화여자대학교 사회복지대학원에 진학하여 복지행정과 임상(가족 치료)을 공부하였다. 2000년도에는 잠실중앙교회 교우들과 함께 일본 하쿠오쵸오닌교회의 연합 수련회에 참가하여 일본교회와 사회를 배우는 기회도 가졌다.

2000년도에는 2,000여 명이 모이는 대규모인 서울 공능교회 부목사로 부임하였다. 공능교회는 경로대학과 사회봉사 활동, 청년회가 활성화되어 있는 전도와 기도의 열기가 뜨거운 서민 중심의 교회다. 11개 여신도회의 지도 목사, 500여 명 성도를 담당하는 교구 전담 목사, 경로대학 담당 목사로 일했고, 사회봉사위원회 지도 목사로 사역했다. 은사발견 세미나, 그룹성경 공부, 비블리오 드라마, 임원훈련 등 여신도들의 리더십 고양을 위해 다양한 프로그램을 실시했다. 주일 4부 청년예배(150여 명의 청년 출석)를 맡은 청년 담당 목사로 사역하며 청년들의 진로를 위해 진로 상담을 실시하였다. 15명의 교역자와 7명의 교직원, 16명의 시무 장로님과의 만남을 통해 리더십과 팀워크 등 다양한 배움의 기회를 갖게 되었다.

2001년도에는 찬양선교단과 함께 중국 심양과 북경을 방문하여 사회주의 국가에서의 교회를 경험했고, 2005년에는 말레이시아 사라왁주 정글 지역의 교회로 청년들과 단기 선교를 다녀오면서 동남아시아 교회와 해외 선교에 대해 배우는 기회도 가졌다. 공능교회에서 기도와 전도, 해외 선교를 경험하면서 목회의 폭이 더 넓어지고 다양해졌다.

2007년부터는 서울 공덕교회에서 선임 부목사로 사역하면서 지역 재개발, 교회 이전, 교회 건축 과정에 참여했다. 교회와 지역이 상호소통하며 변화되어 가는 모습을 보고 배웠다. 경로대학을 담당하였고, 지역 재개발로 아파트가 들어서면서 젊은 맞벌이 부부들이 많아져 자녀들을 위해 교회의 유휴공간을 활용한 '아이사랑방'을 제안, 개설했다. 상근 간사와 함께 아이사랑방 프로그램을 운영하는 등 지역사회 선교를 담당했다. 그 외에도 은사 계발, 가정사역, 구역인도자 교육 등 성경 공부를 진행하며 다양한 사역을 경험할 수 있었다.

그리고 2011년 11월, 1년여간 목회자의 부재로 교우들도 많이 떠난 독립문교회에 김성희 목사가 담임목사로 부임하였다. 어머니 김득진 권사와 함께 젊은 시절 가난한 이웃들과 함께 씨름했던 아픔과 소망의 그 자리에 다시 선 것이다. 당시 독립문교회의 상황은 김 목사가 신학교를 졸업하고 맨 처음 걸었던 그 목회 여정과도 닮은 곳이었다. 그러기에 김성희 목사는 처음 열정을 쏟았던 가난한 자들을 위한 목회에 대한 빚진 마음을 갖고 있다가, 그 빚을 갚아야겠다는 마음으로 독립문교회 담임목사 청빙에 응했다. 김성희 목사는 본인의 다양한 목회 경험, 즉 성수공단 지역에서의 특수 선교(성수교회), 노동자 중심 교회에서의 담임 목회(해인교회), 도시 지식인층 목회(경복교회), 대규모의 서민 목회(공능교회), 재개발과 교회 건축 사역(공덕교회) 등의 목회 사역을 경험하게 하신 데에는 하나님의 인도하심과 준비하심이 있었다고 고백한다.

김성희 목사는 여성 목사다. 한국에서 여성이 담임목사로 소신 있게 일하기는 여전히 힘들다. 여성이 책임 있는 자리를 맡기 어렵게 하는 유리천장은 사회 여러 분야에 비해 교회가 그 벽이 가장 두껍다. 최근에 와서 여성 목사의 수도 증가하고, 담임목사로 청빙되어 목회하는 여성 목사들도 증가하고 있지만, 아직도 우리나라는 자립교회에서 여성을 담임목사로 청빙하는 경우가 매우 드물다. 여성 목회자는 목회 조력자로, 반영구적으로 부교역자의 자리에 머물게 되는 경우가 많다. 경력과 능력이 있어도 자신의 목회 비전을 가지고 주체적으로 사역할 수 있는 목회 현장을 갖기 어렵다. 대부분 미자립교회나 열악한 오지 교회에서 고군분투하다가 자기 달란트를 온전하게 선용하지 못하는 경우가 많다. 독립문교회에서 김성희 목사를 초빙할 때 여성 목사라고 꺼린 사람들도 있고, 오히려 여성이기에 환영한 교인들도 있다.

2. 김성희 목사의 목회 방향과 독립문교회의 발전

김성희 목사는 취임사에서 "성경 연구를 통해 말씀 안에 바로 서는 신앙을 정립하고, 그동안 계속 공부하며 준비해 온 가정사역을 통해 치유목회를 추구하고, 소외된 이웃들을 하나님의 형상대로 창조된 온전한 모습으로 회복시키며, 지역과 사회를 위해 열려 있는 목회를 실현하고자 한다"라고 목회의 방향을 밝혔다. 이어서 ① 성경 연구와 영성 훈련에 중심을 두는 말씀목회, ② 건강한 가정으로 세워지는 치유목회, ③ 지역사회와 함께하는 마을목회, ④ 생명과 평화를 일구어 가는 화해목회, ⑤ 소통과 하나됨을 이루는 창의적인 여성 목회를 목회의 비전으로 제시하였다. 그는 "여성 목사라는 신선함과 포용력, 그동안 다양한 목회 경험을 살려 교우들과 한마음으로 기도하며 나아가면 선한 열매가 있을 것"이라고 포부를 밝혔다.

김성희 목사가 취임사에서 몇 가지 목회의 실천과제를 밝혔지만, 가장 당면한 과제는 지난 1년여간 벌어졌던 상처를 꿰매고 교회를 정상화하는 일이었다. 그 정상화의 첫걸음으로 예배와 조직을 정상화하고 낡은 교회 건물을 수리하며 사회선교라는 이름으로 해오다 중단한 지역을 섬기는 일을 착수하였다.

예배와 모임, 조직과 기관을 정상화시키다

김성희 목사는 먼저 예배를 정상화하였다. 주일 대예배는 처음에는 주제별 설교, 강해 설교를 하다가 교회력을 중심으로 한 예배가 정착되었고, 성경 읽기와 설교도 교회력을 따라서 하고 있다. 주일 오후예배는 목장예배라는 이름으로 오후 1시에 드리고, 주제별 성경 공부를 하였다. 일반적인 강의가 아니라 교인들이 공부 내용을 묻고 서로 대화하며 토론하는 방식으로 진행하였다. 오후예배를 목장예배라 한 것은 주일 낮 예배에 따라붙는 예배가 아니라, 특별한 성격의 예배임을 강조해서 교인들의 참여를 권장하기 위해서였다. 수요기도회와 새벽기도회도 다시 시작하였다. 수요예배는 강해 설교와 성경 공부 중심으로 진행하여 교인들이 성경을 보는 눈을 기르고 이해도를 높였다.

부임하자마자 맞이한 추수감사주일 예배 때는 이웃과 떡 나눔을 하였다. 전 교우 심방을 실시해 교인들의 실태를 파악하였고, 크리스마스에는 옛 교우와 가족, 이웃을 초청하여 잔치를 하고 성탄 케이크를 나누었다.

이렇게 예배를 정상화하고서 교회 조직을 재정비하였다. 예전에 하던 절기들이 재정비되었고, 제직회와 교회 기관들이 복원되었다. 중지되었던 어린이 교회학교 모임을 재개하였고, 두 달 후에는 청년부 모임을 재개하였다. 2013년에는 신서현 집사(본명 신남호)의 권사 임직식을 갖는 등 교회 조직도 강화하였다.

교우들의 친교를 위해 설날맞이 윷놀이 대회, 봄, 가을 야외예배, 성탄절 가족찬양예배를 드렸다. 서울노회 체육대회, 노회 남신도회 주관 이웃사랑 음악회 등의 연합사업에 참여하고, 교동협의회, 인왕마을 네트워크, 기장 햇빛발전협동조합, 기장 여교역자회, 구청 교육과 등과 연대하여, 지역과 이웃과 함께 평화를 세워가는 일에 앞장섰다.

교인들의 신앙 성숙을 위한 훈련을 시작하다

이렇게 예배를 정상화하고, 조직을 재정비한 후에는 김성희 목사는 교인들의 신앙 성숙을 위한 훈련을 시작하였다. 이전 목회자들 시기에 일 년에 두세 번 하던 부흥회와 사경회를 합쳐 신앙 수련회, 또는 신앙 강좌라는 이름으로 교단 목사나 특별강사를 초청하여 실시하였다. '건강한 교회 성숙한 성도', '작은 교회가 희망이다', '현대세계와 기독교신앙', '일본의 경제보복과 한일관계', '과학과 기독교', '여성과 교회', '찬양집회', '간증집회', '교회생활' 등 다양한 내용으로 교인들을 양육하였다. 제직회는 2달에 한 번씩 정례화하였다. 예배를 비롯해 신앙 수련회, 사순절이나 대림절 절기예배, 교단에서 제정한 주일을 지켰고, 나라를 위한 기도회, 세월호 추모기도회 등, 특별한 시국 기도를 드렸다. 교인들의 신앙 성숙을 위해서 2012년 2월부터 5주간 주제가 있는 대화를 시작하였고, 주일 오후에 『화 다스리기』, 『은사발견 사역』, 『믿음의 길』, 『신학이 있는 묵상』 등으로 다양한 성경 공부를 통한 신앙성숙에 집중하였다.

일대일 성경 공부로 청년들과 새 신자들의 신앙을 돈독히 하다

예배와 각종 기도회와 모임을 이끌면서 김 목사가 역점을 둔 것 중의 하나가 소수의 청년들과 새 신자들이었다. 이들과 한 달에 두 번 격주로 일대일 성경 공부를 하였다. 교회에 등록한 새 신자는 장년은 4주 동안 일대일 교육에 참여토록 하였고, 젊은이들은 일대일로 6개월간 성경 공부와 삶의 나눔을 통해 신앙을 돈독히 하였다. 일대일 성경 연구는 성경에 관련된 교재를 읽고 그 내용으로 대화를 하는 방식이었다. 독립문교회 40주년을 기해 실시한 청년들과의 좌담회에 의하면 일대일 성경 공부를 통해 신앙이 무엇인지, 교회가 무엇인지, 어떻게 살아야 할지에 대해 많은 생각을 하게 되었다고 이구동성으로 말하였다.

청년 셀 모임에서 청년들과 함께한 성경 공부는 다음과 같다.『신학이 있는 묵상』으로 신학의 핵심을 주제별로 성경의 내용을 살피고,『하나님이 만드신 여성』을 통해 성경적 남녀관계와 여성 리더십, 평등한 여성상을 모색해보았다.『은사 발견 네트워크』를 통해 은사의 종류와 유형, 자신의 은사가 무엇인지 찾아보았다.

종교개혁 500주년을 맞으면서『종교개혁 핵심 톡톡』을 통해 종교개혁 약사와 종교개혁자들에 대해 살펴보았다. 그다음에는 '이스라엘과 팔레스타인'에 대해 지도와 함께 세계사적 관점으로 4회를 살펴보고 대화를 나누었다. 신학개괄서인『성서 이야기 한마당』을 통해 창세기부터 성경 전체의 흐름을,『요한 계시록은 쑥떡이다』를 가지고 요한계시록에 대해서,『다시 만나는 교회』로 교회론에 대해 정리했다. 코로나19로 대면 모임이 힘들어지면서 이번 기회에 성경을 통독해 보자는 생각으로『통성경 길라잡이』로 2주에 한 번 온오프라인 동시 모임으로 성경을 읽으며 간략한 줄거리와 배경사를 공부하고 있다.

창립주일 헌금 전액을 선교사업에 사용하다

김성희 목사가 담임 목회자가 된 후 독립문교회가 한 특별한 일 중 하나는 창립기념주일 헌금 전액을 선교를 위해 사용하는 전통을 만들었다는 점이다. 이 헌금으로 김현숙 필리핀 선교사, 김경희 이집트 선교사, 캄보디아 서정수 선교사 지원, 평화의 소녀상을 방문하여 '일본군' 위안부 문제해결을 위한 정신대 문제대책협의회를 위한 헌금을 하고, 실명 위기에 처한 성도의 눈 치료를 지원하며, 여교역자 세움센터 등을 지원하였다. 코로나 시기에는 이웃돕기헌금을 통해 지역 청년들과 교우들을 지원하였다. 이외에도 미얀마 돕기 헌금, 화해와 평화의 교회 설립 헌금 등 필요할 때마다 해당 사안을 위해 특별헌금을 하여 보냈다.

교회는 언제나 수리 중, 교회당 리모델링 공사를 하다

김 목사가 와서 예배 정상화와 더불어 착수한 또 하나의 과제는 낙후되어 비가 새는 교회 건물을 수리하는 일이었다. 독립문교회는 '언제나 수리 중'이라는 말이 보여주듯이 애당초 교회 건물을 반듯하게 짓지 못했고, 30여 년이 된 낡은 건물이라 비가 새고 습했다. 특히 지하에 있는 예배당은 어둡고 곰팡이 냄새가 났다. 2012년, 이 건물을 리모델링하였다. 일차적으로 지하에 있는 예배당과 1층 교육관을 수리하고, 교회당 옥상과 외벽 방수와 발수 공사를 하였다.

김 목사는 교회 리모델링 공사를 생각하면 잊을 수 없는 사람이 있다.

김 목사가 부목사로 섬기던 경복교회 시절, 청년회 부장 집사로 함께 했던 양희종 장로다. 건축사인 양 장로는 독립문교회 리모델링을 위한 자문을 부탁받고 왔다가 교회가 수리비를 부담할 재정 형편이 안됨을 알고 1천만 원을 헌금하여 교회 건물을 수리할 수 있도록 도왔다. 그러나 이렇게 예배당은 리모델링을 했지만, 낡은 건물이라 화장실, 주방 등 조금씩 계속 교회를 수리해야 했다. 2013년에 교회 간판과 십자가 조명, 기장 로고와 종탑 설치를 하면서 '교회는 언제나 수리 중'이라는 말이 생겨나기도 했다.

2017년에는 공능교회 서상두 장로, 김현숙 권사 부부가 예배에 참석하여, 다시 비가 새는 교회 건물을 보고 안타까운 마음으로 500만 원을 헌금하여 교회 방수공사를 포함한 몇 곳을 수리할 수 있었다. 2019년에는 공능교회 선교위원회가 중심이 되어 아웃리치 활동으로 교회 주변 전도와 봉사, 교회 화장실, 주방 공사에 협력하여 교회를 새롭게 하였다. 공능교회는 선교위원회, 여신도회, 남신도회가 함께하며 지역 전도, 이미용 봉사, 장수 사진 촬영 등 독립문교회를 위해 기도와 사랑으로 동참하였다.

독립문교회의 재정, 하나님의 까마귀가 물어다 주다

가난한 교우들과 노인, 청년들이 많아 교회 재정은 늘 여유가 없었다. 목회자 사택도 준비하지 못했고, 목회자 사례비를 제대로 드리기도 어려웠다. 그러나 독립문교회는 쉬지 않고 지역선교를 감당해 왔고, 교회를 리모델링하고 계속 수리해 왔다. 나중에는 교회에 나오지 못했지만 김윤우 집사가 정성을 다해 헌금으로 참여하였다. 코로나로 교회가 어려웠을 때에는 2,500만 원의 감사 헌금을 하며 말없이 지원하였다. 유완식 장로의 가족들은 35년 이상 한결같이 교회를 위해 헌신해 왔다. 청년들도 십일조와 봉사 등으로 함께하며 교회를 세워갔다. 김성희 목사가 부목사로 섬겼던, 공능교회, 경복교회, 공덕교회에서도 꾸준한 관심으로 후원하였고, 여신도회 서울연합회와 예닮교회 등의 지원으로 이러한 일들을 계속할 수 있었다.

지역선교를 위해서 종로구청, 서울시청 등의 프로젝트 사업에 참여하여 500~1,000만 원의 지원금으로 마을 주민들을 위한 다양한 일들을 해왔다. 그러나 국가의 프로젝트 사업은 기획, 사진, 영수증, 평가 보고서, 각종 증빙 자료와 몸으로 해야 하는 봉사가 필요하여 일손이 많이 가는 일이었기에 김성희 목사와 유완식 장로, 신서현 권사, 박창오 집사 등 교우들의 많은 헌신이 있었다. 교회 재정을 담당하는 유완식 장로는 어려울 때마다 채워주시는 하나님의 손길에 감사드릴 수밖에 없다고 했다. 하나님은 독립문교회에도 엘리야처럼 필요할 때마다 까마귀 한 마리를 준비해주셨다.

성서 연구와 인문 독서로 늘 새롭게 하다

김 목사는 '말씀 안에 바로 서는 교회와 신앙', '가정과 사회를 치유하는 목회'를 지향한다. 부임 후 1대 서상중 목사의 지역선교 전통과 2대 이혁 목사의 히브리어 원전 강독을 비롯한 성경 공부의 좋은 전통들을 살려가기 위해 노력한다.

목회 방향을 마을목회로 삼고, 마을 주민들과 단체, 지역 교회들과 연대하여 마을을 세워가고 있다. 더 나아가 구청, 교육청, 시청 등 관공서와도 유기적인 연대를 이루어 마을 교육 공동체와 마을 경제 공동체를 세워가는 일에 앞장서 왔다.

그러나 무엇보다 중요한 것은 '말씀과 영성으로 늘 새로워지는 일'이라고 본다. 처음부터 교회력에 따른 예배와 절기를 지켜왔고, 2014년부터는 교회력에 따른 본문 설교를 하였다. 2020년부터는 종로시찰 내 목회자 5명이, 매주 목요일 새벽기도 후에 모여 같은 본문으로 말씀 묵상, 원어 연구, 생활 나눔 등을 통해 함께 설교를 준비하고 있다. 여기서의 말씀 나눔은 목회의 큰 동력이 되고 있다. 이것은 칼뱅이 제네바에서 동역자들과 함께 매주 설교 본문을 가지고 공부하며 말씀을 준비했던 개혁교회의 전통이기도 하다.

김 목사는 인문학적 책 읽기와 글쓰기에 참여하며 말씀과 삶을 더 풍성하게 준비해 갔다. 숭례문학당에서 20~70대의 광범위한 연령층에 이르는 비기독교인을 포함한 다양한 사람들과 함께 새로 나온 책, 고전 등을 읽으며 독서토론 모임을 진행한다. 2019년부터는 서경 지역 여교역자 마을분과원들과 신학, 인문학, 경제학 등의 책으로 토론하는 독서모임을 해오고 있다.

3. 독립문교회의 비전, '마을목회'를 선포하다

김성희 목사는 독립문교회에서 목회를 시작하면서 처음에는 12 제자를 양육하듯이 성경 공부와 교육훈련을 통해서 교회를 든든하게 세워보려고 했다. 그러나 독립문교회가 서민들이 많은 산동네에 세워진 교회이다 보니 교우들 중에 글을 읽지 못하거나 책을 읽고 공부하는 것을 부담스러워 하는 이들도 많았다. 그래서 지역 상황에 맞추어 목회 방향을 수정 보완해야 했다. 지적 공부나 고상한 프로그램보다는 이야기로, 몸으로 교우들과 소통하기 시작했다. 그동안 도시교회 지식인들과의 만남에 익숙해져 있던 김 목사는 교우들과 눈높이를 맞추려다 보니 한동안 말씀도, 목회도 힘이 들었다. 이에 교회가 있는 행촌동(행정적으로는 교남동)을 독립문교회의 교구로 생각하고 마을 전체를 목회의 대상으로 안는 마을목회를 목회의 방향으로 정하고 이에 대한 비전을 세우게 되었다. 독립문교회는 2013년 3월 3일 독립문교회 부설로 마을목회의 기지가 되는 '살림의 집'을 세웠다.

마을목회를 목회의 비전으로 설정한 데는 이유가 있다. 교회는 마을 안에 있고 마을과 함께 살아간다. 신도시가 개발되고 사람들이 몰려들면 교회도 새로운 전기를 맞이하게 된다. 교회는 마을과 같은 운명공동체로서 마을이 활성화되고 살아나야 교회도 살아난다. 그런 의미에서 목회는 마을목회일 수밖에 없다. 김성희 목사는 독립문교회 교인들과 함께 마을목회를 시작하면서 교회의 목표와 지향점을 이렇게 밝혔다.

- 삶의 변화와 치유가 일어나는 예배공동체
- 배우고 교제하며 민주시민으로 성장하는 훈련공동체
- 사람과 마을을 세우며 생태영성을 회복하는 선교공동체
- 생명과 평화를 일구며 세계와 소통하는 평화공동체를 만들어 갑니다.

살림의 집을 통한 마을 섬김

독립문교회의 마을목회는 독립문교회 부설 '사회교육과 상담센터 살림의 집'(이하 살림의 집)을 통해 이루어지고 있다. '살림의 집'이라는

이름은 교회에 대한 부정적 인식과 꼬리표 있는 초청이라는 부담감을 넘어서기 위해 '생명을 살리고, 사람을 살리고, 마을을 살리는 공동체'라는 의미로 지었다. '살림의 집'은 독립문교회가 마을 사람을 만나는 장으로서, 마을 운동의 플랫폼 역할을 하고 있다. 살림의 집이라는 이름으로 마을목회를 실천하기 위해 이런 프로그램을 실시해 왔다.

어린이 영어 회화 교실

김성희 목사는 젊을 때 민중교회 목회자로서 지역과 함께 했던 경험과 사회복지를 공부한 이력을 살려서 '하나님 이웃 창조세계와 소통하는 평화공동체'를 지향하며 마을과 소통하기 시작했다. 낡은 교회를 수리한 후, 지역 주민들의 정서와 문화를 파악하기 위한 프로그램을 실시하였다. 젊은 부부들과 어린이들의 욕구 조사를 겸해, 쉬운 영어 회화, 창의사고력 수학, 노래야 나오너라, 책으로 소통하기(독서), 엄마와 함께하는 어린이 특강 등을 진행하였다. 그중 영어 회화에 대한 요구가 많아 어린이 영어교실을 매주 토요일 진행하였다. 이 일에 정인욱복지재단(정영자 이사장: 경복교회 장로)의 지원이 큰 힘이 되었다. 2013~2019년, 코로나 이전까지 강사비, 간식비 등의 꾸준한 후원에 힘입어 지역 어린이들을 위한 토요 영어 회화 교실, 파닉스 영어 특강. 영화로 읽는 영어 등을 주 1회 진행하였고, 방학에는 창의사고력 수학 특강을 진행하였다.

이미용과 사진 촬영, 치과 봉사

또한 어르신들이 많은 지역 특성을 감안하여 전에 부목사로 사역하던 교회 교인들의 지원을 받아 이미용 봉사, 영정사진과 증명사진 무료 촬영(공능교회 김수년 집사)을 하였고, 또한 치과 무료 진료(강남포시즌치과)도 실시했다. 어르신들로부터 산 아래까지 내려가기 힘들기에 '이·미용봉사'가 필요하다는 요청을 받고 2012년부터 코로나 직전까지 매월 1회 이미용 봉사를 실시하였다. 김성희 목사가 부목사로 사역하던 공능교회 이영애 권사가 7년 6개월 동안 헌신적으로 봉사하였다. 다리가 아프신데도 1시간 넘게 대중교통을 2~3번 바꾸어 타고 와서 봉사하신 수고를 잊을 수 없다. 여기에 홍영애 권사, 노윤정 권사, 김이레 집사가 함께하였고, 최근에는 초동교회 이순안 권사가 코로나 정국 바로 전까지 함께하였다. 이순안 권사는 몸이 아파 거동하지 못하는 노인 집을 방문하여 머리를 다듬어 주기까지 하였다.

사랑의 빵과 김치 나눔

행촌동은 가난한 이들, 홀로 사는 이들이 많은 지역이기에, 2012년 9월 15일부터 인천의 던킨 도너츠(공장)와 연계하여 '사랑의 빵 나눔'을 하였다. 처음에는 매주 토요일 오후 4시 30분에 넓은 마당에서 사랑의 빵을 나누어주었다. 평가회에서 독거노인, 한부모 가정 등 어려운 가정에게 직접 방문해서 배달하자는 제안이 나왔다. 2013년 3월에는 교남동과 무악동 동사무소에 취지를 설명하고 마을복지팀을 통해 40가정이 선정되어 명단과 주소를 받았다. 매월 2회 가정배달 서비스를 시작하였다. 가정배달을 시작하면서 독립문교회 살림의 집 이름으로 사랑의 빵 나눔 취지 설명과 살림의 집에서 제공하는 이미용 봉사에 대한 안내와 함께 "귀 가정은 OOO님과 OOO님이 전달하겠습니다"라고, 그 가정에 배달하는 사람의 이름과 연락처를 넣어 편지와 함께 보냈다. 또한 '살림의 집' 로고가 새겨진 예쁜 상자에 넣어 전달함으로 집마다 선물 받은 기분을 느끼게끔 하였다. 교인들과 2인 1조(박창오 집사, 유희원 청년, 신서현 권사,

유완식 장로, 장해영 집사, 김성희 목사)로 빵 나눔에 참여하였다. 빵만이 아닌 좋은 정보도 교류하고, 서로의 어려움도 나누는 실제적인 돌봄과 섬김이 되도록 하는 것이 살림의 집과 동사무소 사회복지과의 바람임을 전하였다. 실제로 빵을 배달하는 책임을 맡은 교인들은 전화로 일일이 안부를 묻고 빵을 제대로 받았는지, 받지 못했는지를 확인하며 근황을 살폈다. 대상자들을 초청하여 삶을 나누는 자리도 만들었다. 이 사랑의 빵 나눔은 2012년부터 2015년까지 3년 6개월간 진행되다가 던킨 도너츠(공장)의 사정으로 중단되었다.

이와 더불어 사랑의 김치 나눔도 진행하였다. 역시 김성희 목사가 사역하던 경복교회 여신도회가 해마다 김장을 해와서 독립문교회를 통해 교남동의 어려운 가정에 김치를 나누어줌으로 겨우살이에 큰 도움을 주었다.

이런 과정들을 통해 독립문교회 살림의 집이 지역에 알려짐과 동시에 교회는 지역 가정들의 필요를 알고 협력할 수 있는 연결고리가 되었다.

종로구 마을공동체 지원센터와 연계하여 지경을 넓혀가다

살림의 집을 통해 교남동 청소년들에게는 진로 코칭을, 성인 여성들에게는 정신건강 세미나. 자기발견 세미나, 가족 상담 등의 프로그램을 꾸준히 진행해왔다. 독립문교회 김성희 목사가 대학원에서 가족치유를 공부했기에 이런 일들을 진행할 수 있었다. 김 목사는 우울증 상담을 통해 효과적인 치료를 하기도 했고, 지역민 상담 중에 알코올 중독이나 심한 우울증, 공황장애 등 자체 상담으로 해결할 수 없을 때는 의사와 같은 전문가에게 의뢰하여 치료를 받도록 연계하였다. 그러나 주민들이 적극적으로 참여하지 않아 꾸준한 치료가 이루어지지 않기도 했다. 최근에는 동사무소 내에 간호사가 상주하며 가정을 방문하여 건강상담을 하고, 지역 병원과 연계하는 복지 사업이 이루어지고 있어 다행이다.

이렇게 열심히 지역선교를 하던 중 종로구 마을공동체 지원 센터장의 제안으로 살림의 집이 '공동주택의 힘찬 발걸음' 프로젝트로 진로 코칭을 진행하게 되었다. 이 프로젝트로 구청의 마을공동체와 연계되었다. 진로 코칭은 ① 학부모 워크숍: 자기 이해와 대인관계 개선, ② 꿈 JOBGO, 진로 탐색 프로젝트: 심리 검사 해석(다중 지능, 직업 흥미, 진로 탐색 검사)과 워크숍, 체험학습(과학 동아 천문대 '별과 태양계 체험', 논술 개그 관람과 토론) 등으로 실시되었다. 기존에 살림의 집에서 하던 청소년 진로 코칭이 교남동 청소년들을 위한 전문 프로그램으로 자리를 잡게 된 것이다.

이 프로젝트를 시작으로 종로구청과 연결되고, 이후 중부교육청, 시청과의 연계사업으로 이어졌다.

살림의 집, 마을 운동의 플랫폼이 되다

살림의 집이 중심이 되어 주민들과 함께 '전통과 나눔이 이어지는 행복마을' 프로젝트를 실시하였다. 이 프로젝트는 안전한 먹거리 마을 밥상 나누기, 전통음식 전수(간편 고추장 만들기), 마을 탐방과 고궁 탐방 등을 통해 주민들 간의 만남이 이루어졌다.

살림의 집을 통한 활동이 이어지면서 살림의 집은 어느덧 마을 운동의 구심점이 되어갔다. 인왕마을 네트워크, 마을 부엌, 도시농업공동체, 전통과 나눔이 이어지는 행복마을 프로젝트 등의 플랫폼이 되었다. 이렇게 모이게 된 주민들은 머리를 맞대고 마을의 문제점을 공유하고 해결방안을 모색하며 마을 만들기에 함께 하였다.

인왕마을 네트워크를 통해 마을을 잇다

2015년 7월, 살림의 집은 마을 안에서 구청과 시청의 마을공동체 프로젝트를 진행하던 관내 7개 단체를 교회로 초청하여 '인왕마을 네트워크'(처음 독립문 네트워크)를 결성하는 징검다리 역할을 했다. 김성희 목사가 초대 공동대표로 활동했고, 살림의 집은 인왕마을 네트워크의 회원단체로서 주민 워크숍, 성곽 탐방, 마을 잔치 등을 함께 열어 왔다. 인왕마을 네트워크(이후 '인왕넷'으로 표기)는 2019년에 13개 단체로 확대되었으며, 종교를 망라한 여러 단체가 회원으로 가입하였다. 인왕넷은 서울시 한양도성 도감과 함께 300여 명의 주민을 대상으로, 한복 맵시 사진관, 다육식물 화분 만들기, 단오 꽃부채 만들기, 성곽탐험대, 오행시 백일장 등의 마을잔치인 '단오야, 도성에서 놀자' 행사를 매해 열다가, 최근에는 코로나19로 인해 랜선으로 하는 잔치로 변경하여 열어오고 있다.

인왕넷은 행복하고 살기 좋은 마을을 만들기 위해 '마을 미디어, 생태교육공동체(마을 교육, 마을 학교), 마을 경제공동체(협동조합, 사회적 기업)'를 통해 자립적이고 주체적인 마을로 만들어 가는 비전을 가지고 매달 정례모임을 통해 활동을 공유하고 함께 할 일을 모색하며, 매해 소식지를 발간하는 등 마을 만들기에 앞장서고 있다.

교회 주방이 행촌동 '마을 부엌'의 마중물이 되다

살림의 집은 문을 연 초창기부터 마을 어머니들에게 주방을 개방하였다. 마을 어머니들이 공동으로 음식 재료를 구입하고 독립문교회의 넓은 주방에서 함께 음식을 만들어 나누어 가져갔고, 일부는 자녀들을 통해 독거노인 가정에도 배달하였다. 이런 과정에서 이야기 꽃을 피우며 서로 정보를 교환하고 스트레스도 해소하곤 했다. 독립문교회 주방이 '마을 부엌'이 되었다.

살림의 집 교회 주방인 '마을 부엌'은 행촌동에 '마을 부엌'이 만들어지는 마중물이 되었다. 행촌공(共)터 2호점(주방 등 모임 공간)에 '느린 곳간'(마을 부엌)이 만들어지면서 마을 주민들이 중심이 되어 마을 텃밭에서 자란 채소로 나물과 김치를 만들어 나누고, 노인 잔치를 비롯한 주민 잔치를 여는 등의 사업으로 발전하였다. 독립문교회 교우들도 여기에 적극 참여하였다.

이렇게 시작된 행촌 공터 2호점 느린 곳간은 시간이 지나면서 전통 음식이나 일상적인 음식 만들기에 그치지 않고, 교동협의회를 통해 지역 병원과 연계하여 고혈압, 당뇨 환자들을 위한 건강밥상 강좌도 실시하였고, 초등학생들의 음식 만들기 강좌(나는 셰프)등도 실시하였다.

행촌권 성곽마을 도시농업공동체 활동으로 마을 목사와 마을 장로가 되다

독립문교회는 성곽 주변 산동네인 행촌동에 위치하고 있다. 아랫마을이 아파트로 변해 가면서 산 위의 동네가 슬럼화되고 낙후될 것을 우려하여 서울시에서 도시 재생사업을 진행하였다. 주민 워크숍을 통해 '행촌권 성곽마을 도시농업공동체'가 만들어졌다. 도시농업이란 도시 지역에 있는 땅, 건축물 등 다양한 생활공간을 활용하며 농작물을 경작하거나 나무, 화초 등을 재배하는 것을 말한다. 행촌권 성곽마을 도시농업공동체는 육묘장(온실)을 만들고 성곽 주변 등 자투리땅에 마을 텃밭을, 체육 공원, 학교 운동장, 교회 옥상 등에 상자 텃밭을 만들어 재배하며, 허브장, 약초원을 운영하고 있다. 모종과 텃밭에서 가꾼 채소를 수확하고 종로구청 공원녹지과 등과 연계하여 관내 여러 동에 작물 등을 판매하기도 한다. 또한 양봉장을 만들어 벌통 40여 개를 관리하고 꿀을 채밀하고 판매하여 지역경제에 이바지하고 있다.

도시재생사업이 시작될 때 독립문교회는 교회를 개방하여 각종 워크숍과 협동조합교육 등을 개최하였다. 교우들이 도시농업공동체 회원으로 참여하여 육묘장과 양봉장에서 노동하며 마을 경제 살리기에도 앞장서고 있다. 유완식 장로는 도시농업공동체의 총무를 맡아 공동 텃밭, 육묘장, 양봉장 등을 관리하고 있다. 채소를 가꾸는 텃밭에서, 다육이를 판매하는 육묘장에서, 꿀을 채밀하는 양봉장에서 '목사님, 장로님'을 부르는 소리가 울려 퍼지며, 어느덧 독립문교회 목사와 장로는 마을 목사, 마을 장로로 자리매김하고 있다.

이러한 도시농업공동체의 활동이 알려져서 독립문교회 옥상 상자 텃밭을 비롯하여 성곽 근처 육묘장, 양봉장, 행촌 공터 1, 2, 3호점 등을 KBS에서 촬영했고 2017년 5월 19일에 KBS 〈6시 내고향〉에 방영되었다. 그뿐만 아니라 도시농업공동체의 육묘장과 양봉 등의 활동은 시민들의 탐방 코스뿐만 아니라 마을목회에 관심 있는 목회자들의 견학지가 되고 있다.

2020년 7월에 행촌권 성곽마을 도시농업을 활성화하기 위하여 종로구 도시농업지원센터가 설립되었다. 유 장로는 2015년 말에 35여 년의 직장생활을 은퇴하고 쉬고 있을 때, 김성희 목사의 권유로 행촌권 성곽마을 도시농업공동체 양봉 회원에 참여하였다. 거기서 공동체 총무로 활동하다가 도시농업지원센터의 실무자가 되어 일자리도 생겼다. 도시농업공동체 총무 유완식 장로의 꿈은 행촌권 성곽마을이 한국 도시농업의 메카가 되는 것이다. '도시농부 이야기'에서 유 장로는 다음과 같이 소망한다.

"총무님 상추 파세요?", "장로님 상추 얼마예요?" 요즘 행촌권 성곽마을 육묘장에는 공동체 텃밭에서 수확한 상추를 사려는 주민들의 목소리로 가득하다. 재배하는 과정을 직접 보아서인지 상품에 대한 신뢰와 인기가 있다. 한 봉지에 이천 원인 상추가 빵빵하게 제법 많이 담긴 것을 보면서 사가는 사람도, 파는 사람도 모두 행복해진다.

행촌권 성곽마을 도시농업공동체 육묘장을 4년째 관리해 온 나는 요즘처럼 상추와 씨름하는 시기는 처음이다. 씨앗 파종부터 모종 판매, 텃밭에 심고 가꾸고 수확하여 판매하는 것이 1차 산업이기는 하지만, 도심 한복판에서 도시농업을 한다는 것이 서울에서 태어난 나로서는 참 새롭고 신기했다. 육묘장을 운영하는 입장에서는 좀 더 수확이 많은 품종을 선택하여 고수익을 내며 사회적 기업으로 발전시키면, 주민들의 일자리도 만들어 지고 삶의 질도 좋아질 것이라고 생각한다. … 7월 중순경이면 행촌권에 종로구 도시농업지원센터가 문을 열게 된다. 이곳에서 많은 시민들이 더 많은 정보를 얻고 교육을 받아서 행촌권이 도시농업의 메카로 성장해가기를 염원해 본다.

_ 2020. 6. 「아름다운 풀뿌리」 독립문 평화의 집 소식지에 게재된
"도시농부이야기"에서

혁신교육지구 활동을 통해 마을 교육 공동체 세우기에 나서다

독립문교회 살림의 집이 역점을 두는 마을목회의 한 부분은 '마을 교육 공동체'를 세우는 일이다. 급변하는 사회 속에서 학교만으로는 아이들의 교육을 전체적으로 책임지기가 어렵다. 마을 주민들이 달란트를 선용하여 마을 아이들에게 마을의 역사, 마을의 문화를 가르치고, 아이들이 성장하여 마을일꾼이 되는, '마을의 자원과 함께 성장하는 교육'이 요청되고 있다. 전국적으로 이런 가치로 '혁신교육지구' 활동을 진행하고 있다.

'혁신교육지구'란 학교를 넘어 마을이 교육의 주체가 되어 학교와 협치하여 교육하는 마을 교육 공동체 세우기의 일환이다. 김성희 목사는 '서울시 혁신교육지구' 종로구 실무협의회 위원장으로 이 활동에 참여해 왔다. 혁신교육지구 활동은 민, 관, 학의 협치를 통해 이루어진다. 주민, 학교, 교사, 관청(구청, 교육청)이 함께 어린이 청소년들을 위한 교육을 추진한다. 김성희 목사가 위원장으로 있는 종로 혁신교육지구에서는 동네 교육 자원을 발굴하여 마을 교사로 양성한다. 이렇게 배출된 마을 교사들이 마을과 학교에서 민주시민 교육, 인성 교육, 성 인지 감수성, 독서 토론, 진로, 마을 탐방, 놀이 교실, 음악 등 다양한 교육을 진행하고 있다.

최근에 종로구 혁신교육지구에서는 종로의 학교 교사들과 주민이 워크숍을 통해 '마을 알기 배움책'을 만들었다. 이 배움 책에 독립문교회 앞을 지나가는 5번 마을버스 길을 따라 행촌 공터(마을 앵커 시설)와 행촌동 마을 종로 도시농업지원센터 이야기가 실려 있다. 초등학교에 이어 중고등용 교재가 만들어졌다. 김성희 목사도 마을 주민이자 살림의 집

대표로서 이 책의 제작 위원으로 참여하였다.

독립문교회의 교인들, 마을 선교사로 자리 잡다

독립문교회는 작지만 큰 교회다. 겉으로 보기에는 가난하고 연약한 교우들도 많지만 기죽고 주눅 들지 않고 당당하게 자부심을 갖고 살도록 서로가 격려한다. 작은 교회, 적은 인원이지만 어느덧 마을 곳곳에서 영향력 있게 일하고 있다.

독립문교회는 주민과 함께 마을을 세워가도록 교인들을 파송한다. 일례로 신서현 권사도 파송을 받아 동 주민센터에서 운영하는 '홍파랑 북카페' 봉사자로 참여하다가 회장이 되었다. 홍파랑 북카페 주관으로 여러 가지 마을 사업과 행사를 진행하였다. 바자회, 부모진로 코칭, 친환경 수세미 짜기, 동화구연, 시문학 교실, 인형만들기, 붓글씨 교실 등. 음식을 만들 때는 살림의 집 주방을 이용하였다. 이렇게 활동하다가 동네 주부들과 함께 종로구청 마을공동체 사업인 "전통과 나눔이 이어지는 행복마을" 프로젝트를 수행하는 '마을공동체' 대표 사업지기가 되어 활동하였다.

자원봉사자에서 '마을 공동체' 대표가 된 신서현 권사는 자신이 독립문교회에서 파송 받은 사람이라는 정체성을 갖고 있다. 그는 마을공동체 사업지기가 된 소감을 이렇게 말하고 있다(인왕마을 네트워크 소식지에서 따옴).

"우리 독립문교회는 교우들에게 주민과 함께 마을을 세워가도록 강조하고 파송하기에 나도 동 주민 센터에서 운영하는 '홍파랑 카페에서 봉사자로 참여하게 되었습니다."

신서현 권사는 홍파랑 북카페 회장으로 6년간 봉사하면서 주민자치위원이 되어 활동하던 중 서울시장상과 행정안전부 장관상을 수상하였다.

교우들은 마을공동체 살림 지기로, 도시농업공동체 총무로 봉사하면서 마을공동체의 리더로 자리매김하고 있고, 동주민센터 자치위원으로 주민센터 운영에도 참여하는 등 교회의 지경이 마을로 넓어졌다. 행촌동 성곽마을은 이제 독립문교회의 교구로 자리매김하였다.

이런 과정에서 교인들이 마을 선교사(활동가)로 성장하고 있다. 독립문교회가 소속되어 있는 기장 교단에는 사회선교사 제도가 있다. 사회를 위해 활동하는 교우들을 '선교사'라는 직책으로 사회에 파송하는 제도다. 2019년 2월에 4명의 사회선교사를 파송하였다. 에너지 전환 생명선교, 주거복지 사업, 청년 대안공동체 체험교육사업, 제주지역 갈등 해결을 위한 노동학교 운영과 제주도의 상처 기행 등을 선교주제로 삼고 목회자와 평신도가 지원하였다. 각 지역에 필요한 사회선교를 감당할 주체들을 세우고, 10여 개 교회나 노회가 이런 선교사 한두 명을 지원하자는 취지다. 사회선교사 제도는 마을목회와 상통하는 부분이 있다. 비록 목회 훈련을 받은 전문가는 아니지만, 마을에서 활동하는 교우들은 해당 교회가 파송한 마을 선교사나 다름없기 때문이다.

교동협의회를 통해 지역 내 교회 연합을 공고히 하다

오늘날 한국교회는 다양한 교파와 교단이 선교하고 있다. 같은 마을에서 개 교회들이 서로 경쟁하고 배타적으로 선교하는 모습을 많이 본다. 독립문교회가 있는 교남동은 그런 점에서 매우 모범적인 교회연합 운동이 이루어지고 있다. 김성희 목사 취임식 때, 서대문교회(합동) 장봉 생 목사와 평동교회(기감) 김종윤 목사는 난 화분을 보내 축하하며 작은 교회 여 목사인 김 목사를 '교남동 교회협의회'(교동협의회)로 이끌었다. 감리교, 장로교(기장, 합동, 고신, 통합), 순복음 교단(기하성), 구세군 등 교 남동 내 각기 다른 교단인 7개 교회가 모여 (약칭)'교동협의회'를 만들어 유기적으로 연대하여 왔고, 현재 김 목사가 회장으로 섬기고 있다. 아파 트 입주 시에는 공동 전도지를 만들어 함께 전도했고, 각 교회당을 돌아 가며 공동으로 '6·25연합 기도회'를 열고 있다. 여성 목사 제도가 통과되 지 않은 합동교단 서대문교회에서 김성희 목사가 설교를 해 그 교회 교우 들이 놀란 적도 있다. 연합 기도회 헌금과 회비로 동사무소의 연말 '따뜻 한 이웃돕기'에 지원하고, 관내 통장들과의 식사와 간담회를 연다. 지역 병원과 교동협, 동사무소 3자가 협력하여 MOU를 체결하여 자원봉사자 교육, 가정방문 헬스케어, 건강 강좌, 건강 음식(식단) 만들기 등을 실시하 였다. 교동협 목회자들은 조찬 모임 등을 통해 수시로 만나 목회 이야기 를 나누고, 봄가을에 부부동반 나들이를 하며 친목을 다진다. 교단은 다르지만 교남동 마을 목회자들은 친밀한 만남 가운데 서로 고민을 나누 고 목회를 배우며 연대하고 있다.

　개신교 중심으로 되어 있는 교동협의회 뿐만 아니라 다른 종교들과 도 잘 연합하고 있다. 2011년 말, 김 목사가 독립문교회에 처음 부임했을 때, 가톨릭 독립문 선교본당 주임신부이던 파란 눈의 김문수 신부가 음 료수 한 통을 들고 교회로 찾아왔다. 마을과의 첫 만남이 시작되었다. 독립문 선교 본당은 이 지역에서 오랫동안 빈민 사목을 하고 있었고, 이 후 인왕마을 네트워크를 통해 함께 마을을 섬기는 좋은 벗이 되었다.

인왕마을 네트워크에는 천주교, 개신교, 불교 등 다양한 종교 배경을 가진 단체가 참여하고 있고, 마을 행사에도 목사, 스님, 신부가 공동 심사위원이 되어 시상식을 하면서 종교 간 화합을 보여준다. 한번은 불교 신자들의 이름이 붙은 봉헌 쌀을 받아 독립문교회가 지역에 나누어 준 일도 있고, 독립문교회에 들어온 음료수와 초콜릿을 조계사 측이 위탁 운영하는 복지관에 전해 준 일도 있고, 천주교 상담센터에 들어온 삼계탕을 받아 교우들과 나누어 먹은 일도 있다.

작은교회가 희망이다

마을목회를 하면서 독립문교회는 작은교회운동 대열에 들어서게 되었다. 작은교회운동은 탈(脫)성장, 탈(脫)성직, 탈(脫)성별의 세 개의 탈(脫)로 상징되는 새로운 가치에 강조하는 교회 운동이다. 한국교회의 고질적인 성직 중심주의, 성장 중심주의, 남성 중심적인 사상에서 벗어나 위계적인 교회가 아니라 평등한 교회로, 물량적인 교회 성장이 아니라 생명 지향적인 작은 교회로, 가부장적인 교회가 아니라 성차별이 없는 교회가 되자는 운동이다. 이런 교회는 대형 교회가 아니라 작은 교회에서 그 희망을 볼 수 있다는 자각에서 비롯된 교회개혁 운동이다. 실제로 곳곳에서 생명과 평화를 위해 일하는 교회들, 창조적이고 민주적인 공동체를 꿈꾸며 지역사회 속에서 섬김과 나눔을 실천하는 작은 공동체들이 한국교회의 희망을 일구고 있다.

독립문교회도 이 작은교회운동에 함께하고 있다. 그 첫걸음이 작은교회박람회에 참여한 것이다. 작은교회박람회란 "작은교회가 희망이다! 생명 평화 교회가 대안이다!"라는 슬로건으로 작은교회운동을 하는 이들이 일 년에 한 번씩 박람회를 열어 가치와 정보를 공유하며 연대하는 마당이다.

독립문교회는 2017년에 감리교신학대학에서 열리는 작은교회박람회에서 독립문교회를 소개하였다. 독립문교회가 참여하고 있는 마을 활동과 살림의 집 활동, 전통과 나눔이 이어지는 행복마을을 꿈꾸는 마을공동체 소개, 인왕마을 네트워크, 행촌동 성곽마을 주민추진위원회, 행촌 권역 성곽마을 도시농업 등에 대한 소개를 하면서 독립문교회를 이렇게 정의하였다.

"독립문교회는 작은 겨자씨에서 하나님 나라를 싹 틔워가는 사람들이 모인 곳입니다."

"우리는 큰 교회가 되기보다는 생명력 있는 교회가 되고자 합니다."

"하나님 주신 생명, 예수님이 만드신 평화, 약한 자들에게 힘주시는 성령의 능력에 힘입어 진실하고 순수한 그리스도인으로 성장해갑니다. 우리 '살림의 집'이 사람을 세우고 마을을 세우는 일에 온전히 쓰임 받기를 소망합니다. 이웃과 더불어 행복한 마을을 만들어가는 가슴 벅찬 교회로 여러분을 초대합니다."

_ 독립문교회 작은교회 박람회 전단에서

이렇게 작은교회운동에 참여하면서 동시에 마을목회를 기장에 확대하는 일을 하였다. 104회 기장총회(2019), 총회선교정책협의회, 한신신학연구소 심포지엄(2020) 등에서 마을목회를 제안하고 발제를 통해 마을목회의 가능성과 과제를 제시하였다. 김 목사가 발제한 마을목회에 관한 자료는 다음과 같다.

2016년 신년 목회 준비를 위한 세미나 워크숍: "작은 교회를 위한 목회 구상"

2019년 기장 총회: "마을목회, 우리는 마을에서 산다"

2020년 총회 선교정책협의회: "지역사회와 함께하는 교회 사례" 발제

2020년 한신대신학연구소 학술 심포지엄 발제: "연결, 교류, 상생으로서의
　　마을목회"

2021년 '성 정의와 교역' 한신대 신대원 교역 세미나: "마을목회와 담임목회"
　　강의

2022년 광주노회 선교정책 세미나: "마을을 품는 목회" 발제

　이러한 목회 경험을 통해 김 목사는 '교회야말로 마을 속에서 마을을 세워가는 일을 가장 잘 할 수 있는 곳'이라고 생각한다. 교회의 공공성을 회복하여 게토화된 성(城)과 같은 교회가 아닌, 마을 사람들이 좋아하는 곳, 마을과 더불어 성장하는 열린 교회로 만들어가기 위해 노력하고 있다. 마을목회를 하면서 얻는 보람에 대해 김 목사는 이렇게 소감을 피력하고 있다.

　"기존의 틀에 매이지 않고 마을 속에서 주민들과 어우러지며 끊임없이 소통하고 연대하는 과정은 때론 힘이 들지만 그 안에서 많은 것을 배웁니다. 양봉장과 육묘장에서 노동하고 책 읽고 토론하며 글을 쓰며, 이웃과 소통하면서 마을을 품는 넓은 품을 간직하게 됩니다. 오늘도 여전히 광야에 서 있지만, 만나와 메추라기를 먹으며 매일매일 새롭게 역사하시는 하나님의 은총을 누립니다. 연약한 나를 택하시고 단련시켜 일꾼 삼으신 하나님의 손길은 신비합니다. 하나님은 또 어떤 길로 우리를 인도하실지 설렘 가득합니다. 열린 미래가 생동감 있게 다가옵니다."

4. 창의적인 여성 목회로 살림의 문화를 이끌다

여성 목회자로서 김성희 목사는 독립문교회 목회를 시작하면서 소통과 하나 됨을 이루는 창의적인 여성 목회를 하겠다고 소신을 밝힌 바 있다. 김성희 목사가 말하는 여성 목회란 그가 취임사에서 밝힌 대로 여성 특유의 장점들을 살려서 교회 안에 성차별을 없애고, 지역의 여성들을 남성과 더불어 창의적이고 전문성을 지닌 영향력 있는 사람들로 세워나가는 것이다. 김성희 목사는 한때 목사로 불린 받은 것은 기쁘지만, 가부장적인 한국교회 풍토에서 여성 목사인 것이 못내 한스러웠던 적이 있었다. 여성이기에 일반교회로 청빙을 받기 힘들었다. 한때 조금만 더 안정적인 교회였다면 목회를 잘할 수 있겠는데 하는 아쉬움이 있었다. 교회에서 활동할 정예부대 20~30명만 있다면 그 지역을 바꾸어 버릴 수 있을 것 같았다. 그러나 지금은 여성 목사로 서 있는 것에 감사한다. 지금은 야전사령관처럼 마을 선교사가 된 교우 4~5명과 함께 지역의 크고 작은 조직의 리더로 자리매김하며 마을목회를 감당하고 있다. 오늘 주어진 자리를 소중히 여기며 가까운 사람들과 미소를 나누고 내일을 노래한다. 여기서 '모두를 위한 목회'인 여성주의 목회를 실천해 가고자 힘쓰고 있다.

여성 목회는 생명 목회다

일반적으로 여성 목회라 하면, 생물학적으로 여자가 하는 목회로 이해하는 사람들이 많다. 그러나 여성 목회란 단순히 여자가 하는 목회를 의미하지 않는다.

김 목사는 여성의 목회에 대해 회자되는, 세 가지 형태의 여성 목회를 이야기한다.

첫째는 여성이 하는 목회이지만, '치마 입은 남자', '명예 남성'이라는 말처럼 단지 여자라는 것 외에는 '남자와 아무 차이가 없는 여성의 목회'가 있다. 심지어 남자보다 훨씬 더 가부장적인 여성 목회자도 있다. 여자들도 남자만큼이나 성차별주의자가 될 수 있기에 단순히 여자가 하는 목회를 전부 여성 목회라고 말하기는 어렵다고 한다.

둘째로, '여성성을 갖고 하는 목회'가 있다. 여성들이 가진 섬세함, 부드러움, 따뜻함, 돌봄, 섬김, 공감 능력 등을 말하며, 이런 여성의 특성들이 목회에 녹아 들어 있는 것을 여성적 목회라고 부르기도 한다. 여성적 목회와 같은 맥락으로 모성목회를 말하기도 한다. 생명을 낳고 기르고 보호하는 어머니 같은 모성으로 교인을 품고 양육하고 보호하는 목회를 말한다. 그러나 모성목회를 강조하다 보면 자칫 여성의 역할을 생물학적 성별인 여성과 모성이라는 테두리로 제한시키는 함정이 될 수도 있다고 본다.

셋째, 여성성이나 모성성에 한정하지 않고, 포괄적으로 '생명'을 살리는 목회를 여성주의 목회라고 한다. 생명 목회를 하는 여성 목회자들은 여성이지만, 소위 남성적인 능력이라고 일컬어지고 있는 용기, 추진력으로 생명을 살리는 리더십을 발휘하고 있다. 이런 생명 목회를 추구하는 여성 목회자들은 생명을 살리는 성품을 갖고 생명 목회를 하는 남성 목회자들과도 파트너십(동반자 정신)을 만들어 간다고 한다.

김 목사는 생명을 살리는 여성주의 목회를 하고 있다. 생명 목회(여성주의 목회, 페미니즘 목회)를 하는 사람들은 하나님을 "정의와 공평, 평화와 사랑의 하나님"이라고 고백한다. 이런 하나님을 믿기에 차별 없는 세상, 평화의 세상을 꿈꾸며 목회를 한다. 이런 여성주의 가치관을 갖고 목회를 하는 남성 목회자도 많다. 모든 목회자는 기본적으로 차별 없는 세상을 꿈꾸며 사회적 약자와 함께하는 여성주의 목회를 할 수 있어야 한다. 이런 점에서 김 목사가 취임사에서 자신의 목회 과제를 "각종 차별을 넘어 다름과 차이를 인정하며 다양성 속의 일치를 실현하는 평등한 교회를 지향한다"라고 선언한 것은 당연하다.

이렇게 생명 목회에 근거한 여성 목회를 추구한 김성희 목사는 독립문교회를 성차별 없고 사회적 약자와 함께하는 평등교회로 만드는 작업과 더불어 독립문교회가 속해 있는 기장교회를 평등교회로 만드는 일에 힘을 쏟는다. 기장 교단이 바뀌어야 기장교회가 바뀌기 때문이다. 이런 일은 한 사람이 할 수 있는 일이 아니라 연대를 통해서 힘을 발휘한다. 김 목사는 독립문교회 목사로서, 기장 여교역자회 회원으로서, 기장여교역자회가 속해 있는 기장여성연대 회원으로서, 여교역자회 부설 '여성 세움센터' 운영위원장으로서, 노회 성폭력 사건의 재판국장 등으로 참여하면서 기장교회를 남녀가 함께하는 평등교회로 만들기 위해, 제도 개선과 교회 안에서 성평등 문화를 일구는 일에 함께하였다.

기장을 평등교회로 개혁하기 위해 노력하다

세계교회협의회(WCC)는 1988년부터 1998년까지를 "교회가 여성과 함께하는 에큐메니칼 10년"을 선포하였다. 한국에서는 '기독여성 10년'이라는 말로 진행되었는데, 세계교회협의회의 이 선포는 전 세계 교회 여성들에게 무척 고무적인 일이었다. 한국교회 여성들은 세계교회협의회의 기독여성 10년 선언에 힘입어 가부장적인 한국교회를 '여성과 함께하는 교회'로 만드는 운동에 힘을 쏟았다.

여성 참여의 폭을 넓히기 위해 노력하다

세계교회협의회 '기독여성 10년 운동'의 주된 목표는 여성의 지도력 향상으로 남성들이 독점한 의사 결정권을 함께 나누고, 교회 활동에 여성의 관점과 행동을 적극적으로 반영하고, 여성을 차별해 온 관습들을 없애는 일에 교회가 여성과 연대하는 것이다. 이 목표를 달성하기 위해

첫째, 교회와 사회 전역에 여성 참여 증진을 모색하고
둘째, 교회는 여성들이 자기 나라에서 정의, 평화, 창조의 보전을 위해 활동하고, 교회는 이 여성들의 공헌을 인정하고 기리는 것
셋째, 여성들이 스스로 신학하고 영성을 고양하는 일에 나서는 것이다.

기장교회를 비롯해 한국교회 구성원의 60%를 여성들이 차지하고 있다. 그러나 당회를 비롯한 노회, 총회 결의기구에는 여성이 10%도 되지 않는다. 여성의 주장이 반영되지 못한 채 남성들이 결정한 사항에 여성들은 수동적으로 따라가는 상황이다. 기장 여성들은 이런 성차별적인 기장교회를 평등교회로 변화시키기 위해 노력하고 있다. 기장 여성들은 기장여성연대를 결성하여 교회와 사회 전역에 여성 참여율을 높이기 위해 힘을 쏟았다.

여신도회와 여교역자회 그리고 여장로회가 힘을 모아 교단에서의 여성 참여를 높이기 위한 활동에 돌입하였다. 그 결과 교단에 양성평등

위원회가 설치되었고, 이 양성평등위원회를 통해 가부장적인 교단 구조를 평등구조로 만들기 시작했다. 교단총회에서 여성 총대의 비율을 높이고, 여교역자의 복지증진을 비롯한 여성 목소리를 반영토록 하였다. 2008년 교단총회에서 처음으로 양성평등선언서가 채택되었다. 2013년 기장총회 100년, 새역사 60년을 바라보면서 "교회공동체가 양성평등 의식과 실천으로 세상에 복음을 증언하는 것은 하나님이 만드셨던 창조질서를 회복하는 일이고, 성차별의 불의한 관계를 그리스도 예수 안에서 청산하는 일이고, 화해와 평화를 위해 일하시는 성령의 활동에 대한 그리스도인들의 책임을 남성과 여성이 함께 나누는 일임"을 밝히고, 기장 교회가 걸어야 할 성평등 과제를 다음과 같이 선포하였다.

"첫째, 교단 기구의 여성 참여를 제도적으로 보장할 것입니다.
　둘째, 여성 지도력의 개발과 활용에 대한 정책을 마련할 것입니다.
　셋째, 양성평등 교육정책에 따라 양성평등 교육을 필수적으로 실행할 것입니다."

이런 노력의 결과 현재 모든 노회에서 총대 10명당 최소한 여 목사 1인, 여 장로 1인을 파송하도록 의무화하였고, 총회 각 위원회에 여성 1인을 의무화하는 조항을 만들었다. 세계교회협의회의 권고대로 모든 결의기구에 여성 참여 30%를 향해 달려가고 있다. 여성이 교회 구성원의 50%인데 30%를 요구하는 것은 청년들에게 20%를 주기 위함이다.

교회 성폭력 추방운동에 동참하다

사회에서 성폭력이 발생하는 얘기를 들어도 오싹한데, 교회 내에서도 성폭력이 행해지고 있다. 교회에서 성폭력이 일어난다는 것은 여성의 존엄성을 훼손하는 것을 넘어 "사람을 하나님의 형상으로 만드셨다"라는 하나님의 창조를 모독하는 행위로서 성령을 거스르는 큰 범죄에 해당한다. 그럼에도 성폭력이 '범죄'라는 인식이 없이 한국교회에서, 기장교회에서 교회 내 성폭력이 행해지고 있다. 일부 성폭력 가해자들은 사회 법정에서 유죄판결을 받았음에도 교회에서 범죄로 처리하지 않거나 솜방망이 처벌을 하는 일도 많고, 성폭력의 원인과 책임을 피해자인 여성에게 돌리는 2차 가해도 서슴지 않고 일어난다.

이러한 현실에서 기장 여성들은 인간의 존엄성을 훼손하는 교회 내 성폭력을 근절하고, 성폭력 없는 교회로 개혁하기 위해 투쟁을 해왔다. 교단에 성 윤리강령 만들기, 성폭력 예방과 대책을 위한 특별법 제정하기 운동을 벌였다. 그 결과 성폭력대책위원회 구성과 성폭력 예방 교육 의무화(매해 1회 이상) 안건은 학부, 신대원, 인턴 교육, 각 노회와 교회에서 실시하기로 통과되었다. 그러나 실질적으로 사회 법정에서 유죄판결을 받은 목회자가 있음에도 성폭력 예방과 대책을 위한 헌의안은 일부만 통과되었다. 총회 의결기구를 구성하는 총대들이 대부분 50대 후반~60대 남성 총대들로 구성되어 있어 변화를 원하지 않고, 성인지 감수성이 부족했기 때문이다.

일부 목회자들의 성폭력 사건 발생 후 '성정의 실현을 위한 연대'를 결성하였다(기장여성연대를 비롯해 성정의 실현을 위한 기장 교역자 모임, 청년회 전국연합회, 한신대학교 여학생회, 한신대학교 신학대학원 학생회, 민중신학회, 페미하다 등 여러 단체 연합). 성정의실현연대는 기장교회 내 성폭력 근절과 성폭력 피해를 입은 생존자(피해자)의 편에 서서 이들과 함께하며 '성폭력 없는 기장교회'를 위해 노력하고 있다. 김성희 목사는 기장에서 성폭력 추방운동을 본격화 할 때 마침 전국 여교역자회 회장이었기 때문에 당연히 이 일에 앞장서게 되었다.

종교개혁 500주년과 여교역자회 50주년에 여교역자들의 '교회개혁 선언'과 『여교역자회 50년사』 발간을 이끌다

여교역자회는 종교개혁 500주년이 되는 여교역자회 50회 총회에서 여성 교역자 입장에서 고백하는 '교회개혁선언문'을 선포하였다. 당시 회장인 김성희 목사는 여교역자들의 비전을 담은 선언문을 만들자고 제안하여, 선언문 작성위원들(김성희 회장, 김영선, 안수경, 이영미, 임보라, 한국염, 이혜진 총무)이 '마틴 루터의 종교개혁 500주년과 한국기독교장로회 여교역자회 창립 50주년을 맞는 여교역자 선언문'이라는 제목으로 선언문을 만들었다. 아래와 같이 9개의 비전 실천을 선언하였다. 이 선언문의 비전은 이미 많은 부분이 독립문교회에서 실천되고 있는 사항이기도 하다.

1) 성평등과 성정의를 우리의 목회 현장에서부터 실천하겠습니다.
2) 권위주의와 교권주의를 버리고 민주적인 교회로 세워가겠습니다.
3) 물질주의와 성장제일주의의 우상을 버리고 하나님의 교회로 세워가겠습니다.
4) 개교회주의를 지양하고 작은 교회, 지역교회들과 함께하는 공교회성을 회복하겠습니다.
5) 이웃과 함께하여 교회의 공공성을 회복하여 사회적 책임을 다하겠습니다.
6) 평화통일을 위하여 기도하며 행동하겠습니다.
7) 생명감수성으로 창조세계 보전을 위해 앞장서겠습니다.

8) 신학과 성경 해석의 올바른 지평을 열겠습니다.

9) 이웃 종교와 공동의 선을 일구어 가겠습니다.

또한 여교역자회 50주년 당시 회장이던 김 목사는『여교역자회 50년 사』를 펴내자고 제안하여 편찬위원들과 함께 여교역자들의 역사를 남겼고, 신학 연구, 설교, 주제별 목회, 간담회, 희년 토크쇼 등이 담긴『희년 기념문집』을 발간했다.

여성 담임 목회자의 가능성과 비전을 만들다

여성으로 단독목회를 하는 것은 결코 쉬운 일이 아니다. 독립문교회에서 담임목회를 하는 여성 목회자로서 김성희 목사는 여교역자들에게 여성이 담임 목회자로서의 비전을 갖도록 하는데 길잡이가 되어야 함을 인지하고 그 몫을 담당하기 위해 노력해왔다. 2016년 4월 4일~4월 6일, 2박 3일간 여교역자회는 단독목회를 하는 여교역자들을 대상으로 힐링 캠프를 열었다. 이 힐링 캠프에 참가한 여성 목회자들은 대부분 교회 구성원 수가 적고(8~30명), 교인 평균 연령이 65세 이상인 교인들을 대상으로 목회하는 분들이 많았으며, 생동감이나 변화가 없는 상태에서 반복적인 목회 생활에 많이 지쳐있었다. 이 힐링캠프에서 김성희 목사는 심리검사와 워크숍을 진행하여 여교역자들이 먼저 자신을 돌아보고 타인을 이해하도록 했다. 나아가 단독 목회자로서 여성주의 목회에 대해 고민하고, 여성 목회 길잡이가 될 수 있는 자신들의 목회 노하우나 어려움을 극복한 방법들을 서로 공유하도록 하였다. 참가자들은 이 모임을 통해 여성주의 목회를 재정립하고, 목회의 새 판을 짜볼 수 있었다고 평가

하였다.

2017년부터 독립문교회는 여교역자회의 주선으로 한신대 신학대학원 학생들을 위한 목회 실습의 한 장이 되었다. 목회 실습은 목사 후보생들에게 여성 목회의 현장을 보게 하여, 어려움을 극복하면서 목회하는 여성 선배 교역자들과 공감하고 연대감을 일으키는 작용을 하였다. 동시에 여성 목회의 딜레마와 가능성을 경험케 하는 기회가 되었다.

독립문교회를 비롯한 여러 여성 목회 현장을 체험한 이들은 여성 목회에 대해 좀 더 긍정적으로 소감을 나누었다.

"여성 담임 목회자들이 삶에서 겪은 아픔을 잘 녹여서 성도들을 품을 수 있도록 하나님이 사용하신다는 깨달음을 얻고 마음이 회복되는 시간이 되었다", "각자가 받는 사명과 의무를 이행해 나가는 여성 목회자들의 삶을 통해 깊은 감동을 받았다", "여교역자에 대한 편견을 깨는 시간이었고 앞날에 대한 불안을 내려놓을 수 있을 만큼 도전과 힘을 받았다", 여성 목회자 존재 자체가 힘이 되었으며, 여성 목회자들이 최선을 다하는 모습과 많은 가능성을 볼 수 있어서 희망적이었다. "한계를 초월할 수 있는 여성 목회자들의 능력에 대해 자극을 받았다고 말했다.

_『평등 / 평화 / 생명의 길』에서

그러나 여성 목회는 장점과 단점, 한계가 분명히 있다. 김성희 목사는 여교역자회가 2013년 4월 14일 한신대학교 신학대학원 컨벤션 홀에서 '비상(非常, 飛上) 여성 목회, 오늘 그리고 내일'이라는 주제로 개최한 세미나에서 '여성으로 목회하기, 현장 이야기'를 발제하였다. 이 발제에서 여성 담임목회의 장점과 제한점, 통계적 현황, 어려운 점을 분석하였다.

김 목사가 제시한 여성 담임 목회자가 부딪히는 주요 문제로 "사회적 이해 부족, 교회 내 봉건적, 가부장적 관습, 성차별, 경제적 어려움, 과다한 업무, 은퇴 후 노후 문제" 등을 제기하였다. 그 대책으로 "여성 담임목회는 개인 의지와 능력만으로가 아니라 노회와 총회 차원에서 여성들을 세우기 위한 지원과 제도적 뒷받침이 있어야 한다"라고 강조하고, 여성 목회를 향한 11개의 과제를 설정하였다. 그 과제는 여교역자들이 해야 할 과제와 교단이 정책적으로 해야 할 과제로 나누어진다.

여교역자들이 노력해야 할 것은 스스로 목회의 전반적인 훈련을 통해 통전적인 사고와 준비를 하고, 다양한 여성 목회 현장을 만들고 개발하며, 특화된 영역에서 전문성을 가져야 하며, 여성 목회의 본보기로서의 자리매김을 할 것, 여성 목회자들이 여 목회자들의 지도력 개발과 권익향상에 앞장서 온 여교역자회에 적극 참여하고 지원할 것과 남성들과 적극적으로 연대하면서 여성의 리더십을 향상할 것 등이다.

그리고 교단적으로 여성 목회의 디딤돌이 될 수 있는 장치와 제도가 마련되어야 함을 강조하였다. 일차적으로 성평등 목회를 할 수 있도록 법을 제정하고 제도화할 것, 기장 여신도회 전국연합회의 여 목회자 지원과 성평등 관점의 여신도 교육, 큰 교회 목회하는 여성 목회자들이 미자립교회 농어촌교회에서 목회하는 여성 담임목사들과 여신도회 등을 연결하여 구체적으로 지원하도록 할 것, 미자립교회에서 목회하는 여성 목회자들이 노후에 꼭 필요한 연금에 가입할 수 있도록 교회와 노회, 총회는 제도적으로 지원할 것, 교단과 교회에서 성평등을 위한 재정정책을 세우고 실천할 것(성인지적 예산지원)을 요청하였다.

그 이후로도 김 목사는 여교역자들이 열악한 상황에서도 교육, 연구, 연대사업을 더 효율적으로 펼쳐갈 수 있도록 여교역자회 안에 부설기구를 만들자고 제안하였다. 그 결과 2020년 12월에 '여성세움센터'가 창립되었고 초대 운영위원장으로 섬기고 있다. 2022년 현재 '기장 여성 인권 실태조사'를 발간하기 위한 작업을 추진하고 있다.

김 목사가 여성 목회 과제에서 여교역자 스스로에게 "여성 목회의 본보기로서 자리매김할 것"을 요청했지만, 그건 김 목사가 해야 할 역할이기도 하다. 아직도 한국에서 여목사로 선다는 것은 낯선 자리, 소외된 자리, 고통스런 자리다. 소신껏 일할 수 없는 열악함 속에서 자신의 목회관을 펼쳐가기란 지극히 어렵다. 단순히 돕는 존재로 있을 때는 크게 느끼지 못하지만, 자신이 주체가 되어 목소리를 낼 때는 '능력도 없으면서', '기여하지도 않으면서'라는 눈총을 받아 모멸감을 느낄 때도 있다.

이런 현실에서 여성이 담임목사로서 자신 있게 서기 위해서는 교회에서의 입지를 세우는 일도 중요하지만, 노회나 총회 등의 결의기구에 참여해서 여성의 목소리를 내고, 일을 잘 감당해서 여성도 할 수 있다는 것을 보여주어야 한다. 김성희 목사는 여성 담임 목회자로서 이 점을 깊이 인식하고 있다. 그동안 김 목사는 남성들이 중심이던 노회 정치부와 고시부 위원으로서, 노회 서기로서, 재판국장으로 맡은 바 직책을 열심히 감당해왔다. 여자는 자리를 주어보았자 별수 없다는 소리를 듣지 않기 위해 더 많은 노력을 기울였다. 김 목사는 여성 목회자의 지도력은 타고난 기본적인 능력도 있지만, 함께 연대하면서 더 큰 지도자로 세워진다고 믿는다. 남성들과 더 적극적으로 만나고 함께 함으로 서로 간의 동역자 의식이 싹틈을 경험하고 노회, 시찰회, 총회, 대외기관 등에 적극적으로 참여하여 여성 목회자로서의 길을 넓혀가고 있다. 주변인을 향해 마음을 열고 소통하며, 요청을 받을 때는 '예' 하며 솔선수범하는 품격 있는 여교역자의 모습을 실천함으로 여성 목회자의 본보기가 되려고 노력하고 있다. 이런 일 역시 김성희 목사가 여성 목회자의 미래를 위해서 뛰고 있는 현장이다.

여성 목회자는 교인들의 기도로 세워져 간다

여성 목회자는 특히 교회 리더인 당회원들과의 관계가 중요하다. 아직도 여성으로 담임목회 하기 쉽지 않은 한국교회에서 목사의 리더십을 존중하고 그 비전에 동참하며 마음을 모아가는 장로의 역할이 매우 중요하다. 김 목사는 독립문교회 10년을 되돌아보며 함께해 온 유 장로가 있어서 이런 일들을 해 올 수 있었다고 고백한다. 또한 김 목사의 이런 비전을 위해 기도하며 지원해 온 교우들에게 감사한다. 김 목사는 독립문 교우들은 외인구단 같아 보일지라도, 한 사람 한 사람이 보이지 않게 자리매김하여 교회를 이루고 있다고 하며, 이 교우들이 있기에 오늘까지 맡겨진 사역을 감당해 올 수 있었다고 고백한다.

"예배 영상과 파워포인트를 담당해 온 유희원, 유승주 청년, 인천에서 매주 참석하여 8년여간 반주와 교회 행정을 도운 정다혜 청년, 생명을 잉태한 만삭의 몸으로 보리 술빵을 만들어 오고, 홀로 사는 교우를 위해 사랑의 헌금을 전달하던 성현주 교우의 손길을 기억합니다. 매일 같이 교회에 들러 기도하며 청소하고 점검하는 김분심 집사님, 멀리 상일동에서 일찍 나와 찬양을 인도하고 어르신들을 챙기는 이신화 권사님, 말없이 묵묵히 자리매김하는 최미선 집사님, 예배와 봉헌드리는 일 그리고 교우들과 나누는 일을 가장 즐거워하는 김득진 권사님, 주일예배 2시간 전에 오셔서 기도하며 자리매김하시는 안영숙 집사님을 비롯한 어르신 교우들, 일일이 열거하지 못하지만 그 외에도 많은 교우들의 사랑과 헌신을 잊을 수 없습니다. 이름 없이 빛도 없이 작은 교회를 섬겨오신 이분들로 인해 제가 마을을 위해 일할 수 있었습니다."

5. 코로나19 상황, 독립문교회 공공성 회복의 기회로 삼다

전 지구적으로 코로나19 전염병(팬데믹)이 휩쓰는 시대가 되었다. 사회적 거리두기로 사람들의 만남이 제한되었다. 교인들이 교회에 올 수 없게 되자 교회들이 타격을 받았고, 혼란에 빠졌다. 2020년부터 일부 몰지각한 교회를 제외하고 대부분의 교회 예배가 비대면으로 전환되었고, 교회의 각종 모임과 활동이 온라인을 통해 이루어졌다. 한국교회의 80% 이상의 교회들이 온라인 예배를 드렸다. 그러나 작은 교회들은 기술과 장비, 인력의 부족으로 온라인 예배와 모임에 어려움을 겪었다. 이런 상황 속에서도 독립문교회는 코로나 상황을 지혜롭게 대처해나 갔다. 예배당 음향과 영상 시스템을 전면 새로 설치하고, 뒤 벽면에 창문을 내어 환기가 잘 되도록 하였다. 교회당 전체에 방역을 수시로 했고, 국가의 안전 지침에 따라 마스크, 손 소독기(비접촉 발열 체크 온도계와 자동 손 소독제), 출석자 명부를 비치하여 코로나19 바이러스 감염 예방에 만전을 기하였다. 줌으로 온라인 성경 공부와 일대일 성경 공부 그리고 송구영신예배를 드렸고, 총회 교육원에서 제공하는 온라인 교육 자료를 이용했다.

예배와 기도회를 비대면으로 진행하다

주일예배는 비대면 영상예배로 드리면서 유튜브를 통해 실시간으로 송출하였다. 수요기도회는 신명기로 강해 설교를 하였는데, 모임이 어려워지자 교우 카톡방을 통해 마태, 마가, 누가복음과 요한계시록으로 말씀을 나누었다. 새벽기도회는 사사기를 간단히 해설한 후 기도했는데, 워낙 소수가 나오는지라 대면으로 진행하였다. 또한 매일 묵상과 교우 소식을 카톡방에 올려 가정에서도 말씀과 교제에 참여할 수 있게 하였다. 청년들은 영상, 파워포인트, 반주 등 예배를 위해 꾸준히 봉사하면서 더 주체적이 되었다. 주일 오후예배인 목장예배는 '성경이야기 한마당' 1부와 2부 창조 이야기까지 진행한 후 코로나19로 인해 중지하였으며 공동식사도 중지하였다.

2021년에도 코로나19 상황은 변하지 않아 여전히 비대면 영상예배와 카톡을 통한 말씀 묵상, 성경통독 중심의 가정 새벽기도회로 진행되었다. 여신도회주일, 청년주일, 남신도주일에도 신도들이 줌을 통해 가정에서 참여하여 예배를 드렸다. 스마트폰을 잘 다루지 못하는 어르신들과 소수의 교인들이 영상예배에 참여하지 못해 아쉬움이 남는다.

교회학교 어린이들 역시 대면모임을 하지 못했다. 그래서 총회 교육원의 예배 영상을 링크해 각 가정에서 영상으로 예배드릴 수 있도록 하였다. 청년 성경 공부 모임은 2022년에는 '성경길라잡이'로 수요일 오후 8시 40분에 온오프(일대일)로 진행해 오고 있다. 새 가족은 '성경이야기 한마당'으로 금요일 밤 8시에 줌으로 일대일 성경 공부를 진행하고 있다.

이런 경황 중에서 2020년 성탄맞이 교우 가정 심방을 하였다. 교회 주변 교우들에게 성탄 카드와 선물(마스크, 롤케익, 가정예배서)을 전했고,

원거리 교우들에게는 카드와 선물(마스크, 초콜릿, 가정예배서)을 우편으로 발송하여 독립문교회 일원으로서의 소속감을 갖게 하였다.

성탄에는 철저한 방역 아래 청년들의 핸드벨 연주, 교우 특송 등을 하였고, 송구영신예배는 줌으로 드리면서, 한 해를 보내며 한 단어로, 새해를 준비하며 한 단어로 정리하는 'One Word(한 단어) 삶 나눔' 시간을 가졌다. 송구영신예배에는 지방과 해외 교우들도 참여하였다.

코로나19 상황이 길어지고 함께 나누는 식사와 대화, 활동 등이 힘들어지면서 혼자 지내는 사람들의 삶이 더욱 어려워졌다. 올 한 해도 독립문교회는 세 명의 어르신들이 하나님의 부르심을 받았다. 외롭게 사시는 분들, 마음에 아픔이 있던 분들이 코로나 등으로 인해 더 소외되고 고립되어 있다. 아쉽게도 교회가 이들의 절실한 필요에 곧바로 응답하지 못했다. 이런 상황은 비단 교회 안에서뿐만 아니라 행촌 권역 전체가 겪는 일이기에 이웃에 대한 교우들의 관심이 더욱 요청되는 상황이 되었다. 코로나19 상황에서 독립문교회는 예배와 기도회, 성경 공부는 온라인을 통해 비대면으로 할 수 있었지만, 그동안 해오던 이미용 무료봉사나 경로잔치 등은 하지 못했다. 그러나 경로잔치를 대신하여 경로당 어른들에게 떡국 떡을 뽑아 나누며 인사를 전해 코로나 상황에도 함께하는 독립문 교우들의 사랑에 감사하다는 인사도 받았다.

마을 연대활동도 계속하였다. 인왕마을 네트워크 활동이나 행촌 권역 도시농업공동체(육묘장, 양봉, 텃밭 등)에서 적극적인 대면활동은 하지 못했으나 야외활동의 일종으로 양봉이나 텃밭 활동에 개별적으로 참여하였다. 김성희 목사의 종로 혁신교육지구 실무협의회 위원장 역할도 온라인을 통해 이루어졌다. 중부 교육지원청 주관으로 민관학이 참여하여 '종로 우리마을교육토론회'를 온·오프라인(유튜브)으로 진행했고, 종로마을 교사들은 줌으로 '별별마을학교'를 열어 아이들을 교육하였다. 코로나19 상황으로 인해 교동협의회도 원활한 활동은 못했지만 통장들에게 연말 케익나눔, 교남동에 불우이웃돕기 성금 전달 등은 계속 하였다. 2021년에는 온누리교회 청년들과 연계하여 마을 내 어려운 가정들을 지원하였다.

선교의 불은 계속되다

코로나19 상황에서 모든 모임이 비대면으로 이루어지다 보니 많은 것들이 미루어지거나 유보되었다. 그럼에도 독립문교회는 선교를 지원하는 일을 중지하지 않았다. 총회선교주일(6월 14일)에 인도 김경미 선교사의 설교와 선교 현장 보고를 하였고, 모아 두었던 창립주일 헌금 전액을 선교비로 전달하였다. 평화통일 주일(8월 15일)을 맞이하여 DMZ(비무장지대) 접경 마을에 분단의 상처를 치유하고 한반도의 하나 됨을 위해 세워지는 '화해와 평화의 교회건립'을 위해 헌금하며 동참하였다. 또한 종로시찰회 교회들과 함께 성탄절에 이주민 선교를 위해 한국이주여성인권센터(한국염 목사 설립)를 후원하였다.

2021년에는 교회 창립주일 헌금으로 기장 여교역자회의 여성세움센터에 후원하였다. 고난 중에 있는 미얀마를 위해 헌금하고 총회 선교 헌금으로 보냈고, 인천 내일을여는집(해인교회) '노숙인 일자리 및 내일을여는집 발전기금을 위한 후원의 날' 행사를 지원하였으며, 교남동 사무소에 겨울나기 헌금을 전달하였다.

코로나19 대유행을 계기로 교회의 '공공성' 회복을 다짐하다

코로나19 상황은 한국교회의 민낯을 드러냈다. 정부의 방역 정책에 어깃장을 놓고 코로나 전파 온상이 되고 있는 개신교를 향해 국민들이 "교회가 너무한다. 지긋지긋하다"라며 노골적으로 비난하였다. 한국기독교교회협의회와 대표적인 기독교 시민단체인 한국 YWCA, YMCA는 기자회견을 통해서 통렬한 책임감을 느낀다고 밝히고, "한국교회의 사회적 명예와 신뢰는 회복 불능 상태로 추락했습니다. 깊이 사죄드립니다" 하고 사과를 했다. 또한 "모이는 교회는 신앙을 표현하는 방식일 뿐이라며, 대면 예배 금지 조치가 종교의 자유를 침해하는 것은 아니다. 오히려 더 어려운 이웃을 도울 수 있는 일이 무엇인지를 성찰하겠다. 개신교가 모이는 교회에 집착할 게 아니라 코로나로 고통 받고 있는 어려운 이웃들에게 다가가야 한다"라고 강조하였다. 코로나19 상황은 한국교회에게 '안전한 교회'가 되고, '지긋지긋'한 교회 이미지에서 벗어나 신뢰하는 교회가 되기 위해서는 무엇을, 어떻게 해야 할지를 숙고하게 하는 기회이기도 했다. 독립문교회는 '교회가 죄송합니다. 코로나19 극복을 위해 힘쓰겠습니다.'라는 배너를 교회 정문에 세웠고, '공무원 여러분 교회 방문을 환영합니다. 언제든지 방역을 지도바랍니다.'라는 문안을 입구에 붙여두고 겸손히 코로나 방역을 힘써 왔다.

코로나19 상황으로 인해 사회와 교회에서 많은 것들이 위축되었지만, 절망만 있는 것은 아니었다. 사람들은 코로나19 전염병의 위기를 겪으면서 인간과 지구가 한 생명 그물망에 있음을, 지속 가능한 지구를 위해서는 생태적 삶이 중요함을 다시 깨닫게 되었다. 키티 오메라의 '그리고 사람들은 집에 머물렀다.'라는 시가 말한 것처럼 사람들은 코로나19

상황을 계기로 깊은 통찰을 하게 되었다.

"그리고 사람들이 집에 머물렀다.

그리고 책을 읽고, 음악을 듣고, 휴식을 취했으며,

운동을 하고, 그림을 그리고 놀이를 하고,

새로운 존재 방식을 배우며 조용히 지냈다.

그리고 더 깊이 귀 기울여 들었다.

어떤 이는 명상을 하고, 어떤 이는 기도를 하고, 어떤 이는 춤을 추었다.

어떤 이는 자신의 그림자와 만나기도 했다.

그리고 사람들은 전과 다르게 생각하기 시작했다.

그리고 사람들은 치유되었다.

무지하고 위험하고 생각 없고

가슴 없는 방식으로 살아가는 사람들이 줄어들자

지구가 치유되기 시작했다.

그리하여 위험이 지나갔을 때,

사람들은 다시 함께하기 시작했다.

그들은 잃은 것을 애도하고, 새로운 선택을 했으며,

새로운 모습을 꿈꾸었고, 새로운 삶의 방식을 발견했다.

그리고 자신들이 치유 받은 것처럼 지구를 완전히 치유해 나갔다."

이 글에서처럼 사람들은 코로나19 대유행을 경험하면서 삶의 자세를 돌이켜 보고 새로운 선택을 하고 있다. 교회도 이 물결에서 예외는 아니다. 교회도 많은 변화가 불가피하였다. 코로나 사태를 맞아서 교회에 모여 예배를 드리지 못하게 되고, 온라인 예배가 불가피한 상황이 되면서 과연 교회가 무엇인지, 예배가 무엇인지에 대해 진지하게 묻게 되었다. 그리고 많은 기독교인들이 교회란 눈에 보이는 외형적인 건물이 아니라 그 교회에 속한 교인 한사람 한 사람이 교회라는 사실을 자각하게 되었고, 흩어지는 교회로서의 교회성에 대해 생각하게 되었다. 예배는 교회에 모여서 드려야 하는 것으로 인식하고 있던 많은 기독교인이 집에서 혼자 예배를 드리면서 그동안 잊어버린 흩어지는 교회로서의 정체성을 회복하게 되었고, 일상생활에서 참된 기독교인의 모습을 회복하려고 노력하게 되었다. 교회의 본질과 사명, 신앙의 의미와 본질을 되돌아보는 기회가 되었다. 교회 보존과 성장 논리, 개인 구원과 내세 위주의 구원만을 강조하던 데서 우주적 구원으로 지경을 넓혀 이 세계와 환경에 대한 교회의 사명을 생각하고 생태(에코) 교회로의 전환을 생각하게 되었다.

코로나19 상황에서 교회의 의미와 본질을 찾는 성찰의 반응이 있었고, 성찰을 거부하는 반응도 있었다. 코로나19 상황은 교회가 진정한 교회가 되느냐, 회칠한 무덤이 되느냐 하는 분기점이 되었다.

코로나19 상황은 교회의 패러다임을 변화시킨다. 온라인을 통해서 세계적 연결망이 가능해졌고, 흩어지는 교회와 모이는 교회의 연결점도 가능해진다. 실제로 독립문교회에서도 이런 가능성이 열렸다. 다음의 사례다.

이가영 집사 가정은 인천 검단으로 이사해서 지역교회에 열심히 다녔다. 종종 전화하고 소식을 나누곤 하는데, 어느 날 교회를 쉬고 있다는 이야기를 들었다. 이유인즉슨 다니는 교회에 문제가 있었다. 마침 코로나 시기라 독립문교회 영상예배에 참여하면서 설교를 듣고, 월 1회 아이들과 교회에 나오면서 6년 만에 다시 교인이 되었다. 곽정현 성도 가정은 문래동으로 이사하면서, 어린아이들을 데리고 이곳 행촌동 산 위 교회로 오기가 매우 어려운 상황이었다. 그러나 유튜브로 예배에 참석하고, 줌으로 성경 공부를 하고, 남편까지 전도하여 월 1~2회 정도 가족들이 나오면서 여전히 교인으로 자리매김하고 있다. 또한 청년 격주로 성경 공부를 줌으로 하고 있는데, 아산으로 내려간 청년도 함께하며 말씀 나눔과 교제를 이어가고 있다.

코로나19 대유행 속에서 독립문교회는 많은 어려움을 겪게 되면서 교회의 본질과 사명을 되돌아보게 되었다. 김성희 목사는 2022년 1월 19일 공동의회를 시작하면서 개회사에서 코로나19 상황에서 한국교회가 신뢰받는 대안 공동체가 되지 못하고 불신을 받게 된 이유가 '교회가 공공성을 잃어버렸기 때문'이라고 진단하였다. 김 목사는 "우리 독립문교회가 마을목회를 지향하며 이웃과 더불어 성장하는 교회가 되기 위해 노력해 왔다. 그러나 기후변화, 생태계 파괴 등으로 인해 여전히 지구적 어려움에 처해 있다. 이제 코로나19 상황을 교훈으로 삼아 교회의 본질과 목적을 되새기며 '교회의 공동체성, 마을과의 공공성, 자연과의 생태성 회복'을 위해 더욱 노력해 나가자"라고 호소하였다.

독립문교회가 참여하고 있는 '작은교회운동'에서도 보듯이 큰 교회는 유기체로서의 존재감을 상실하기 쉽다. 가부장적이고 물량적인 교회의 모습으로는 건강한 교회로 자리매김하기 어렵다. 김성희 목사는 여성 목사로서 독립문교회에서 기존의 교회와는 다른 창조적 목회, 생명의 담지자이자 약한 것에 대한 감수성을 가진 여성성을 살려내는 목회, 자기만의 색깔과 맛을 찾아내어 달란트를 선용하며 즐겁게 목회할 수 있도록 노력하였다. 그리고 이제 독립문교회와 김성희 목사는 행촌동에서 마을목회, 여성 목회의 중심으로 자리 잡아가고 있다.

6. 나가면서: 독립문교회, 광야 40년을 넘어 요단강 앞에 서다

지난 10년간의 목회를 회고하다

김성희 목사가 독립문교회에서 목회한 지 10년이 되는 해는 공교롭게도 독립문교회 40주년이 되는 해다. 김성희 목사는 독립문교회와 함께 마을 속에서 노력해 온 지난 10년의 목회를 다음과 같이 정리하였다.

① 권위 재정립하기: 말로, 생각으로 소통하던 삶에서 몸으로 가슴으로 살아내는 훈련이 필요했다. 교우들과 함께 앉아 김장을 하고, 교회 화장실을 청소하면서 삶으로의 대화가 시작되었다.

② 토론 문화 만들기: 늘 설교만 듣던 교우들이 주제를 가지고 자기 생각과 삶을 나눈다는 것은 쉽지 않았다. 생활 나눔부터 시작하여, 점차 성경의 주제를 나누고, 나아가 책을 읽고 토론하기에 이르렀다. 주제별 성경 공부, 화 다스리기, 요한계시록 공부, 종교개혁 이야기 등 이렇게 6년을 훈련하다 보니 이제는 자기 생각을 이야기하고 다른 사람의 생각을 듣는 경청과 대화가 이루어졌다.

③ 열린 시야 갖기: 외부 목회자와 강사를 초청하여 연 2회 신앙 강좌를 열어 성경, 교회, 역사 등을 배우고 부모교육, 자기발견 세미나 등을 통해 개방적이고 다양한 사고를 하게 되었다.

④ 주체성을 가지고 이웃교회와 연대하기: 작고 약하다고 내부에만 머물면 정체되고 퇴보하기 쉽다. 마음을 열고 연대함으로 더 많은 자원을 활용할 수 있다. 교남동 내 각기 다른 교단의 7개 교회가 연대하여 공동전도지 제작, 6·25 연합 기도회, 목회자 야유회, 동주민센터와 연계하여 따뜻한 겨울나기

행사참여, 지역병원과 협력체계(MOU)를 체결하고 건강강좌, 헬스케어, 건강음식 만들기 등을 진행하고 있다.

⑤ 생태 영성 회복하기: 마을공동체와 도시재생사업에 참여하고, 도시농업공동체 회원이 되어 양봉장, 육묘장, 상자 텃밭과 약초 단지 가꾸기 등 주민들과 함께 노동하며 생태영성을 체험하고 있다.

⑥ 마을 네트워킹: 마을활동가들을 씨실로, 마을 주민을 날실로 엮어 주민 워크숍, 마을잔치, 마을공간(행촌 공터)을 운영하며, 민관(주민, 동, 구청, 시청)이 함께 개방, 공유, 새 가치 창조를 통해 마을을 세워 나가고 있다.

⑦ 독서토론을 통한 달란트 선용: 책을 읽고 토론하며 민주시민을 양성하는 공론장을 확산하고 있다.

위에서 보듯이 김 목사가 담임목사로 온 후 독립문교회는 마을목회로 방향을 잡고 열심히 했다. 그러나 10년이 지났는데도 교인이 많이 늘지는 않았다. 교인들이 행촌동에서 자리를 잡고 살다가 한 4년쯤 지나면 김포나 고양으로 이사 가거나, 아파트로 이사하면서 나오지 못하곤 했다. 처음에는 굉장히 상처를 받았다. 그로 인해 처음 4년 정도는 매우 힘이 들었는데 이제는 마음을 다잡았다. '여기서 잘 양육 받고 다른 데가서 봉사하면 그것도 귀한 일이다. 있는 곳에서 최선을 다하면 오늘할 수 있는 일을 하자' 이런 마음으로 목회하고 있다. 여성이기에 오히려주민 속에 더 편하게 어울릴 수 있었던 점들이 많았던 것 같다고 회고하였다.

새 그림을 그리며 가나안 땅으로 나아가다

2022년 2월 28일은 독립문교회가 세워진 지 40주년이 되는 해다. 김성희 목사와 독립문교회 교인들은 40이라는데 의미를 부여하였다. 성경에서 40은 특별한 의미가 있는 숫자다. 예수님께서 공생애를 시작하시면서 광야에서 기도하며 시험을 받으신 기간이 40일이고, 부활 후 40일 동안 세상에 계시다가 승천하셨다. 이스라엘 백성들이 이집트에서 탈출 후 가나안 땅에 정착하기 전까지 광야에서 40년을 보냈다. 모세는 하나님의 율법을 받기 위해 시내산에서 40일을 머물렀다. 호렙산에서 갈 때 예언자 엘리야는 천사가 준 음식을 먹고 40 주야를 걸었다.

독립문교회는 2021년 봄부터 교회 창립 40주년을 준비하며 세 가지 할 일을 선정하였다. 첫째는 교회의 40년 역사를 정리하여 책으로 펴내는 작업을 하는 것이요, 둘째는 청장년들을 말씀 안에서 세우고, 교회의 중심부로 자리매김하도록 모두가 마음을 모으는 것이요, 셋째는 교회를 새롭게 단장하고 새로운 마음으로 40주년을 시작하는 것이다.

지난해 가을에는 40주년을 준비하는 첫 시작으로 청년, 청장년, 장년들의 좌담회를 열었다. 올봄에는 독립문교회의 초대 목회자인 서상중 목사를 초청하여 독립문교회의 설립과 형성 과정에 대한 이야기를 들으면서 독립문교회의 어제를 돌아보고, 교회의 미래를 향한 꿈들을 나누었다. 청장년 좌담회를 비롯한 세 그룹의 좌담회는 참석자들에게 교회에 대한 애정을 심화하는 계기가 되었다. 연이어 교회 예배당 도배를 다시하고 모임방에 붙박이장을 설치하고 장판을 새로 깔았다. 그리고 목양실을 새롭게 단장하였다. 교회당 분위기가 깔끔해지자 청년들도 교회가 그렇게 변할 줄 몰랐다고 한목소리로 감격하였다. 독립문교회는 교회 건물을 수리하면서 공간 공유의 개념으로 여교역자와 사모를 비롯해 쉼이 필요한 사람들을 위한 공간을 만들었다. 5~6명은 함께 잘 수 있도록 침구를 준비하였다. 주방도 잘 갖추어져 있고, 주변에 먹거리, 볼거리

등도 많다. 교회가 열린 공간, 공유 공간으로 사용되기를 바라는 마음이다.

독립문교회의 새 그림은 교회의 공공성 회복이다

김성희 목사가 40주년에 그리는 새 그림은 코로나19 상황에서 통찰된 '교회의 공공성'을 회복하는 것이다. 이는 교회 창립 40주년을 일 년 앞둔 39회 창립기념주일 설교에서 잘 드러난다. 창립 39주년 설교에서 그는 교회가 어제 걸어온 길, 오늘 걷고 있는 길을 살펴보고 내일 걸어가야 할 길을 공공성 회복으로 제시하였다.

"교회 창립주일입니다. 우리 교회의 창립 주일은 3·1절 기념 주일과 같습니다. 3·1 독립만세운동은 나라의 주권을 회복하기 위한 자유의 외침이었습니다. 1982년 2월 28일에 우리 교회가 행촌동 성곽마을 산 위에 '민중교회'라는 이름으로 세워진 것은 큰 의미가 있습니다. 1980년경에는 가난한 사람들에 대한 교회적, 신학적 관심이 많았습니다. 당시에 산동네, 탄광촌, 공장 지대 등에 민중교회들이 세워졌습니다. 80년대 시민들은 민주화를 요구하며 무력으로 정권을 장악하려는 군부에 대해 광주항쟁 등의 민주화 운동을 일으켰습니다. 그러나 한국교회는 대형 교회, 성장주의를 지향하며 어려운 이웃들에 대해 무관심하고, 하나님의 공의를 실현하기 위한 인권과 정의에 대한 관심도 희미해지던 때에, 가난한 이웃들에 대한 관심과 사회 민주화에 대한 마음들이 모여 민중교회 운동으로 나타난 것입니다.

우리 교회의 처음 이름이 '민중교회'였다는 점은 이러한 소망을 담고 있습니다. 1996년에 독립문교회로 개명하였지만, 이곳 산동네에 민중교회를 세운 창립 정신은 우리가 늘 기억해야 합니다. 지금은 문민정부가 들어섰고 사회가 많이 민주화되었지만, 여전히 어려운 이웃들이 우리 주변에 많습니다. 산 아래 도로 주변에는 자이 아파트, 롯데 캐슬 등 고급 아파트가 들어서서 산 위의 동네는 가려져서 보이지 않지만, 행촌동 빌라촌에는 단지 건물만 가지고 있는 어려운 분들(하우스 푸어)이 많고, 지하 셋방에는 독거노인 등 홀로된 이들이 많이 거주하고 있습니다. 최근에는 폐휴지를 주워 생활하는 분들에 대한 일반 주민들의 따가운 시선 등, 아파트와 산동네, 행촌동 내에서도 주민들 간의 크고 작은 갈등이 있습니다. 우리 교회는 하나님의 평화를 전하며, 주민통합을 이루어가야 합니다. 그 출발점은 늘 어려운 이웃에 대한 관심에부터 시작되길 바랍니다. 그것이 이곳에 '민중교회'를 세운 의미라고 생각합니다. 소외된 사람들 편에 서는 일은 힘들고 때로는 고통을 수반하는 길이지만, 예수님이 걸으셨던 길이 이 길이었다고 믿기 때문입니다.

근래에 도시농업, 성곽마을 재생사업 등으로 동네가 많이 깨끗해지고 좋아졌습니다. 우리 교회가 마을목회를 표방하며 이러한 일에 함께 해오고 있음도 보람 있는 일입니다. 지난해 8월 행촌 공터 3호점에 종로구 도시농업지원센터가 세워져서 유완식 장로께서 상근자로 일하게 되어 주민 일자리가 만들어진 일, 서울시장상을 수상한 일, 신서현 권사께서 마을 통장으로 봉사하고 있는 일 등도 기쁜 일입니다. 성육신적인 교회, 선교적 교회를 기치로 마을목회를 실천하면서 저는 마을 경제와 마을교육이 제대로 자리매김을 해야 건강한 마을, 행복한 주민들이 되리라고 생각합니다.

지난해부터 종로 혁신교육지구 실무협의회 위원장으로 섬기면서 마을 교육공동체를 만들어가기 위해 노력하고 있습니다. 학교 교사들과 함께 중등 마을교재를 제작했고, 마을의 교육자원을 발굴, 양성하여 학교와 마을에서 강의하는 마을 교사를 세워가는 일, 독서토론을 활성화하고 마을의 공론장을 만들기 위한 독서 토론 동아리 리더들을 양성하는 교육 등을 종로구청과 중부

교육지원청과 함께 민,관,학 거버넌스(협치)를 이루어 실천하고 있습니다. 지난해는 코로나19로 인해 많은 모임이 취소되고, 여름 이후로는 예배도 대부분 비대면 영상으로 드렸고, 성탄절, 연말연시에도 모이지 못하여 성도의 교제가 부족했던 점, 이미용 봉사도 일시 중단되었고, 마을과 함께하는 선교활동도 제대로 할 수 없었던 점 등이 매우 아쉽습니다. 그러나 지난 6월 예배당 음향과 영상 시스템을 전면 새로 설치하고, 뒤 벽면에 창문을 내어 환기가 되게 하는 등 코로나19 상황에 대비하였습니다. 주일예배를 실시간 방영하고 유튜브로 내보낼 수 있게 된 일, 줌으로 송구영신 예배를 드리고, 청년 성경 공부를 계속하고 있는 일, 영상, 파워포인트, 반주 등 청년들이 꾸준히 예배를 위해 봉사하고 있는 것도 참 감사할 뿐입니다.…

코로나19로 인해 공동의회도 연기하다가 2월 말에 겨우 모이게 되었습니다. 바이러스로 인해 생태 문제의 심각성을 깨닫게 됩니다. 도시농업, 혁신교육, 가정과 교회 생활 전반에 생태적 삶을 위한 노력이 더해져야 합니다. 또한 우리 교회보다 더 어려운 농촌교회나 개척교회에 관한 관심, 일반인들의 신뢰를 회복하는 한국교회가 되기 위해 교회의 공동체성과 공교회성, 사회 안의 교회로서의 공공성을 회복해 갈 수 있도록 함께 노력합시다."

'민중교회'로 출발한 독립문교회의 민중 선교는 여전히 과제다. 독립문교회의 구성원들 대부분은 서민층이고, 노약자가 된 사람들이다. 자신들이 민중들인 이들은 마음은 있으나 시간과 여력이 없어서 교회의 선교적 과제를 수행하는 데 어려움이 많을 것이다. 그러나 이들은 하나님이 작은 자를 택하시고 약한 자들을 편드시는 분이심을, 고난받는 자들의 부르짖음(체아카)에 응답하시는 분이심을 믿기에, 하나님의 나라를 이 땅에 이루는 평화의 도구가 되라는 예수 그리스도의 부르심에 "예"

하고 응답하리라 믿는다.

독립문교회 창립 10주년 설교에서 서상중 목사는 여호수아 4장 5-8절의 말씀을 '너희 후손이 묻거든'이라는 이라는 제목으로 설교하였다. 서 목사는 독립문교회 전신인 '민중교회' 교인들에게 '민중교회'의 창립 정신을 강조하였다. '네 후손이 묻거든'이라는 주제는 창립 40주년을 맞는 독립문교회에도 여전히 유효하다. 독립문교회는 창립 40주년을 맞으면서 당연히 독립문교회의 창립 정신을 되짚고 거기서 한 걸음 더 나아가야 한다.

김성희 목사는 독립문교회 40주년을 새로운 교회로 가기 위한 한 매듭으로 삼고자 한다. 이집트를 탈출한 이스라엘 백성들이 하나님이 약속하신 젖과 꿀이 흐르는 약속의 땅으로 들어가기 위해 광야에서 40년 동안의 훈련 기간을 보내야 했듯이 독립문교회 40주년을 그 훈련의 기간으로 보고, 새로운 시대에 맞는 독립문교회의 그림을 그리자고 2022년 2월 27일, 40주년 창립기념주일에 교인들에게 권유하였다.

"이제 코로나19 죽음의 문화를 넘어서 우리는 새 시대의 교회를 모색하고 있습니다. 광야 40년을 넘어서 새 땅으로 들어가기 위해서 씨름하고 있습니다. 가난한 산동네 이웃들과 나누던 민중교회가 이제는 이 지역의 이름인 독립문교회가 되었습니다. 그리고 마을목회를 위해서 씨름해 왔습니다. 이제 여러분 앞에 새로운 도화지를 펼쳐놓습니다. 젊은이들이 교회 주인들로 성장하고 있어서 기뻤습니다. 이제 새로운 세대들이 이 교회를 세워가야 할 과제를 가지고 있습니다. 지금 60대 이상이 1세대들이었다고 한다면, 이제 광야를 넘어 2세대들이 가나안을 준비해 가야 합니다. 다행히 우리 교회는 당회와 제직회가 모든 걸 결정하는 그런 구조가 아니기 때문에, 장년들, 청년들, 여러분들이 얼마든지 새로운 그림을 그려갈 수가 있는 열린 공간입니다. 올해 40년사와 더불어 새로운 그림 그리기를 여러분들과 함께 꾸준히 해가려고 합니다."

생명이냐, 죽음이냐, 선택의 강 앞에 서다

창립 40주년을 맞은 독립문교회는 광야 40년의 삶을 청산하고, 이제 약속의 땅으로 들어가는 길목에 서 있다. 담임인 김성희 목사가 그리는 그림이 담임목사의 일방적인 그림이면 그 그림은 독백에 지나지 않는다. 교우들과 함께 그릴 때 그림이 완성될 수 있다. 다행인 것은 독립문교회 구조가 일반 교회처럼 행정상의 결의기구인 당회와 제직회가 모든 것을 결정하는 것이 아니기 때문에 교인 모두가 새로운 그림 그리기를 할 수 있는 풍토가 조성되어 있다는 점이다.

독립문교회가 요단강을 건너기 전에 먼저 하나님이 제시하신 생명의 길과 죽음의 길 중, 생명의 길을 가겠다고 선택해야 하는 과제가 남아 있다. 이 생명이 길은 교회의 '공공성' 회복과 맞닿아 있다. 하나님은 말씀하신다.

"오늘 내가 너희에게 내리는 이 명령은 너희가 실천하기 어려운 것도 아니고, 너희의 능력이 미치지 못하는 것도 아니다. 그 명령은 너희에게 아주 가까운 곳에 있다. 너희의 입에 있고, 너희의 마음에 있으니, 너희가 그것을 실천할 수 있다"(신 30:11-14).

김 목사는 다음과 같이 말한다.

"코로나19는 팬데믹(대유행 전염병)에서 앤데믹(풍토병)으로 전환과정 중에 있습니다. 코로나로 인해 급격하게 많은 것이 달라졌습니다. 건물을 넘어, 우리만의 안전을 넘어, 이웃과 자연과의 상생을 위해 온 지구촌의 연대가 필요한 시대입니다. 이제 인간중심주의를 넘어 생명 중심으로 초점이 바뀌어야 합니다. 종로구청 혁신교육지원센터와 함께 저는 학교에서 '생태전환교육'을 실시하고 있습니다. 우리 교우들도 육묘장, 양봉장에서 땀 흘림을 통해 생태 문제에 대한 관심이 고양되고 있습니다. 하나님 안에서 세계의 평화를 위한 독립문교회의 작은 몸짓이 계속되고 있습니다. 마을목회를 통해 교회가 마을이 되고 주민이 교인처럼 되는 통전적인 친교가 더욱 확장되어 가길 기대해 봅니다."

독립문교회가 생명의 길을 선택하고 요단강을 건널 때 독립문 교우들에게 들려주시는 하나님의 말씀이 있다. "내가 너에게 굳세고 용감하라고 명하지 않았느냐! 너는 두려워하거나 낙심하지 말아라. 네가 어디로 가든지, 너의 주, 나 하나님이 함께 있겠다!"(수 1:9).

2부

독립문교회 회고와 비전

1장
창립 40주년 기념 좌담회

청년 좌담회

"선데이 크리스천이 되지 않게 뭔가 해봐야겠네요"

일자: 2021년 12월 21일(화)

참석: 김성희 목사(사회), 성현주, 유승주, 정다혜, 유희원

◆ 사회: 우리 교회에 대한 본인의 생각이나 우리 교회에 와서 느꼈던 것, 변화된 것, 신앙이나 성경을 보는 눈, 또는 지역사회 속에서 우리의 역할, 앞으로 교회가 어떤 방향으로 나갔으면 좋겠는가 하는 그런 얘기들을 자유롭게 나누어 보시다. 먼저, 내가 생각하는 독립문교회의 과거와 현재를 이야기해볼까요?

▷ 승주: 어렸을 때는 교회에 친구들도 있고 어린이집도 있고 그래서 참 따뜻한 곳이었는데, 중학교 때부터는 뭔가 좀 어려운 곳으로 다가오기 시작했어요. 성인이 되니까 더 어려워지더라고요. 내가 교회를 왜 다니는 거지? 이런 생각도 들고, 제 또래가 없어 외로웠지요. … 군대를 다녀오고 나니 바뀐 분위기가 적응이 안 되더라고요. 예전에 밥도 같이 먹고 그랬는데 뭔가 거리감이 있었어요. 그런데 교회 자체는 오히려 더 밝은 느낌이었어요. … 노후되었던 교회가 깔끔하게 많이 바뀌어서 좋았고. 동네 어르신들을 교회에 초청해서 식사도 대접하며 이웃들을 챙기는 모습을 보면서 대단하다는 생각을 했어요.

▷ 다혜: 제가 우리 교회와 인연 맺게 된 것은 토요 어린이 영어 회화 교실 때문이에요. 목사님께서 봉사할 사람을 추천하라고 제안하셔서 후배를 추천했어요. 25년 동안 목회를 하시던 아버지가 목회를 그만두신 후 방황을 많이 했어요. 그러던 중 목사님과 2013년에 연결이 됐죠. 힘들었던 작은 교회 말고 청년부가 활발한 교회에서 생활하고 싶었는데, 우연히 이곳 독립문교회로 오게 되었지요, 처음엔 정착할 마음은 사실 없었어요. 목사님과 대화하면서 목사님도 되게 고생 많으시다는 생각도 들어 좀 다녀보자 하고 다니다 보니 지금까지 왔네요.

▷ 현주: 외국에서 생활하다 한국으로 돌아와 연신내에 살면서 그 동네에서 좀 큰 교회를 다녔어요. 저는 신앙생활을 20대 후반에 시작했는데, 교회에서

습관적으로 봉사했던 것 같아요. 그 교회 청년부는 대학생들이 많았는데, 저하고는 잘 안 맞는 거예요. 이사 오면서 자연스럽게 그 교회에서 나왔고, '집에서 제일 가까운 데 가겠다. 그리고 출석만 하겠다.' 이런 생각으로 찾은 교회가 독립문교회였어요. 오니 되게 편하더라고요. … 목사님과 일대일로 일주일에 한 번씩 성경 공부를 하였는데, 제가 알고 있던 성경 지식과는 다른 관점으로 많은 이야기를 해주서서 조금씩 세계관이 바뀌는 느낌이 들었어요. 또 그 시기에 오빠(남편)도 만났지요. 코로나가 터지기 직전에 (교회에) 왔기 때문에 성도분들과 교제하는 그런 시간은 갖기 어려웠어요. 그게 조금 아쉽긴 한데 그래도 이곳에서 많이 배웠다고 생각해요.

▷ 희원: 어릴 때부터 이 교회에 다녔어요. 친구 따라 다른 교회에 갔다가 중학교 때 다시 왔어요. 중학교 때는 또래들도 있고 해서 즐겁게 신앙생활을 했어요. 그런데 성경 말씀 위주보다는 기도 위주로 많이 했지요. 그러다 지금 (김성희) 목사님과 성경 공부를 하면서 '말씀이 바로 서야 되는구나. 그래야 믿음이 서는구나' 하는 것을 깨달았어요. 제가 전에 성경 읽을 때랑은 많이 바뀌었지요.

◆ 사회: 자연스럽게 성경 공부 얘기가 나왔는데, 지금까지 여러 책으로 청년 성경 공부 모임을 진행해 왔는데, 특별히 인상 깊었던 것은 어떤 것이었나요? 어떤 부분이 성경을 이해하고 신앙을 정립하는 데 도움이 되었는지 이야기를 나누어 봅시다.

▷ 현주: 『성서 이야기 한마당』이 인상 깊었어요. 저는 그때까지는 성경은 있는 그대로 사실적으로만 받아들였고, 일반 역사와는 구분이 잘 안 됐었거든요. 그런데 이 책은 성경의 역사적 배경, 성경형성과정 등 다양한 방식으로 접근할

수 있었어요. 문자 그대로 받아들이기보다는 그것의 의미와 전체 내용 속에서 읽어야 하는 것을 알았어요. 그것 때문에 믿음이 깨지는 것이 아니라 또 다른 차원이 열리는 느낌을 받았어요.

▷ 희원: 저는 『요한계시록은 쑥떡이다』가 가장 기억에 남아요. 계시록의 말씀들이 사실 어렵잖아요. 공부하고 나서도 다 이해되는 것은 아니지만, 그래도 이 말씀이 이런 의미구나 하는 것을 알았지요. 그리고 글자 그대로 해석을 하면 안 된다. 역사적 배경과 그 말씀의 의미를 알아야 한다. 말씀을 지혜롭게 잘 파악해서 이제 내가 판단력을 가져야 한다는 것을 깨닫게 되었지요.

▷ 승주: 저는 지금 (공부하는) 『통성경 길라잡이』가 좋아요. 저는 성경을 읽을 때 역사가 항상 어려웠던 거 같아요. 이 책을 공부하면서, 어떤 배경에서 어떤 역사가 전개되었는지 설명을 듣고 읽으니 부담이 좀 덜해졌어요. 그리고 성경뿐만 아니라 역사에 대한 지식도 필요하구나 하는 생각이 요즘 많이 들어요. 세계사, 한국사 이런 것을 알아야겠구나. 그 당시 사람들의 생각, 각 시대 사람들의 문화, 그런 것을 알아야겠다는 필요성을 느끼고 있어요.

▷ 다혜: 제가 미국 가서 없을 때 진행한 '종교개혁' 공부 빼고는 다 참여했던 것 같네요. 다 좋았는데, 저는 『다시 만나는 교회』도 좋았어요. 어떤 교회를 만들어 가야 할까? 내가 교회에서 어떤 역할들을 해나갈 수 있을까에 대한 실천적인 고민이 많았는데, 책을 보면서 좀 더 정리를 한 것 같고 좋았습니다.

◆ 사회: 말씀의 토대 위에서 기도, 선교, 봉사를 해야 힘이 있고, 오래 가지요. 우리 청년들은 이제 어떤 이단에도 쉽게 넘어가지 않을 거라고 생각합니다.

제가 부임해서 마을목회로 방향을 잡고 지역선교를 해 왔는데 벌써 10년이 됐네요. 우리 교회 마을목회 사역에 대해 여러분들이 보고 느낀 이야기를 한마디씩 해 주세요.

▷ 현주: 저는 여기 마을 분위기가 참 좋아요. 산 옆, 성곽길이 있고 산책하기도 좋고, 또 중심인 광화문에서 가까워서 문화생활하기도 좋은 것 같고, 교통도 좋고. 이 동네에 이사 와서 도시농업 하는 것, 텃밭 가꾸는 것도 제가 꿈꾸던 것인데 할 수 있어서 좋아요. 조용하고… 제가 오기 전에 동네가 많이 바뀌었다고 들었어요. 저는 이사 온 후 마을이 지저분하거나 이런 건 별로 본 적이 없어요. … 마을 사람들도 좋고 시끄럽게 떠드는 사람도 별로 없고. … 여기 마을 주민들 중 어렵게 사는 분들이 보여요. 아직까지도 판잣집 같은 곳도 있고 … 코로나가 잠잠해지면 청년들이랑 같이 우리가 할 수 있는 일들을 찾아서 해보고 싶어요.

▷ 승주: 큰 교회는 뭔가 진입장벽이 있어 보여요. 그냥 가기에는 쉽지 않겠다. 이런 생각이 많이 들죠. 그런데 산동네 우리 교회에서 마을 사람들과 함께 장터를 열어 판매하는데, 거기에 사람들이 되게 많은 거예요. 사람이 많이 안 올 줄 알았어요. 더군다나 교회에서 하는데도 마을 사람들이 적극적으로 참여하는 것을 보면서 놀랐고 대단하다고 느꼈어요. 사실 교회에 대한 사람들의 시선이 좋지 않은데 그런 것과 상관없이 봉사하는 모습을 보면서 '아, 교회라는 곳은 이렇게 해야 되는 거구나' 싶더라고요. 저도 직접 봉사에 참여하지 못하고 있는 것이 좀 부끄러웠어요. 작은 교회지만 이 마을에서 큰 영향력을 줄 수 있다는 게 참 인상적이었어요.

▷ 희원: 저는 이웃 주민들에게 빵을 나누던 것, 또 양봉과 미용 봉사 그리고

매년 했던 '작은교회박람회', 이런 것들이 인상에 남네요. 특히 박람회에 참여하기 위해 자료도 만들고 교회 소개도 준비했지요. 박람회는 다른 교회 사람들도 많이 와서 보잖아요. 그때 사람들이 놀라더라고요. 이렇게 작은 교회에서 이런 많은 큰 일들을 하는구나. 양봉 일도 그렇고. 우리 교회에 대해 궁금해하시고, 많이 물어보며 관심을 갖더라고요. 그런 것을 보면서 "이렇게 작은 교회, 사람들이 잘 모르는 산 위에 있는 교회지만, 이런 작은 실천과 봉사 하나하나가 마을 사람들한테는 큰 영향을 끼칠 수 있구나"라는 것을 다시 느꼈어요. 코로나로 너무 아쉬운데 코로나가 좀 풀리면, 교회에서 또 마을을 위한 봉사 활동을 할 때는 저도 더 적극적으로 참여해야겠다고 생각합니다.

▷ 다혜: 제가 이 교회에 왜 계속 나왔을까? 생각해 보면 김성희 목사님이 여성 목회하시는 모습들이 인상적이었던 것 같아요. 이 교회는 작은 교회 중에서도 작은 교회거든요. 젊은 세대가 별로 없고 노인분들이 많지요. 그래도 이렇게까지 마을 일을 할 수 있었던 원동력이 뭘까 생각해 보면, 물론 장로님, 권사님의 엄청난 열정이 인상 깊죠. 장로님은 이제 마을에서 일하시면 사람들이 다 장로님이라 부르시는데, 그만큼 열심히 활동하셨고, 또 그런 활동을 하도록 엄청나게 푸시(push, 밀어붙이는)하시는 목사님의 역할이 진짜 컸구나 싶어요. 사실은 마을에서 자리 잡아가기가 예전보다 훨씬 어렵다고 생각하거든요. 예전에 이런 산동네에서 공부방 하던 시절과도 또 다르다고 생각해요. 그럼에도 새로운 방식으로 어떻게 마을에서 자리 잡을 수 있을까를 계속 시도하신다고 생각해요. 저도 사실은 거의 참여하지 못했는데 … 여러 세대들이 여러 방식으로 네트워크들을 만들어 갈 수 있으면 좋겠다고 생각해요. 무언가 다양하게 지역사회 속에서 해 갈 수 있는 일들을 만들어 가야 할 것 같아요. … 생각해 보면 목사님이 가지고 있는 그런 여성 목회자 특유의 리더십이 발휘됐다고 저는

생각하거든요. 그렇게 마을에 녹아들 수 있고 사람들이랑 이렇게 대화할 수 있고, 이렇게 여러 교회들과 유연하게 연대할 수 있었던 그런 부분들도 분명하게 중요하게 작용했을 것이라고 생각하고 있습니다.

◆ 사회: 제가 온 후 우리 교인이 많이 늘어난 것 같지는 않아요. 10년 됐는데 자리 좀 잡으면 이사하고 떠나서, 처음에는 굉장히 상처를 받았지요. 한 4년은 굉장히 힘들었는데 이제는 마음을 좀 비우고 '여기서 잘 양육해서 다른 데 가서 봉사해도 그것도 귀한 일이다', '여기 있는 사람들 속에서 오늘 할 일을 한다' 이런 마음으로 하고 있어요. 제가 여성이기에 오히려 주민들과 더 편하게 어울릴 수 있었던 것 같아요. 이제 우리가 창립 40년을 앞두고 있는데, 새 땅을 바라보면서 우리 교회가 어떤 일을 했으면 좋겠는지, 나는 무엇을 하고 싶은지 나누어 봅시다.

▷ 승주: 40년. '엄청 오래 됐구나'라는 생각은 안 해요. 근데 40년이라고 쓰여있는 걸 보면 '참 힘들게 시작해서 40년이라는 세월이 흘렀구나'라는 생각이 들어요. 제가 할 수 있는 일이 있다면 이제는 더 적극적으로 교회와 마을을 위해 봉사할 수 있을 것 같아요. … 친구들이라도 아는 사람들을 교회로 데리고 오고 싶은데, 용기가 부족해요. 교회에 대해 안 좋은 기억들을 가지고 나간 친구들에게 섣불리 전도하고 권하기가 좀 두렵더라고요. 코로나에 이상하게 대처하는 교회들 때문에 불신도 높아졌고…

▷ 희원: 주일날 교회 와서 PPT로 예배를 돕고 있는데, '이렇게 지나가면 안 되겠구나' 하는 생각이 요즘에는 들더라고요. 몸이 좀 건강해지면 저도 다시 친구들에게 권유해서 청년부를 좀 더 강하게 만들고 싶어요. 예전에는 교회에

서 열정적으로 헌신했었는데 지친 후에는 다 내려놓고 싶다는 생각을 했거든요. 지쳐서 쉬고 싶다, 이런 생각을 하다가도 다혜 씨를 보면 멀리 인천에서 와서 반주하고, 이런저런 교회 일을 하는 걸 보며 참 대단하다고 생각해요. 저는 교회 가까이 있으면서도 상대적으로 '별로 봉사하지 않고 있구나' 하는 생각이 들고 … 멀리서 오시는 성도님들이 진짜 대단하신 것 같아요. 저는 한 번도 이 동네를 벗어나 본 적이 없어서…

▷ 현주: 코로나 이후로 신앙 지키는 것도 진짜 개인에게 달려있는 거고, 점점 더 힘들어지겠다 싶어요. 방역수칙을 지키는 범위 안에서 해야겠지만 우리가 할 수 있는 게 뭘까, 내가 할 수 있는 게 뭘까, 이런 생각을 하게 돼요. 저희 집에서 식사도 같이 하고, 청년들과 만남의 기회도 가지면 좋겠다는 생각도 듭니다. 또 저희 동네 1인 가구 노인분들이나 청년들도 많은데, 교회에서 그런 일을 하면 저도 같이 섬기고 싶어요.

▷ 다혜: 큰 교회가 더 편하게 다닐 수도 있어요. 어떻게 보면 작은 교회는 강제적으로 사람들이랑 만나야 하고 또 친해지는 것도 그렇게 쉽지 않죠. 오랫동안 우리 셋(희원, 승주, 다혜)이었잖아요. 지금 6~7명 모이니 전성기라 할만하지요. 요즈음 청년은 그 교회의 10분의 1 정도라고 하는데, 그러면 우리 경우는 그렇게 작지도 않지요. 그래서 우리도 이제 공동체로서의 어떤 것을 만들어가야 하지 않겠나 하고 생각하게 돼요. 나름대로 저희가 할 수 있는 게 있겠죠. 지금까지 많이 개발하지 못했고, 또 각자가 소극적이다 보니 선데이 크리스천 같은 느낌이 있어요. 우리가 뭔가 해 나갈 그런 기회들을 만들어야 할 것 같아요.

◆ 사회: 청년들 6~7명이 꾸준히 모여 같이 성경 공부하는 지금 분위기가 좋아

요. 이제 엄청난 비전이 아니더라도, 코로나 이후에 우리가 어떻게 나아갈지 어떤 내용을 담아갈 것인지 하는 과제가 있네요. 민중교회라는 이름으로 여기에 세워졌고, 초창기부터 지금까지 마을과 함께했던 그런 뿌리와 맥, 최근 마을 목회까지 이런 것들을 기억하면서, 이제는 청년들이 나서서 함께해야 되겠다고 생각해요. 우리 교회 40년을 돌아보면서 서로의 삶과 비전을 나눌 수 있어서 매우 좋은 시간이었습니다.

청장년 좌담회

"동네 주민들이 언제 와도 어렵지 않고,
  친근함을 느낄 수 있는 그런 교회가 되었으면 좋겠어요"

일자: 2021년 10월 17일(주일)

참석: 정다혜(사회), 장해경, 장해영, 서정수, 유희원

◆ 사회: 언제 처음 독립문교회에 나오게 되었고 계기는 무엇이었나요?

▷ 해영: 1983년, 초등학교 3학년 때, 엄마가 이 교회로 오면서 우리를 데리고 왔어요.

▷ 해경: 전 3학년 때부터 내수동교회를 다니다가 중학교 1학년 때 엄마를 따라 왔어요. 그때는 초창기라 사람도 별로 없었고, 제 또래도 없었어요. 목사님 아들 두 분에다가 그 오빠의 친구 이렇게 있었지요. 제가 배화(여중)인데 처음엔 저하고 동네 친구인 은주하고 다녔어요. 은주가 친구를 전도하고 중학교 1학년 때 세례도 같이 받고 성가대도 같이 하고, 나중에는 주일학교 간사도 했어요.

▷ 정수: 저는 독립문교회가 '친구 초청의 밤'을 했을 때, 정란이라는 반 친구의 초청으로 교회에 오게 되었어요. 그때 중 3이었는데, 배화여중 친구들이 많았지요.

▷ 희원: 90년대 후반 중 1 때부터 본격적으로 다녔어요. 그때 또래가 없었어요. 제가 초등학교 때 양의문교회에 갔던 것도 친구 따라간 거죠. 부모님이 여기 다니시니까 몇 번 왔지만 솔직히 또래들이 없어 예배드리는 것도 좀 그랬죠. 그러다 부모님이 "왜 가족이 찢어져서 교회를 다니냐?" 하셔서 다시 오게 됐어요. 어른들과 같이 예배를 드렸는데, 1년 정도는 또래가 없었어요. 전도사님하고 성경 공부를 했어요. 중 2 때 제가 이제 친구들을 전도해야겠다 생각하고 친구를 두세 명 데리고 오고, 사촌 동생 두 명을 이끌었지요. 그때 이혁 목사님으로 바뀌게 되면서 한선아 사모님이 공부방을 하셨는데, 영어를 무료로 가르치겠다

고 하서서 이걸 통해 교회로 이끈 거지요. 그때부터 조금씩 중고등부 학생들이 늘어나는 계기가 됐죠.

◈ 사회: 80년대 초창기에는 서로 전도를 열심히 한 것 같은데, 어떻게 이루어졌나요?

▷ 해경: 중1 때 교사이신 사모님이 피아노 반주를 위해 학생 한 명을 데리고 왔어요. 그 학생이 또 친구를 데리고 와서 또래가 생기고 이런 식으로 늘어났죠. 그때가 86년으로 기억나네요. 건축하고 나서 학생들이 좀 늘었는데, 이 동네 학생들이 많이 나왔어요. 배화여중 동창들이 많았죠. 당시 중고등부 학생이 교회학교 간사(교사)를 해서 저는 보조 간사를 했지요. 중1 때부터 초등학생들의 보조교사를 한 거지요. 진짜 그때는 전도도 많이 했어요. 전화하며 집마다 찾아다니곤 했지요.

▷ 해경: 그렇게 전도해서 우리 반도 4~5명이 되었어요. 대예배 후, 2부는 학년별로 분반하여 선생님들과 공과공부를 했지요. 맛있는 것도 먹고, 재미있었어요. 주일에는 하루 종일 교회에 있었죠. 어렸을 때가 교회에 접근하기 쉽기도 하지만, 중고등부를 담당자가 주일학교 간사도 하여 주일학교가 더 활성화됐지요.

◈ 사회: 교회 건축 당시 기억나는 게 있다면 무엇인가요?

▷ 정수: 교회 처음 왔을 때, 막 성전을 건축한 때라 분위기는 제일 좋았던 것 같아요. 친구 초청의 밤에 교인들이 인사하며 "이 성전은 눈물로 지은 성전이다"

라고 했어요.

▷ 해경: 맞아, 엄청 기도해서 지은 성전이지.

▷ 정수: 청년들이 와서 노가다를 뛰었다고 하더라구요. 당시 청년들이 일생에 그렇게 육체노동을 해본 적이 없었다고 저희한테 말했어요. 자재도 나르고 그랬다고. 전설의 고향 같은 얘기예요.

▷ 해경: 이 동네 집들은 거의 일제시대에 지어졌다고 해요. 우리 교회가 제일 처음 지은 유일한 3층짜리 건물이었어요. 지하를 파는데 주위에서 엄청 난리였어요. 시끄럽다고. 그래서 예배당을 1층으로 못하고 지하에 만들었어요. 예배 드리면 주민들이 시끄럽다고 반대할까 봐.

◆ 사회: 교회에서의 활동과 서로에 대한 기억 중에 나눌 것이 있다면 무엇인가요?

▷ 해경: 여름성경학교요. 제가 생각나는 것은 촛불 기도 시간이에요. 전도사님이 성경학교 마칠 때쯤 아이들을 다 앉혀놓고 초를 켜서 하나씩 들게 해요. 그리고 회개 기도, 감사 기도를 하고 또 찬양도 했지요. 아이들이 눈물로 기도했어요. 서로를 위해서도 기도했고, 전도사님이 아이들을 위해 기도해 주셨어요. 전도사님이 진짜 일 많이 하셨지요. 수련회를 위해 며칠 동안 계획을 세우고, 관리하고, 마지막은 항상 촛불 기도를 했지요. 그때 눈물을 많이 흘렸던 기억이 나요.

▷ 해영: 여름성경학교는 정말 재미있었어요. 동네에서는 고무줄놀이, 공기놀이 이런 게 다였고 놀게 별로 없었지요. 교회에 오면 간식도 주고, 선생님들이 재미있는 성경 이야기도 해주고 … 그땐 교회 오는 게 재미있었어요. 그리고 선생님들이 젊어서 다 언니 같고 오빠 같고, 대화도 잘 통하고. 감수성이 예민할 때라 이런 게 좋았어요. 중학교 때 목사님의 부탁으로 교회주보 봉사를 했어요. 내가 주보에 글씨를 써서 서대문에 가서 복사를 해왔지요. 성가대도 섰어요. 그때 제가 전도한 친구들은 오래 다니지 못하고 결국 혼자 남아서 했어요. 김윤우 집사님이 남아 있었는데, 중학교 때 간사로 저를 가르치셨지요.

▷ 정수: 지금도 잊지 못하는 일이 있어요. 저는 거의 매일 교회에 왔어요. 어느 날 집에 가려는데 누가 들어오는 거예요. '누굴까?' 하고 보았더니 해경이었어요. 조용히 쓰레기통을 비우고 가더라고요. '어머나, 저렇게 아무 티를 안내고 섬기는 애였구나' 생각했지요. 그때 받은 감동을 지금도 잊지 못해요.

▷ 해영: 중학생 때 기억나는 것은, 애들이 일어나지 못해 안 오면 언니 오빠들인 선생님들이 찾아가서 깨워서 데리고 왔지요. 또 쉬는 날이면 남산에도 데리고 놀러 가고 … 그때는 진짜로 순수하고 열정적이고 하나님을 사모하는 마음이 굉장했어요. 제 또래 친구가 없어서 나도 친구 교회를 갈까 고민도 했어요. 다른 교회도 한 두 번 갔어요. 그런데 제가 내성적인 성격인데다 우리 교회는 내가 어렸을 때부터 다녀서 집 같고 친숙한 곳이기에 그냥 다시 와서 예배드리게 되곤 했지요. 그런데 제가 다니는 직장이 격주로 쉬는 곳이라서 교회에 잘 못 나오게 되었어요. 결혼한 후 애 낳고 난 다음에 다시 교회로 왔지요. 우리 자녀들도 교회를 자기 집처럼 드나들었지요.

▷ 정수: 청년부 때 주일학교 교사를 정말 재미있게 했어요. 내가 중학교 3학년 11월에 교회에 왔는데, 두 달 만에 보조 교사를 시키는 거예요. 그때 정교사가 대학생이었는데, 갑자기 그만두었어요. 그래서 고등학생이 졸지에 정교사가 되었는데, 참 재미있게 담당했지요. 대학생이 되면서 가르치던 학생들도 초등학생에서 중학생이 되고, 또 고등학생이 되었어요. 그 모습을 보니 제 자식이 자라는 것처럼 기쁘더라고요. 친구들에게도 늘 주일학교 애들 얘기를 하곤 했어요. 정미현과 민례 언니와 삼총사가 되어 주일학교 교사를 신나게 했지요. 그때 교회 다니며 같이 섬겼던 그 인연으로 지금까지 30년 지기 절친이 되었어요.

▷ 해경: 저는 중고등학교 때는 잘 나왔어요. 그때는 정말 하나님도 느끼면서 많이 변화했지요. 그런데 제가 대학을 가지 않았잖아요. 고교 졸업 후 바로 직장에 다녔지요. 친구들 중에는 대학에 간 사람도 있고, 가지 않은 사람도 있고 하니 괜히 불편하더라고요. 그래서 주일에만 나왔어요. 그때는 성가대도 잘 안 했어요.

▷ 해경: 옛날 교회 건물 짓기 전에는 학생들이 성가대를 했어요. 그때는 학생들이 좀 있었지요. 서 목사님 아들들, 그 친구들이 열심히 했어요. 공부방 봉사를 하면서 공부도 가르쳐 주고, 목사님 아들과 친구들이 성가대 지휘도 했지요. 남자 세 명하고, 소프라노 두 줄, 그렇게 성가대를 했어요.

▷ 해영: 저는 고등학생 때 성가대를 했어요. 이혁 목사님이 오시고 나서도 지휘자 신원영 집사님, 최희영 집사님 등 어른들과 중고등부 학생들이 같이 찬양을 했지요. 저는 결혼하기 전인 20대 중반까지는 교회에서 성가대를 했어요.

◆ 사회: 교회 수련회와 야외예배에 대한 기억이 있다면 들려주세요.

▷ 해경: 제가 중 1 때 수련회를 갔지요. 한얼산 기도원인가? 높은 산에 있는 그 기도원을 많이 갔었어요. 어른부터 애들까지 전교인 수련회로 갔어요. 그때는 교회가 그렇게 크지 않아서 같이 갔지요. 거기서 방언도 하고, 그때 하나님을 만났던 것 같아요. 가서 기도를 하는데 너무 색다른 경험이었지요.

▷ 해경: 교회에 애들이 증가하면서 2학년 3학년 때부터 따로 갔어요. 청년, 고등학생이 되면서 기타 메고 각자 배낭 메고 걸어 다녔지요. 교회 차가 없었으니까. 예배드리고 기도하고, 캠프파이어하고, 둘이 짝지어 서로 기도해주고 … 새벽 기도 열심히 나오면 마지막 날 상을 주기도 했어요.

▷ 해영: 이혁 목사님 때는 봄에 전교인이 야외예배 겸 소풍을 많이 갔어요. 서 목사님 때는 수련회만 주로 했고, 야외예배는 자주 안 갔어요. 차도 없고 교통도 불편하니 가기 힘들었지요.

▷ 희원: 어렸을 때, 네 살 때쯤 서오릉에 갔던 기억이 나요. 예배드리고 나서 오후에 보물찾기를 했어요. 제가 누구 손을 잡고 보물찾기하다가 손을 놓는 바람에 부모님이 저를 잃어버릴 뻔했다고 하더군요. 집사님들하고 수색을 해서 한참 후에 발견해서 데리고 왔다고 하더라고요. … 저희 때 수련회는 보통 6~7명이 2박 3일 정도 사모님, 목사님과 함께 가서 축복 기도 같은 것을 받고 왔지요. 같이 예배드리고 찬양하고 그때 저는 기도원을 몰랐었어요. 수련회를 통해 찬양도 배우고 기도도 열심히 하고 '이런 것이 수련회구나' 알게 되었지요. 처음에는 여름 수련회를 1년에 한 번 했는데, 저는 2년에 한 번 정도 참석했어요.

◈ 사회: 많은 사람이 독립문교회를 떠났는데, 여러분이 남아있는 이유는 무엇인가요?

▷ 정수: 저는 독립문교회로 이름을 바꾼 뒤에도 교회에 다녔어요. 친구들이 떠났는데도 교회에 남아있었던 이유는 정들었던 사람들 때문이지요. 목사님과 정이 들었고, 무엇보다도 처음 신앙생활을 시작했던 곳이고 고향 같은 곳이지요. … 제가 존경하는 분들이 계시는데 유완식 장로님, 신(서현) 권사님이에요. 나중에 선교사가 된 후에 다시 독립문교회에 왔더니, 그분들이 여전히 교회를 지키고 계셨어요. 그 모습에 감동을 받고 존경하게 됐어요. 교회의 어려움 가운데서도 이렇게 교회를 지켰다는 사실만으로도 '하나님께서 기뻐하시겠구나'라고 생각했지요. 이런 것이 제가 독립문교회를 떠나지 않은 이유지요. 또 누가 남아서 교회를 지켰나 했더니, 소박한 내 친구들이었어요. 감동의 물결이 일고 너무 고마웠어요. (독립문교회는) 어린 시절과 청년 시절이 고스란히 녹아있는 마음의 고향이에요. 지금도 무슨 일이 생기면 알리고 기도를 부탁합니다. 저에게는 마치 친정 같은 곳이 독립문교회입니다.

▷ 해영: 저는 어릴 때부터, 교회는 내가 힘들 때 갈 수 있고, 언제든지 내 집처럼 생각날 때마다 드나들 수 있는 곳이어야 한다고 생각했어요. 저에겐 독립문교회가 그랬어요. 나도 신혼 때 친구 교회도 가보고, 동네 큰 교회도 가보고, 또 중학교 때 친구의 교회도 다녀보았지만, 우리 교회만큼 편하지는 않았어요. 우리 교회는 도심 속에서 우리 이웃과도 같아요. 그런 역할을 하지요.

▷ 희원: 저도 다른 교회 가고 싶을 때도 있었어요. 교회에 친구가 없으니까. 그런데 시간이 지나 편안함도 있고, 익숙함도 있고 … 큰 교회처럼 신경을 안

써도 되고, 사모님이나 목사님이 편안하게 대해 주시고 … 그래서 남아있게 되었어요. 떠나지 못하고 남은 거지요.

◆ 사회: 독립문교회가 민중교회 시절부터 해서 벌써 40년이 되는 건데요, 앞으로 독립문교회는 어떤 교회로 남았으면 좋겠는지요?

▷ 희원: 동네 주민들이 언제 와도 어렵지 않고, 친근함을 느낄 수 있는 그런 교회가 됐으면 좋겠어요. 누구나 쉽게 방문할 수 있는 그런 교회가 됐으면 좋겠어요.

▷ 해영: 문턱이 낮은 교회. 목사님도 그렇게 생각하고 계시잖아요. 마을목회를 하신다고 하니까. 우리 교회가 다른 교회처럼 크고 풍성하게 뭘 하기는 어렵겠지만, 마음은 진짜 풍성한 것 같아요. 마을 주민들이 더 자주 드나들 수 있는 프로그램들을 많이 하면 좋겠어요. 마을과 함께하는 교회.

▷ 해경: 그렇지. 앞으로는 더. 지금 전도라는 게 큰 교회뿐만 아니라 다 힘들잖아요. 코로나도 그렇고. 우리 교회는 그래도 정말 주위에 하나님 말씀을 편하게 전할 수 있는, 가까이 할 수 있는 그런 교회가 됐으면 좋겠어요. 코로나로 인해서 어려운 사람도 많잖아요. 그런 분들도 소소하게 나눌 수 있는 … 그러려면 이제 젊은 사람도 좀 더 있고 하면 좋겠지요.

▷ 정수: 장해경, 장해영 집사 말에 공통된 게 있어. "지나가다가 물 한 잔을 먹어도 편하게 먹을 수 있는…" 그 말을 들으면 '깊은 산 속 옹달샘'이 생각나요. 내가 힘든 모습도 보일 수 있고 … 그래서 감사하게 생각해요. 지금도 참 자랑스

럽고 좋은 교회이지만 선교지에도 관심을 가져줬으면 좋겠어요. 예전에 교회 청년들이 "나중에 우리 교회에서도 선교사가 나왔으면 좋겠다"라고 했었는데, 선교사가 된 후로 문득 그 얘기가 기억나더라고요. 선교지를 위해서도 지속적으로 기도해 주시길 바랍니다.

2장
독립문교회를 이야기하다: 교우들과 목회자의 글

이 장에는 '독립문교회 교우들과 목회자의 글'을 담았다.

교회 생활의 추억을 회고한 교우들의 글, 그동안 독립문교회가 실천해온 여러 사역에 대한 나눔, 마을목회로 마을을 잇는 교회로 자리매김해가는 이야기, 교우 한 사람 한 사람을 주체적 사역자로 세워가고자 하는 목회자의 포부와 비전도 담겨 있다.

〈특별 기고〉는 독립문교회를 가까이서 지켜보고 함께 했으며, 40년사의 저자인 한국염 목사님의 독립문교회 약사와 감사 기도문이 실려 있다. 또한 이 글들 중에는 다른 회보나 책에 게재했던 글도 함께 실려 있음을 알린다.

독립문교회를 추억하며

서정수 선교사
(캄보디아)

교회에 처음 온 날

때는 1986년 11월, 제가 중학교 3학년 때의 일입니다. 우리 반 친구들이 민중교회 '친구 초청의 밤'에 가자고 했습니다. "정수야, 너도 꼭 와!" 하는 친구의 말에 아무 고민 없이 갔습니다. 당시 학생부를 지도하시던 신천호 집사님의 '목욕탕 사건'이라는 재밌는 간증을 들었습니다.

당시 학생회장 이경규 형제님, 부회장 김은주 자매님, 총무 서윤표 형제님이었습니다. 율동 담당 이용화 자매님이 앞에 나와서 '예수님이 말씀하시니' 찬양에 맞춰 율동을 하였습니다. 간식으로 절편이랑 바람떡을 먹었습니다. 아주 맛이 있었습니다. 바로 이 첫날에 조별로 나눠 앉는 시간이 있었는데, 이때 우연히 정미현이라는 애랑 같은 조가 되었었지요. 그날에는 전혀 예상하지 못했지만 지금은 미현이와 30년 지기 절친이 되었습니다.

1987년 고등학교 1학년 때

당시 교회에는 중고등부 학생회에 사람이 많아서 예배드릴 때 예배당 장의자 세 줄 중에 한 줄이 전부 학생들이었죠. 1987년 학생회 임원들은 전정수 회장, 박민례 부회장, 이정수 총무였고, 저는 편집부장이 되어 매주 학생회 주보를 만들었습니다. 이때 우연히 세 명의 이름이 '정수'여서 아주 재미있었습니다. 임원 회의를 할 때면 "쓰리 정수 모여라!" 하면서 즐겁게 회의를 하였습니다.

지금처럼 컴퓨터가 없던 시절이라 매주 주보를 만드느라 도안집을 사서 예쁜 그림을 오려서 붙이고, 손으로 글씨를 써서, 그걸 들고 복사집에 가서 흑백으로 복사를 해오면서 매주 아날로그 주보를 만들었습니다. 그러면서 여러 가지로 배운 점이 많았습니다.

주일학교 교사생활

고1 때 주일학교 보조교사로 들어갔다가 담임을 맡았던 청년 선생님이 그만두셔서 17세 어린 나이에 졸지에 주일학교 담임교사가 되었습니다. 제가 맡은 5학년 반 학생들은 표석문, 이용일, 황세종과 그 친구들이었습니다. 박옥수, 전미영, 서경률, 김윤우, 이분들과 함께 주일학교도 하고, 여름성경학교를 하면서 아름다운 추억이 많았습니다.

성경 공부 시작

어느 날 교회에서 학생, 청년들 대상으로 신앙 강좌가 열렸습니다.

내수동교회 대학부 화종부 전도사님(지금 남서울교회 목사님)께서 강사로 오셔서 좋은 말씀을 해주셨습니다. 그때 화 전도사님께서 성서유니온의 윤종하 총무님이 쓰신『다윗왕의 생애』라는 성경 공부 교재를 추천해주셨습니다.

지금은 절판된 그 조그만 성경 공부 교재로 서경률 선생님이랑 고등부 학생들이 성경 공부를 시작했습니다. 이 성경 공부가 얼마나 재미있었는지 일주일 전부터 미리 예습하고 책에 답을 적어놓고 다음 토요일을 기다리곤 했습니다. 이 성경 공부는 제가 대학에 다닐 때까지도 수년간 계속되었습니다. 이 시간을 통해 성경과 신앙생활에 대한 많은 것을 배웠습니다.

1989년 여름, 삼각산 기도원 수련회 사진. 김윤우 집사님이 수련회 주강사로 섬겨주셨습니다. 그때 먹었던 기도원 반찬인 8년 된 마늘장아찌가 지금도 생각납니다.

학생부 부회장

1988년 고등학교 2학년 때는 중고등부 부회장을 맡았습니다. 이태준 회장, 서정수 부회장, 서승렬 총무였는데 매주 토요일 오후 학생부 예배를 준비하고 2부 순서 준비하고, 간식도 준비하고 주일에 꼭 나오라고 학생들 한 명 한 명 전화 심방도 하고, 여름 수련회도 가고 친구 초청의 밤 행사도 하고 성탄절에 연극도 하고, 새벽송도 돌고 밤늦게까지 철야 기도도 하고 아주 여러 가지 에피소드들이 많았습니다.

1988년 성탄절 학생회 방송극 '호테니우스'.
왼쪽부터 이태준, 정미현, 지은희, 김소연, 이숙희, 김정식

교회 반주자

1989년 고등학교 3학년 때였습니다. 반주하시던 분이 그만두시고 그 후로 몇 분이 임시로 왔다 가면서 반주 때문에 성가대도 목사님도 힘든 시간을 보내게 되었습니다. 그땐 지금처럼 반주기도 없었을 때니까요. 저는 초등학교 때 잠깐 배운 피아노 실력으로, 당시 고3이었는데도 동네 피아노 학원에 다니기 시작했습니다. 피아노 학원에 가서 그 주에 부를 3~4곡만 겨우 연습해서 주일예배 때마다 손에 땀을 쥐며 간신히 반주를 하곤 했습니다. 성가대원들은 모두 제가 언제 또 틀릴지 몰라서 조마조마하면서 찬양을 불렀다고 했습니다.

대학생 시절의 피아노 반주

1990년 대학교 1학년 때는 학교 수업을 받으면서 틈틈이 공강 시간에 학교 앞 피아노 학원에 다니면서 찬송가 반주를 따로 배웠습니다. 이후 26세 때까지 혼자서 7년 동안은 매주 수요예배, 토요일 성가대 연습, 주일

예배, 주일 저녁 예배까지 피아노 반주를 했습니다. 하나님께서는 이후로 저에게 많은 축복을 주셨습니다.

학생부 교사로 섬김

대학생 시절에 박민례 언니와 친구 정미현과 함께 중고등부 교사를 했었는데, 이때 하나님의 은혜를 아주 많이 체험했습니다. 매주 예배드리고 성경 공부를 가르치고, 수련회도 가고, 성탄절 준비도 하면서 참 즐거웠습니다.

박민례, 정미현과 함께 학생들을 위해 기도하며 협력했던 시간들은 인생에서의 잊지 못할 뜨거운 동료애와 우정을 느꼈던 시간이었습니다. 하나님께서는 학생들을 마치 내 자식처럼 사랑하는 그런 마음을 주셔서 아이들과 청소년들에 대한 깊은 이해와 사랑을 체험한 귀한 시간이었습니다. 저는 다시 그 시절로 돌아간다 해도 또 학생부 교사로 섬기고 싶습니다.

마지막 이야기

지금은 바다 건너 먼 나라에서 선교사로 지내며 어느새 나이가 50이 넘었지만 내 청춘을 독립문교회와 함께했던 생각은 변함이 없습니다. 독립문교회를 지켜주고 계시는 목사님 그리고 교우 여러분들 모두에게 늘 감사드립니다. 하나님께서 여러분들에게 복 주시기를 기도합니다.

마을과 닮은 사람들
― 박창오, 유완식 편[*]

우은주
(인왕마을 네트워크 공동대표)

한마을에 오래 산 사람은 마을과 닮아 있다. 그것은 사랑하는 사람의 얼굴에서 읽을 수 있는 행복한 표정이다. 유완식 도시농업공동체 총무와 박창오가 그런 사람이다. 두 사람은 이곳 행촌에서 태어나 자랐고 여전히 살고 있다.

행촌동 210-36번지에서 태어나 중고등학교까지 유년 시절을 보낸 유완식은 결혼 직전까지 이곳에서 살았다. 그가 행촌동을 떠났다가 돌아올 수 있었던 것은 이곳을 지키고 있던 어머니 덕이다. 어머니는 한국전쟁 발발 전 1950년 4월 상암동에서 행촌동으로 시집왔다. 하지만 전쟁이 시작되자 친정 식구와 피난을 갔다. 갓 결혼한 새댁이 인민군이 점령한 동네 방공호에서 생활하기는 여의치 않았기 때문이다. 전쟁이 끝날 때 즈음 어머니가 돌아왔고 그해 1953년, 형이 태어났다. 전쟁을 겪는 상황에서도 어머니는 애를 늦게 낳았다고 구박을 받으며 시집살이를 했다.

---

[*] 인왕마을 네트워크 소식지(2018.12) 〈인왕산 사람들의 퍼즐맞추기〉에서

행촌동 풍경

행촌동은 1914년 동명 개정 때, 조선시대부터 이곳에 있던 동리인 서부 반송방의 은행동과 신촌동에서 각각 '행' 자와 '촌' 자를 따서 합성한 데서 유래되었다고 한다. 한국전쟁 당시 성곽을 사이에 두고 인민군과 국군이 대치하던 동네였고 전쟁의 상흔이 많이 남은 곳이기도 하다. 근래 성곽 둘레길을 찾는 외부 유입객들이 많지만 유완식에게 성곽은 좋은 풍경만은 아니었다. 그가 평온하게 동네 풍경을 받아들이기까지는 시간이 필요했다. 성곽에는 하꼬방 같은 판잣집이 줄지어 있었다. 전쟁이 끝나고 돌아갈 곳이 없는 이들이 그곳에 임시거처를 마련했다. 나중에 모두 성남으로 이주했지만 그러기 전까지 그는 그곳에 살던 친구들과 성곽 근처에서 놀았다. 산에 올라갔다가 비가 온 다음 날 패인 흙 사이에서 인민군들의 유골을 발견하기도 했다. 자주 있는 일이라 동네 아이들 누구도 그것에 대해 두려움을 갖지 않았다. 해골은 놀잇감으로 자주 이용됐다. 병정놀이를 하다가 지겨워지면 해골에 작대기를 꽂아서 놀았다. 전쟁이 남긴 상처는 상상하기 어려운 참혹함이지만 어린아이에게는 즐거운 어떤 날의 풍경들이다.

그가 기억하는 행촌의 풍경 중 아찔한 장면은 전망대 근처의 6칸짜리 공중변소가 태풍에 날아간 사건이다. 그 많던 똥들은 어떻게 됐을까, 어른들에게는 별일 아닌 일도 아이들에게는 충격과 놀람으로 기억된다.

"공중화장실 근처 배꼽바위가 있었는데 대보름날 그곳에 모여 달을 보며 절을 하고 소원을 빌었던 게 생각나요. 여름에는 남산에서 불꽃놀이를 하면 낙하산 같은 게 날아왔는데 바위에서 그것을 줍던 것도 생각나고요."

그는 겨울이면 공중화장실이 있던 곳에서 단군성전 앞 군부대까지 스키를 타고 내려가던 장면을 꺼낸다. 추운 겨울 학교까지 가는 가장 즐겁고 신나는 코스였다. 홀애비골이라 불리던 그곳에는 지금 나무가 무성하다. 길이 있던 흔적은 남아있지 않지만, 유완식은 가끔 그곳을 산책하다가 아래를 굽어본다. 그럴 때마다 어린 시절의 장면이 어제 일처럼 생생하게 펼쳐지는 듯하다. 마음에 담겨 있는 풍경은 시간에도 바라지 않는다. 그를 보면 짐작할 수 있다.

똥지게를 기다리던 사람들

박창오는 행촌동 201-63호에서 태어났다. 행촌동에서 중고등학교를 다녔고 줄곧 이곳에서 살다가 2013년 인천으로 이사를 갔다. 그의 집은 넓은 마당 근처였는데 그곳은 예전 재래식 화장실을 사용할 때 분뇨처리 차량이 돌던 장소였다.

좁은 골목길을 따라 분뇨 차량이 도착하면 환경미화원은 종을 들고 동네 어귀를 누볐다. 종소리를 듣고 동네 사람들이 넓은 마당에 모여들었다. 분뇨 지게를 지고 다니는 이에게서 바가지를 건네받으면 바가지를 든 사람의 집으로 이동해 화장실 분뇨를 처리한다. 바가지를 받기 위해 여러 명의 사람들이 대기하는 진풍경이 펼쳐진다. 가끔 분뇨를 담아 이동하다가 미끄러져 넘어지는 일도 있었다. 사람들은 하루 종일 동네에 퍼지는 분뇨 냄새에 진저리를 치면서도 혹여 차례가 오지 않을까 봐 안달이 났다. 다소 불안한 표정으로 자신의 화장실이 비워지기를 기다렸다.

박창오는 행촌동의 옛 풍경을 떠올리면 독립문교회 근처 공중수도에서 물지게를 져다 먹던 때가 먼저 기억난다. 행촌동은 물 사정이 안 좋은 동네였다. 행촌경로당 근처에 공동 우물이 있었고 여름에는 그 우물에서 마을 사람들이 목욕도 했다. 공중 수도가 생기기 전에는 현재 군부대 앞에 접시물이라고 불리던 샘물에서 물을 길어 마셨다. 옛 풍경을 떠올리면 달라진 동네 풍경에 새삼 놀랄 때가 있다.

행촌동 일대가 주거환경개선지구로 선정되기 전까지 집들은 대개 브로꾸(시멘트로 만든 블록) 위에 기와를 얹어 만든 '가'였다. 주거환경개선지구로 선정되면서 행촌동은 빌라촌이 형성된다. 시공자에게 땅을 제공하고 땅 주인들이 하나씩 갖는 형태의 다세대 주택이 생겨나면서 동네 풍경이 달라지기 시작했다. 1990년대 초반의 일이며 그때를 기점으로 달동네라는 이미지에서 벗어나게 되었다.

마을의 미래

상록수 어린이집까지 서양담이라 불리던 빨간 벽돌의 선교사 집이 있었다. 신학교가 있고 총회 본부가 있었던 것은 이 동네가 인왕산의 강력한 영적인 기운 때문이라는 우스갯소리가 돌기도 했다. 밥도 못 먹던 시절 카메라를 들고 다니던 선교사들은 아이들의 선망의 대상이었다. 언젠가 어른이 되면 그런 삶을 살고 싶다고 어린 유완식과 박창오는 생각했다.

유완식은 양봉회원을 모집한다는 문구를 보고 무작정 도시농업공동체에 발을 들여놨다. 무슨 일을 하는지 어떤 활동을 하는지 정확히 모르고 시작했지만 벌써 4년 차다. 열심히 하다 보니 사명감도 생기고 동네가 달라지는 모습에 보람을 느낀다.

"어떤 삶이든 살았던 공간이 다 즐거운 기억으로만 남지는 않아요. 여기 살았던 사람들 누구에게 물어봐도 그런 대답을 할 것 같아요. 낙후된 지역으로 인식된 곳이기도 했고 달동네 이미지를 가진 동네였으니까요. 하꼬방이 있는 동네라고 홀대를 받기도 했고요. 하지만 지나고 보니 누구나 자신이 오래 산 곳이 가장 좋은 곳이라는 생각이 드네요. 이제는 편안하고 좋은 공간으로 다가옵니다. 저는 이 동네가 계속 변화되는 모습에 가장 많이 놀라는 사람일 거예요. 동네를 걷다가 가슴 벅차는 일이 잦습니다."

예전의 박창오가 편하고 잘 사는 것에 관심이 있었다면 지금의 박창오는 이웃에 대한 살가운 마음을 더 키우며 살고 싶어 한다. 공동체의 삶을 살았던 예전이 우리가 늘 닿고 싶어 하는 평범한 삶의 행복이 아닐까. 그때보다 각박한 지금이 진짜 가난한 삶이 아닐까 때때로 자신에게 묻곤 한다.

"어렸을 때는 너무 가난했고 가난이 싫었어요. 열심히 노력해서 이렇게 살지 말아야겠다는 생각을 했지만 인생은 계획대로 되지 않는다는 걸 알만한 나이가 됐잖아요. 화려하고 편안한 것이 좋게 보였던 건 젊은 시절이죠. 이제는 발전하는 것이 인간에게 반드시 유익할까 하는 의심을 합니다. 돌아보니 너무 많은 것을 놓친 것 같아요. 마을버스 없던 시절의 정겨움, 우산을 갖고 정류장에서 기다리던 가족들의 모습. 세상은 더 편리해지고 좋아지는데 우리 마음은 조금 더 말라가는 건 아닐까 걱정되는 점도 있어요."

그는 소통하고 관계하지 않는 개인들이 각자의 틀을 만들고 마음 감옥 안에 살고 있다고 생각한다. 유완식과 박창오는 마음이 가난한 이들에게 사랑을 전해주고 싶어 한다. 남은 시간, 나고 자란 이 공간에서 그에게 이보다 더 의미 있는 일은 없을 것 같다면서….

'전통과 나눔이 이어지는 행복마을'
사업지기로 서면서*

신서현 권사
(대표 사업지기)

행촌동은 인왕산 성곽 마을에 있는 동네입니다. 저는 결혼 후 지금까지 20여 년간 살고 있습니다. 젊어서는 직장 생활과 자녀 양육 등으로 분주하여 마을에는 별로 관심을 갖지 못했습니다. 마을 일에 관심을 가지고 앞장서게 된 것은 2011년 말, 현재 목사님께서 부임하신 후부터입니다. 목사님은 사회복지사 1급 자격증을 갖춘 지역사회 활동가이기도 합니다. 목사님은 교회는 마을과 함께해야 한다고 늘 강조하셨고, 비기독교인이나 타종교인에게도 열린 공간이 되어야 한다고 하면서 복지와 상담센터 '살림의 집'이라는 이름으로 지역 활동을 시작했습니다.

'살림의 집'이 무엇이냐고 묻는 사람들이 많습니다. 독립문교회 부설 기관으로서 '생명을 살리고, 가정을 살리고 마을을 살린다'는 뜻입니다. 매주 토요일 '영어 회화 교실'과 방학 특강으로 '창의사고력 수학교실' 등의 어린이 프로그램과 지역 주민들에게 월 1회 '이미용 무료봉사'와 동에서 추천받은 40여 가정에 '사랑의 빵 던킨 도너츠 배달 서비스'를

---

* 종로구 마을공동체 「전통과 나눔이 이어지는 행복마을 활동자료집」(2015. 12. 25.)에서

3년째 해오고 있습니다.

우리 독립문교회는 교우들에게도 주민과 함께 마을을 세워가도록 강조하고 파송하기에 나도 동 주민센터에서 운영하는 '홍파랑 북카페'에 봉사자로 참여하게 되었습니다. 그러다가 회장이 되어 2년째 섬기고 있습니다. 홍파랑 북카페 주관으로 여러 가지 사업과 행사를 진행하였습니다. 바자회, 부모 진로 코칭, 친환경 수세미 짜기, 동화 구연, 시문학 교실, 인형 만들기, 붓글씨 체험 등….

홍파랑 북카페 주관의 바자회를 위해 음식을 만들 때는 살림의 집 주방을 주로 사용했습니다. 물건을 보관하고 실어 나르는 일도 장로님께서 도와주셨고, 살림의 집은 마을공동체 사랑방처럼 사용되고 있습니다. 이렇게 활동하던 중에 마을활동가 황인준 선생님과 연결되어 마을 공동체 사업을 시작하였습니다.

2014년 '행촌동 공동주택의 힘찬 발걸음'이라는 주제로 부모들 대상의 '자기 이해와 대인 관계 개선', '우리 아이 진로 탐색 프로젝트' 등의 특강을 실시했습니다. 중학생들을 대상으로 '꿈 잡고 진로 탐색 프로젝트'로 흥미와 재능 검사를 통해 자기를 이해하는 시간도 가졌습니다. 방학 체험활동으로 '과학동아 천문대', '논술 개그 연극 관람'을 통하여 아이들도 서로 친해졌습니다.

올해 시작한 두 번째 마을공동체 사업인 '전통과 나눔이 이어지는 행복마을'은 '안전 먹거리 마을 부엌팀'과 '전통마을 탐방팀'이 있습니다. 안전 먹거리 마을 부엌팀은 홍파랑 북카페 회원들이 중심이 되어 있습니다. 홍파랑 북카페에는 젊은 주부들이 많습니다. 열심히 일하는 사람도 20여 명 가까이 됩니다. 젊은 엄마들이 중심이 되어서 올해는 '마을공동체 사업'을 시작했습니다. 우리 행촌동은 성곽 중심의 산동네라 어린이

놀이터가 없고, 모일 공간도 거의 없습니다. 최근에 성곽 안에 간단한 운동기구와 의자가 설치된 것은 참 기쁜 일입니다. 엄마들의 의견을 모아 보니, 함께 모여 음식을 만들어 먹고 어려운 이웃에게도 나누었으면 좋겠다는 제안이 있었습니다. 살림의 집 주방이 넓고 온돌이어서 어린 애도 데리고 오기 좋아서 이 공간을 이용하여 '마을 부엌'을 시작했습니다. 올가을에는 함께 전통 고추장을 만들었습니다. 그 중 30분 만에 만드는 꿀팁은 지역 주민들에게도 인기가 많았습니다.

또 한 팀은 고교생 엄마들인 중년 주부들 중심인 마을 탐방팀입니다. 살림의 집에서 부모교육 세미나, 정신건강 세미나, 자기 발견 세미나, 진로 코칭, 주부 상담 등 지역 활동을 통해 연결된 어머니들도 있습니다. 월 1회 모여 성곽길, 서촌 북촌 전통 마을, 고궁 등을 탐방하며 전통 마을의 가치를 깨닫게 되었고, 전통 마을을 세우고 지켜야겠다는 마음가짐을 다지게 되었습니다. 그냥 평범하게 걷던 길, 보던 것들 속에 들어있는 역사적 이야기와 의미를 깨닫게 되면서 우리 마을과 종로에 대한 더 깊은 애정과 자부심이 생겼습니다. 그 외에도 '마을 게시판 설치와 관리' 등 마을과 함께하는 여러 가지 일들을 하고 있습니다. 이번에 그동안의 마을 활동 이야기를 모아 자료집을 만들어 내게 되었습니다. 서툰 발걸음이지만 우리 삶의 소중한 경험담이 되리라 믿습니다.

올가을에는 우리 교우인 젊은 아기 엄마가 중심이 되어 '인왕산 테라스'라는 마을 모임도 시작되었습니다. 어린 애들을 데리고 답답하게 지내다가 이웃이 함께 나들이를 하면서 엄마들 얼굴이 밝아졌고, 아빠들도 참여하는 모임으로 발전하고 있습니다.

올 7월부터 교남동 무악동에서 마을 활동을 하는 개인과 단체 등 8팀이 모여 정보도 교환하고 마을공동체 활동을 서로 지원해 오고 있습니다. 12월 17일에는 '독립문 마을 네트워크' 창립 총회를 하고 건강한 마을을 세워갈 수 있도록 함께 협력하고 있습니다.

우리 독립문교회 '살림의 집'이 이런 열린 공간이 된 것을 감사드립니다. 우리 교우들은 '마을 사람들이 더 좋아하는 열린 교회가 되어야 한다'고 생각합니다. 행촌동에는 열린 공간들이 거의 없는데, 살림의 집이 동네 사랑방 같은 곳이 되어 누구나 쉼을 얻고 문화를 나누는 곳이 되길 바랍니다.

최근엔 서울시에서 '성곽 마을 가치공유 프로젝트'를 시작하여 우리 행촌동 지역에 새바람이 불고 있습니다. 서울시에서 행촌동에 집을 한 채 사서, 공공모임 장소인 '행촌 공터'라고 이름을 붙이고 '도시재생학과, 도시정원학과' 강의 등 '성곽 마을 행촌 권역 재생사업'을 진행 중입니다. 저도 여기에 참여하여 좋은 공부를 하고 있습니다.

주민들과 마을을 섬기다 보니 2015년에는 우리 '홍파랑 북카페'(새마을문고)가 종로구 도서관 종합평가에서 최우수상을 받았고(11월), 저도 새마을 지도자 대회에서 서울시장상을 받게 되었습니다(12월).

마을은 생명이 숨 쉬는 곳입니다. 우리 행촌동은 뒷마당에 인왕산 성곽이 있고, 앞마당엔 독립공원이 있어 공기도 좋고 산책하기도 좋습니다. 서울역, 광화문, 신촌, 고속터미널 등 교통도 편리합니다. 우리 마을을 '전통과 나눔이 이어지는 행복마을'로 만들어 가는 일에 마을 주민들이 더 열심히 참여하기를 바랍니다. 사람을 살리고 마을을 살리는 일, 이것은 정말 가치 있는 일입니다. 마음을 모아 함께하는 곳에 생명력이 있고 소망이 있다고 생각합니다.

마을을 위해 일하는 사람들이 많아져서 우리 독립문 지역이 주민들이 행복해하는 살기 좋은 마을로 세워져 가기를 바랍니다.

도시농부 이야기*

유완식 장로
(행촌권 성곽마을 도시농업공동체 총무)

"총무님 상추 파세요", "장로님 상추 얼마에요?" 요즘 행촌권 성곽마을 육묘장에는 공동체 텃밭에서 수확한 상추를 사려는 주민들의 목소리로 가득하다. 재배하는 과정을 직접 보아서인지 상품에 대한 신뢰와 인기가 있다. 한 봉지에 이천 원인 상추가 빵빵하게 제법 많이 담긴 것을 보면서 사가는 사람도, 파는 사람도 모두 행복해 진다.

행촌권 성곽마을 도시농업공동체 육묘장을 4년째 관리해 온 나는 요즘처럼 상추와 씨름하는 시기는 처음이다. 씨앗 파종부터 모종 판매, 텃밭에 심고 가꾸고 수확하여 판매하는 것이 1차 산업이기는 하지만 도심 한복판에서 도시농업을 한다는 것이 서울에서 태어난 나로서는 참 새롭고 신기했다. 육묘장을 운영하는 입장에서는 좀 더 수확이 많은 품종을 선택하여 고수익을 내며 사회적 기업으로 발전시키면, 주민들의 일자리도 만들어지고 삶의 질도 좋아질 것이라고 생각한다.

행촌동에서 태어나 유년기와 청년 시절을 보내고, 결혼 후 13년 동안 타지 생활을 한 후에 내가 다시 행촌동으로 돌아올 수 있었던 것은 이곳을

---

* 독립문평화의 집 소식지 〈아름다운 풀뿌리〉(2020. 6.)에 실린 글

지키고 있었던 어머니 덕이다.

2015년 말에 35년 동안의 직장생활을 은퇴하고 쉬고 있을 때에, 마을 목회에 관심이 많으셨던 독립문교회 김성희 목사님의 권유로 2016년 3월에 행촌권 성곽마을 도시농업공동체 양봉 회원으로 참여하게 되었다. 그때부터 자연스럽게 공동 텃밭, 육묘장, 양봉장 등을 관리하는 공동체 총무의 중책을 맡아 일하고 있다.

양봉장에서 3년 동안 벌들을 잘 운영해 왔다. 그런데 지난해는 안타깝게도 원인 모르는 병과 주위 환경 등으로 벌이 모두 죽고 빈 벌통만 남게 되어 너무나 황망하고 낙심이 되었다.

그러나 올 초에 신규로 벌통 35개를 구입하여 정성으로 돌보았다. 올해는 이상 기온으로 인해 전국적으로 꿀 채밀이 어려운 실정인데, 우리는 다행히 예전보다는 적지만 평균 이상의 꿀을 생산하게 되었다. 더욱 희망적인 것은 기존 벌의 군세가 좋아서, 20개의 벌통을 신규로 늘리게 된 일이다. 향후 벌 관리를 잘하면 내년에는 더 많은 꿀을 채밀할 수 있을 것 같다. 5년 차 도시농부로서 농사 경험에서 보면, 생물은 정성을 쏟은 만큼 비례하여 수확하게 됨을 느낀다.

7월 중순경이면 행촌권에 종로구 도시농업지원센터가 문을 열게 된다. 이곳에서 많은 시민들이 더 많은 정보를 얻고 교육을 받아서 행촌권이 도시농업의 메카로 성장해가기를 염원해 본다.

마을 속 '살림'의 공동체가 되기를 기대하며

정다혜 청년

인왕산 높은 언덕배기, 골목길에 숨어있는 빨간 벽돌 교회

내가 독립문교회를 처음 방문한 것은 2013년 9월, 아직 더위가 가시지 않은 초가을이었다. 아주 오랜만에 어렸을 적부터 가깝게 지내던 한 여성 목사님의 전화를 받았다. 내가 다니고 있는 학교 근처에서 목회하시는 목사님이 지역 어린이들을 대상으로 하는 영어 프로그램을 진행하는데, 강사를 맡아줄 수 있겠냐는 부탁이었다. 소개받은 김성희 목사님은 어릴 적 아버지와 함께 인천에서 민중교회 목회를 하시던 동료 목사님으로, 몇 차례 인사드린 정도의 어렴풋한 기억 속 인물이었다. 내가 영어로 수업을 진행할 정도의 수준이 안 되는 터라 제안은 거절했지만, 어쩌다 나에게까지 연락이 왔을까 싶은 생각에 나를 대신할 수 있는 영어 잘하는 착한 후배를 소개시켰다. 수업을 진행할 후배와 함께 인사차 방문한 것이 독립문교회와의 첫 인연이었다.

후배와 독립문역에서 마을버스를 타고 좁은 언덕길을 한참 올라가서 내린 뒤 주위를 두리번거리다가 교회를 발견했다. 김성희 목사님이 우리를 맞아주셨다. 부모님과 함께 강남의 대형 교회를 다니고 있던 후배는 깜짝 놀랐다. 이렇게 높은 언덕 위에 있는 작은 교회를 처음 와봤고, 여성 목사님도 처음 본 것이었다. 반면에 나는 낯설지는 않았지만 다른 의미에서 놀라웠다. 어렸을 때 많이 보던 인천의 민중교회들과 너무 비슷해서 놀랐고, 서울 한복판 골목에 이 교회가 작지만 우뚝 서 있다는 게 신기했다.

민중교회를 지향한 목사의 딸로 작은 교회에서 자라면서, 가난하고 소외된 이들의 삶과 함께하고자 하는 교회들의 노력과 어려움, 한계들을 직·간접적으로 경험했다. 그래서였을까, 인천에서 젊은 시절 여성 목회자로서 민중교회 목회를 거쳐 부교역자로 오랜 세월 사역하다 다시 작은 교회 담임목사로서 고군분투하고 있는 김성희 목사님의 일상을 어렴풋하게나마 예상할 수 있었다. 어쩌면 더 척박할지도 모르는 서울 한복판, 주위 큰 교회들로 둘러싸인 지역의 언덕 꼭대기에 있는 독립문교회와 그곳의 목사님을 뵙고 난 후 복잡한 생각이 오고 갔다.

홍수가 나도 마실 물이 없듯이, 십자가는 많아도 갈 교회를 찾기 어려운 법이지

그리고 몇 개월이 흘러 김성희 목사님으로부터 다시 연락이 왔다. 주위에 교회 반주를 해줄 사람이 있는지 묻는 전화였다. 이번에는 소개할 만한 사람이 없어 짧은 대화로 통화는 끝났는데, 작은 교회가 겪고 있는 전형적인 고충이 다시 한번 느껴졌다. 그 무렵 나는 그동안 익숙했던 작은 교회를 '이제는 떠나고 싶다'고 생각하고 있었다. 어릴 때부터 줄곧 교회에 내 또래는 없었다. 반주자를 구하기 어려운 상황에서 목사 딸의 숙명(?)처럼 예배 반주를 하게 되었는데 그것이 11살 때부터였다. 자연스레 어려서부터 여건이 될 때는 비슷한 처지에 있는 교회들의 반주를 같이 하기도 했다. 20대 후반, 아버지의 25년간 목회 여정이 마무리된 이후에도, 나는 이전과 다르지 않게 아버지 동료 목사님이 목회하시는 작은 교회 반주를 하고 있었다. 하지만 한편으로는 또래의 친구들과 어느 정도 '시스템이 갖춰진' 곳에서 와자지껄하고 때로는 뜨거운 청년부 생활을 하고 싶다는 생각을 하고 있었다.

그리고 얼마 후인 2014년 초, 인천에 있는 교회에서 반주하기 어려운 상황이 생겼고, 그 핑계로 반주를 그만두고 몇 개월을 신나게(?) 방황을 하며 교회들을 떠돌았다. 그런데 생각보다 새로운 교회를 찾고 정착하는 게 쉽지 않았다. 그러한 어려움을 지방에서 목회하시는 친한 목사님께 털어놓으니 지금 시대가 마치 '홍수가 난 곳에서 갈증으로 죽어가는 사람과 같다'고 대답하셨다. "홍수가 나도 마실 물이 없듯이, 교회 십자가가 이렇게 많지만 갈 교회가 없는거야'라고. 그러던 중 마음 한편에서 반주자를 찾던 독립문교회가 계속 떠올랐다. 반주자는 구했을지 궁금했고, 괜한 오지랖이 발동해 김성희 목사님의 안부도 궁금했다. 2014년 6월, 독립문교회를 찾아갔던 것은 그런 의미에서 그야말로 단순 방문이었다. 그런데, 예상치 못하게 그날로 독립문교회에서의 생활이 시작되었다.

돌이켜보면, 당시 교회 분위기가 새 신자에게 우호적이지는 않았다. 교우들은 좋은 분들이지만 서로 낯을 가리며 어색해했다. 교우들의 구성도 예상했듯이 어르신들이 많았고, 청·장년은 적었다. 소박한 분위기 속에서도 어딘지 모르게 불안해 보이는 사람들도 있었다. 여러 면에서 독립문교회는 어쩌면 내가 작은 교회를 떠나고 싶던 이유와 다르지 않은 환경이었다. 아니, 어떤 면에서는 다른 작은 교회에 비해 재정도, 인력도, 신앙적 열정도 열악해 보였다. 그럼에도 나는 그 이후에도 꾸준히 독립문교회를 찾았다.

여성 목회자가 걸어가는 '한끗 다른' 작은 교회 목회의 길

그야말로 '연약해 보이는' 교회였지만, 독립문교회에는 분명 '한 끗 다른' 기운이 있었다. 처음에는 그것이 어디에서 나오는지 알지 못했지만, 시간이 지날수록 분명하게 느껴졌다. 그것은 기본적으로 여성 목회자인 김성희 목사님이 만들어가고 있는 '익숙하면서도 새로운' 기운에서 비롯되는 것이라는 생각이 들었다. 독립문교회에 처음 출석할 무렵엔 놀랄 정도로 많은 사업이 진행되고 있었다. 어린이 영어 회화 교실, 여성 상담 및 학부모 진로 세미나와 어린이 심리 검사, 이미용 무료 봉사, 사랑의 빵 나누기… '살림의 집'이라는 이름으로 다양한 세대와 형편의 이웃과 가정을 돌보는 여러 일들이 벌어졌다.

한국교회에서 '전형적인' 목회자를 청빙하면, 남성 목회자, 그의 보조자 역할을 하는 사모, 그의 자녀들로 구성된 목회자 가정을 기대한다. 그리고 그에 따라 진행되는 여러 일들이 존재한다. 목사와 사모에게 기대되는 암묵적인 역할 분담으로서의 돌봄과 관련된 일들은 교회 사업의 전면으로는 드러나지 않거나 꾸준히 진행되지 못하는 경우가 많다. 그에 비해 김성희 목사님은 여성 목사로서 그리고 민중교회 담임 목회의 경험을 덧붙여 최대한의 역량과 재량을 발휘하고 계셨다. 이 중 하나를 꾸준히 하기도 쉽지 않은데, 이렇게 작은 교회에서 사실상 목사님 혼자의 역량으로 이 모든 일들이 기획되고 추진되고 있는 게 신기했다.

사실 나는 청년부가 운영되지 않아 맡겨진 구체적인 일들이 없다는 이유로, 혹은 반주를 하는 것만으로도 충분하다는 명분으로 교회의 다른 일들에는 적극적이지 않았다. 그러면서도 한편으로는 청년도 장년도 부족한, 한마디로 '일꾼'이 없는 교회 그리고 가난한 마을, 주차장도 없는 성곽 옆 작은 교회가 어디로 갈 수 있을지에 대한 걱정이 들었다.

그러던 2015년 무렵, 마을공동체 사업이 본격화되면서 인왕마을 네트워크에 우리 교회도 참여하게 되었다는 소식을 들었다. 목사님은 이 과정을 통해 교인들을 마을목회의 주체로 세우고 마을과 교회의 네트워크를 구체적으로 형성하고자 하셨다. 나는 동네 토박이로 오랫동안 살아온 유완식 장로님과 신서현 권사님을 필두로 교회의 일꾼들이 마을의 일꾼으로 세워져 가는 과정을 지켜봤다. 교회의 일방적인 '서비스 제공'을 넘어서 교회와 마을이 협력하여 마을을 지키고 살리는 과정에 교회가 함께하게 된 것이다.

교회가 마을 속으로 녹아 들어가는 과정에도 여성 리더십은 중요한 역할을 했다고 생각한다. 다양한 층위의 단체들과 소통하는 과정에서 목사는 자칫하면 권위적인 태도를 보이거나 권위적인 존재로 여겨지기도 하고, 암묵적인 여성과 남성 간 위계가 그대로 조직 운영에 반영될 가능성이 있다. 하지만 여성 목회자가 여러 단체 속에 한 주체로 서 있다면, 그러한 우려를 완화시키는 역할을 할 수 있다. 여러 경험에서 비롯되고 여성으로서 지닌 유연한 태도, 상대적으로 덜 권위적이지만 여성과 남성들의 권력관계를 조절할 수 있는 힘을 가진 목회자라는 지위 때문이다. 아마도 목사님의 존재만으로 모임에 참여한 여성들이 자유롭게 발언하고, 그들의 의견이 수용되기에 한층 수월했을 거라 예상한다.

마을공동체 사업에 교회가 참여하여 함께 도시농업을 실시하고 마을 축제를 벌인 것은 단순한 지역 봉사나 주민들 간의 화합의 기회로만 그치지 않는다. 작은 만남과 교류 활동에서 시작된 활력이 교회의 안팎으로 작용하여 건강한 교회와 마을을 만드는 '살림'의 계기가 되었다고 믿는다. 또한 비록 목사님 개인의 역량에 기대고 있지만, '혁신교육'을 위해 지역의 여러 주체와 협력하고, 교단과 종교를 넘어 교류하는 시도는 지금 시대에 필요한 새로운 지역 거버넌스에 교회가 개입하는 하나의 모델이 되고 있다.

교회에서 마을로, 마을의 뿌리 한 축이 되는 교회로

독립문교회는 40년의 여정을 걸어오며 '작지만 큰 교회'로 나아가고 있다고 생각한다. 목사님도 바뀌고 교인들의 변화도 있었지만 지역 주민을 섬기고 그들과 함께하려는 정신은 처음부터 지금까지 변하지 않고 시간이 갈수록 단단히, 깊이 뿌리내리고 있다. 특히 근 10년 동안 '마을목회'를 지향하며 행해 온 여러 사업들을 나열하고 보면 큰 교회도 하기 힘든 일들이다. 하지만 어쩌면 작은 교회라서 가능한 일이었을지 모른다고 생각한다. 교회 안에만 머물러 있을 수 없었고, 그래서 마을로 나온 시도가 지금의 독립문교회를 만들었다. 교인 개개인은 연약하지만, 연약한 우리가 모인 독립문교회는 힘이 있다.

교회 창립 40년을 맞이하는 지금, 우리는 교회를 세워가는 마음들이 마을로 확장되고, 교회가 마을의 중요한 한 축으로 세워지는 과정에 서 있다. 많은 교회가 코로나19 팬데믹을 거치며 어떤 길로 나아가야 할지 고민하고 있다. 이때 독립문교회가 그 교회들이 걸어갈 하나의 답이 되기를 기대한다. 어린아이들부터 기댈 곳이 필요한 청년들, 가정에서 마을로 사회로 나온 여성들, 위로와 대화가 필요한 노인들까지, 약해 보이지만 힘을 모을 수 있는 이들과 함께하는 길에 독립문교회가 언제나 든든히 자리하길 바란다.

연결, 교류, 상생으로서의 마을목회*

김성희 목사

(독립문교회)

우리는 모두 마을에서 산다

마을! 정겹고 그리운 이름이다. 몇 해 전 tvN에서 방영한〈응답하라 1988〉가족극은 쌍문동의 다섯 가족을 중심으로 일어나는 골목길 이야기가 담겨 있다. 소박하고 따뜻한 친척들 모임 같은 이야기를 보고 저런 시절도 있었냐고 새삼스러워 하지만, 불과 몇십 년 전 우리들의 이야기다. 그런데 어느 순간 마을이 해체되고 있다. 산업화 도시화로 대도시로 떠나가면서 농촌이 무너지고 있고, 대도시 주변의 마을들은 배드 타운으로 전락해 가고 있다. 곳곳에 아파트가 성냥갑처럼 들어서면서 옆집에 누가 사는지도 모르는 마을이 실종된 시대를 살고 있다.

최근 우리 사회에서 '마을 만들기, 마을공동체'에 대한 관심이 고조되고 있다. 서울시와 경기도에서는 '마을 만들기, 마을 공동체' 운동이 한창

---

* 이 글은 기장 104회 총회 주제해설집에 "마을목회, 우리는 모두 마을에서 산다"라는 주제로 실린 필자의 글을 수정 보완한 것으로써, 광주노회 선교정책세미나 「마을목회와 사회적 경제」 자료집(2022. 7.)에 실린 글이다.

이다. 관계가 깨어지고 소통이 사라져 가는 시대이기에 더욱 생명망으로서의 마을의 중요성이 강조되는 것 같다. 두세 사람 이상 모여 하고 싶은 일을 제안하면, 경제적 지원과 공간 알선 등을 통해 이웃 만들기, 마을 세우기를 지원하고 있다. 사실 공간이 있고 사람이 모이는 교회가 마을의 대안공동체가 될 수 있다. 70~80년대 우리가 다니던 교회가 그러했다. 문학의 밤, 수련회, 성탄절 행사는 동네 잔치였다. 교회 다니지 않던 사람들도 그런 날은 교회당에 와서 절기행사처럼 함께 하곤 했다. 그러던 교회가 어느 순간 마을사랑방, 마을 방송국, 마을 기획실로서의 역할을 상실하고 게토(ghetto)화 되어 가고 있다. 현대 교회는 거대한 성안에 갇힌 마을의 골동품이 되어가고 있는 것은 아닐까?

1. 교회는 마을과 운명을 같이 하는 공동체다

마을의 사전적 정의는 1) 주로 시골에서, 여러 집이 모여 사는 곳. 2) 이웃에 놀러 다니는 일이라고 되어 있다. 여러 집이 모여 살고, 함께 어우러져 놀며, 친교하는 공동체다.

마을은 공간이자 삶의 자리, 정체성이기도 하다. "인간은 자신이 한 번 의미를 부여한 장소를 쉽게 잊지 못하는 존재다. 장소는 우리의 정체성을 구성하는 요소다."* 때문에 사람들은 쉽게 살아온 자리, 마을을 떠나기 어렵다. 자신들이 머물 곳이 없는 사람들, 끊임없이 이동해 다녀야 하는 사람들은 자기 정체성을 가지고 지속적인 관계를 이어가기 어렵다.

---

* 김현경, 『사람, 장소, 환대』(서울: 문학과지성사, 2015), 285.

대부분의 교회는 마을 안에 있다. 교회는 마을과 함께 간다. 우리나라 인구가 감소하여 농촌은 아이들 울음소리를 듣기 힘들고, 어르신들이 한두 분씩 떠나가시면서 공동화 현상이 일어나고 있다. 마을이 하나둘 사라지고 있으니 그곳에 있는 교회도 문을 닫을 수밖에 없다. 신도시가 개발되고 사람들이 몰려들면 교회도 새로운 전기를 맞이하게 된다. 교회는 마을과 같은 운명공동체다. 마을이 활성화되고 살아나야 교회도 살아난다. 그런 의미에서 우리의 목회는 마을목회일 수밖에 없다.

2. 오늘 기장교회의 현실

한국교회가 전반적으로 감소하고 있다. 우리 기장교단도 예외가 아니다. 교단 통계보고서에 의하면 2010년 95회 총회 시에 총 교인수가 311,212명이었는데, 2021년 106회 총회 보고서는 215,617명으로 줄었다. 11년 만에 95,595명(31%)이 감소했다. 전체 1,636개 교회 중 조직 교회 985개, 미조직 교회(당회가 없는 교회)가 657개(40%)다. 여기에 개척교회가 13개 있다. 2022년도 현재 전체 교회 중에 생활보장제 대상교회(연 4,000만 원 이하, 월 사례비 110만 원이하)가 409개(25%)이고, 교인 100명 이상인 교회는 29%(476개)에 불과하다. 우리 교단의 교세가 미약하고 개 교회들은 심각한 위기감을 느끼고 있다.

이러한 시대에 마을목회를 이야기한다는 것은 어떤 의미가 있을까? 혹자들은 생존도 힘든 상황에서 선교 지향적인 목회를 한다는 것은 뜻은 좋지만 사실 무모하고 불가능한 일이라고도 한다. 그런데 다른 관점으로 보면 이런 현실이기에 함께 할 수밖에 없다. 개교회가 홀로 자립하기 힘들수록 연대하여 상승효과(synergy effect)를 내야 한다.

근래에 와서 기장교회의 특색이 사라져가고 있다는 이야기를 듣는다. 작지만 강한 색깔 있는 교회에서, 무색무취한 군소 교단으로 전락하는 것은 아닌가 걱정하는 소리도 많다.

다윗이 골리앗의 투구와 큰 칼을 가지고는 잘 싸울 수 없다. 다윗 자신이 평소에 자주 사용하던 몸에 익고 단련된 물맷돌이 필요하다. 우리는 내 손에 맞는 물맷돌은 준비하지 못한 채, 몸에 맞지도 않는 투구와 칼이 없다고 하소연하고 있는 것은 아닐까?

3. 선교신학적 배경

'마을 만들기'와 더불어 부각되는 '마을목회'는 전적으로 새로운 목회 형태는 아니다. 그동안 우리 교단이 사회선교, 지역사회운동, 사회복지 목회 등의 이름으로 헌신해 온 흐름과 맥을 같이 한다. 우리 기장교단은 자타가 공인하는 사회선교에 앞장서 온 교단이다. 1953년 38차 호헌 총회를 열어 새 역사를 시작하면서 호헌 총회선언서에서 '인간생활의 모든 면에서 복음이 복음되게 증거하는 것에 목표'를 두었다. 1971년 사회선언지침 등을 통해 '하나님의 선교' 개념으로 교회의 사회적 책임을 강조해 왔다. 또한 4대 문서를 통해 인권과 민주화, 평화통일 등에 중점을 두었다. 80년대에는 민중신학, 민중교회운동 등을 통해 '하나님의 선교 신학'을 펼쳐왔다. 1991년에는 제5문서를 통해 '정의평화 창조질서 보전의 신학'을 펼쳐오고 있다. 2003년에는 '희년신앙선언'을 발표하면서 '은총, 생명, 섬김'의 사귐(코이노니아)이 삼위일체 하나님과의 만남(경험함)이요, 교회가 이루어야 할 삶임을 강조했다. 우리교단은 하나님의 선교(Missio Dei)신학을 배경으로 일찍부터, 지역사회와 함께하는 교회로서,

인권과 민주화, 통일운동 등에 앞장서 왔다. 우리 사회의 민주화에 기여했다는 평가와 함께, 복음 전파보다는 인간해방에 더 강조점을 두었고, 교회의 정체성을 분명히 하지 못하고 흩어지는 교회의 역할에 치중하여 전진기지로서의 교회를 든든히 세우지 못했다는 자성도 있다.

마을목회 근거로서의 공공신학과 선교적 교회론

기독교가 교회 안에만 머물며 사사화 되거나, 자기의 이익을 관철하기 위해 정치화되면 사회문제가 생긴다. 대형 교회의 세습이나 전광훈 현상이 이런 문제점을 드러내고 있다. 오늘날 교회가 시민사회나 공론장에서 주도적 역할을 상실하고 오히려 사회발전을 가로막는 집단으로 인식되는 경우도 많다. 이러한 때일수록 한국교회가 신학적 패러다임을 바꾸어 교회와 신학이 한국 사회에서 필요한 합리적 공론장 형성에 공적으로 기여할 수 있어야 한다.

공공신학은 개인의 사적인 영역이나 그 공동체의 유익만이 아니라 '공동의 선'과 같은 우리의 공유된 삶의 가치와 이슈들에 강력하게 연관되어 있다. 신학이 과학이나 경제, 정치와 대화하는 방식이 '후기세속사회'에서 '공동의 선'을 향한 논의가 될 수 있도록 하고, 사회적 제도들이 '공동의 선'을 위해 운영될 수 있도록 윤리적 가치와 도덕적 토대를 제공하는 것이 '공공신학'의 역할이다.* 마틴 마티는 그의 논문에서 기독교

---

* 이하 마을목회에 대한 이론은 다음의 글들을 참조하였다. 성석환, 『공공신학과 한국사회』 (서울: 새물결플러스, 2019); 황홍렬, "선교적 교회론에서 본 한국민중교회"; 황홍렬, 『선교적 교회와 한국교회』 (서울: 대한기독교서회, 2015); 장남혁, "지역사회에 대한 선교적 교회의 접근법"; 한국선교신학회, 『선교적 교회론과 한국교회』 (서울: 대한기독교서회, 2015).

의 에큐메니컬 상황과 다원화 사회인 북미에서 교회가 신앙적 통찰을 가지고 정의롭고 더 나은 세상을 위한 일에 헌신하도록 하는 '공공신학'을 제시했다(1974).

공공신학은 공공의 영역이 교회 밖의 일반사회이기에 서로 다른 가치와 신념들을 가진 사람들이 모이는 일종의 아고라(agora)에서 신학적 실천을 해 가는 것이기에, 타자에게 공공성을 일방적으로 드러내는 배타적인 크리스텐덤(christendom)으로서가 아니라 공동선을 추구하며 겸손하게 연대해야 한다. 한국교회의 공공신학은 시민사회의 각계각층에서 실천하고 있는 다양한 문화적 삶의 주인공들과 교류하고 소통하며 정의, 인권, 평화 등 거대담론뿐만 아니라 공중의 사사로운 삶에 공공의 신학적 의미를 부여하는 일에 동참해야 한다.

선교적 교회론은 35년간 인도에서 선교사로 사역했고, 복음주의 진영과 에큐메니칼 진영의 가교 역할을 한 영국의 선교학자 레슬리 뉴비긴의 새로운 통찰에서 시작되었다. 선교적 교회론의 중심에는 '하나님의 선교신학'과 '하나님으로부터 파송된 선교 공동체로서의 교회 이해'가 있다. 선교의 주체는 하나님이며, 교회는 하나님이 세상(지역사회)에 파송한 '선교 공동체'라는 이해다. 이 선교 공동체는 지역사회의 필요에 총체적으로 응답해야 할 사명을 가지고 있다.[*] 선교적 교회는 지역성과 공동체성을 강조한다. 선교적 교회는 하나님의 통치를 목적으로 하나님의 선교에 참여하는 선교적 교회다. 선교적 교회는 세상 권세, 이와 연결된 경제, 문화 등 세상 문화를 분별하고 비판하며, 대안적인 문화, 윤리, 경제(희년, 안식년)를 세상에 보여 주도록 부름을 받았다.

---

[*] 정재영, 『함께 살아나는 마을과 교회』 (서울: SFC, 2018).

4. 마을목회, 교회의 본질 회복

선교적 교회론은 기능적으로 어떤 일을 할 것인가에 초점이 있는 것이 아니라 교회의 본질이 무엇이냐에 중점이 있다. 선교를 교회의 중요한 목회 사역 중 하나로 간주하는 것이 아니라 교회의 존재론적 본질을 선교에 두는 것이다.

"하나님이 세상을 이처럼 사랑하사 독생자를 주셨으니"(요 3:16a).

따라서 마을목회를 실천하기 위한 선교적 접근법은 세상 속으로 성육신하는 자세를 가져야 한다. 이것이 자신과 다른 문화 속으로 진입할 때 자기중심적인 태도를 내려놓고 상대방의 입장에서 생각하고 판단하는 것이 성육신적인 태도다.*

마을목회를 위해서는 먼저 교회 안의 장애요인을 극복해야 한다. 첫째, 선교에서 가시적 결과를 기대하고 교회가 하는 일을 투자 개념으로 생각하는 한계를 극복해야 한다. 둘째, 지역 주민을 선교의 대상으로 인식하면서 교회가 그들과 함께하기 전에 그들을 변화시키려고 하거나, 교회로 인도하려는 태도를 포기해야 한다. 그리스도의 성육신은 하나님이 인간을 위해 활동하기 위해 먼저 우리에게 오시고 우리와 함께 하며, 우리와 같이 되신 사건이다.**

---

* 장남혁, "지역사회에 대한 선교적 교회의 접근법"; 한국선교신학회, 『선교적 교회론과 한국교회』 (서울: 대한기독교서회, 2015), 265.
** 앞의 글., 266.

주민 주체의 마을공동체 건설

다시 마을이 열리고 있다. 교회가 적극적으로 '마을 만들기'(community building)에 앞장서야 한다. 예전의 마을 운동이 '경제발전과 개발'에 중심을 둔 주민들의 참여를 강조해 왔다면, 이제는 '지역공동체 형성'을 위한 '민주시민 양성'에 강조점이 있다. 새마을 운동처럼 지붕을 고치고 마을 길을 넓히는 개발에서, 참여와 소통을 통한 시민의식을 고양하여 사람을 세우는 인력계발로 무게중심이 바뀌고 있다. 교회에서도 교인들을 신앙 훈련과 더불어 민주시민으로 훈련해 나가야 한다. 그래야 마을 곳곳에서 중요한 역할을 감당할 수 있다.

교회 내 인적자원 준비

현대 교회는 교인 수도 감소하고 충성도도 떨어지는 추세여서 재정이 부족하고, 봉사할 사람들이 없어서 일을 못한다고 한다. 한편으로는 맞는 말이다. 작은 교회는 작아서 자립하기도 힘들고, 제법 규모가 있는 교회도 건물 유지관리, 교직원 인건비 등을 감당하느라 늘 빠듯하다. 거기에 최소한의 선교사업도 감당해야 하니 여유가 있을 리 없다. 그러나 늘 성장을 향해 달려가다 보면 어느 순간 목적을 상실하고 탈진해 있는 목회자와 성도를 발견하게 된다. 교회의 패러다임이 바뀌어야 한다. 조금만 다른 각도에서 보면 교회는 활용할 자원이 많다. 교회는 마을에서 자원이 가장 많은 곳 중의 하나다. 자원은 재정만이 아닌 공간과 인력도 자원이다. 자원을 물질적인 것에서 정신적인 것, 가치관, 네트워크(관계망) 등으로 생각을 넓혀 가야 한다.

주민들과 소통하고 토론하며 주민역량을 강화하는 마을목회를 효율적으로 실행해 가려면 민주시민으로 훈련된 교회 내 인적자원이 준비되어 있어야 한다. 사회 각층에서는 시민의식을 교육하고 시민다움을 훈련하고 있다. 교회는 성도들을 약자나 사회적 소수자를 배려할 수 있는 바른 시민으로 훈련시켜야 한다. '그동안 교회는 사회의 해체와 도덕성의 위기에 직면해서도 개인 구원 문제에만 집착하여 사회정의에 대해서는 무감각했다는 비판을 받아왔다. 이제는 단순히 교인이 아니라 기독시민에 대한 인식을 형성해야 한다.*그리스도인은 제자이면서 시민인 두 가지 의무와 권리를 감당해야 한다.

이런 일을 위해서는 먼저 교회가 열린 교회, 민주적인 교회가 되어야 한다. 가부장적이고 비민주적인 교회는 젊은이들, 여성들, 열린 사고를 하는 다양한 사람들이 함께 어우러지기 힘들다. 젊은이들은 교회가 숨이 막히고 답답하다고 한다. 하나님 나라의 일꾼이 될 영향력 있는 민주시민을 양성하고 배출하려면 교회가 새로워져야 한다. 목회자와 장로를 비롯한 교회 리더들이 기득권을 내려놓고, 폐쇄적인 당회 중심구조를 넘어서야 한다. 열린 당회(신도 대표, 부교역자들의 참여가 있는 정책 당회 등) 운영이 필요하다. 앞으로 교회를 이끌어 가야 할 젊은 세대와 현재 교회 구성원의 60~70%를 이루고 있는 여성들의 정책결정 과정에의 참여가 필수적이다. 교회가 새로운 구조와 지도력으로 젊은이와 개혁적인 사람들과 함께 할 때 마을 주민과의 연대도 가능하다.

플랫폼으로서의 마을목회

마을 만들기 운동에서는 자조와 자치를 중요시한다. 자조는 스스로 해결해 가는 것이고, 자치는 주민들이 주체가 되어 다스린다는 뜻이다.

---

* 정재영, 『함께 살아나는 마을과 교회』 (서울: SFC, 2018), 81.

위로부터의 하향식 운동이 아니라 아래로부터 자발적이고 주체적으로 참여하는 일이어야 활력과 지속성이 있다. 마을목회는 개교회가 중심이 되어 모든 것을 이끌어 가는 것이 아니다. 교회가 주민들과 마을문제를 공유하며 해결해 나가고 마을 자원들과 협력하며 주민으로서 함께 살아 가는 것이다. 교회는 마을이라고 하는 유기체 속에서 교회가 할 수 있는 일들을 찾아 연대하고, 교우들을 포함한 마을의 인적, 물적 자원들을 연결하는 플랫폼으로서의 역할을 감당해야 한다. 우리 교인 만들기라는 좁은 관점을 넘어 타종교, 무신론자들을 포함하여 함께 건강한 마을을 만들어 가기 위한 개방적이고 수평적인 지역연대를 이루어가야 한다.

5. 마을목회, 사회복지 목회, 사회봉사 활동

사람들은 사회봉사나 사회복지와 마을목회는 어떤 차이가 있느냐 고 묻는다. 교회는 중세시대부터 사회봉사나 사회복지 등의 활동을 앞 장서서 감당해 왔다. 사회복지는 넓은 의미로 지역사회개발을 포함한 다. 마을 자원을 발굴하고 함께 기획하여 살기 좋은 마을을 만들어 가는 일도 사회복지의 일환이다. 그러나 그동안 교회의 사회복지는 복지 프로그램을 실시하거나 건물 등을 위탁 운영하며 교회의 이미지 제고나 사회에 봉사한다는 자부심으로 시행해 왔다. 현대 교회들은 여러모로 지역사회봉사를 하고 있지만, 일회성이거나 시혜적 성격이 강하고, 주로 복음전도의 수단으로 시행되는 경우가 많다. 때문에 꼬리표(전도용) 있는 활동으로 인식되어 주민들의 자발적이고 주체적인 참여가 이루어 지지 않아 지속성을 갖지 못했다.

우리 교회는 작지만 큰 교회라고 말한다. 마을 교회들, 마을 단체들,

국가 행정기관과 연결되어 있기에 큰 교회다. 나아가 하나님과 가장 가까이 있는 교회라고 고백한다. 산 중턱 성곽 옆에 있기도 하지만, 척박한 광야에 서 있기에 하루하루 만나와 메추라기를 주시는 하나님을 절대적으로 의지할 수밖에 없기 때문이다. 필자는 후배들에게 '작아서, 힘이 없어서 일할 수 없다'는 '난쟁이 콤플렉스'에서 벗어나라고 말한다. 하나님이 원하시는 일이면, 마을의 공동의 유익을 위한 일이라면 그 일을 감당할 사람들이 있다. 그런 일과 사람들을 발굴하고 엮어내는 것, 그것이 마을목회로서의 교회가 해야 할 일이다. 이런 일들을 잘 감당하기 위해서 지역자원, 나아가 교단(시찰회, 노회, 총회)의 인적 물적 자원들의 연결, 재배치 등 조직적이고 구조적인 차원의 연대의 틀을 만들어 내야 한다.

적은 수의 교우들과 함께 마을에서 이런 다양한 사업들을 감당할 수 있었던 것은 마을 만들기에 공감하는 마을 자원들을 묶어 네트워크(그물망)를 만들고, 마을 내 단체들, 관공서 등과 협력하여 프로그램과 재정을 효율적으로 나누어 사용했기에 가능했다.

6. 마을목회의 실제(실천사례)

10여 년간 마을과 함께해 온 실제 경험을 나누며 마을목회 실천에 대해 이야기하고자 한다.

필자는 성곽 옆 산동네, 주차장도 없는 30년 된 작은 교회에 부임했다. 소수의 어려운 교우들과 온통 수리해야 할 곳 투성이인 낡은 교회당을 보며 무엇을 어떻게 해야 할지 막막했다. 방수공사와 예배당 리모델링을 시작했고, 지역사회 선교 경험과 사회복지를 공부한 경험으로 프로그램을 통한 지역사회의 욕구를 살펴보았다. 소소하지만 꾸준한 지역사회

선교를 통해 지역 단체들과의 만남이 시작되었고 종로구 마을공동체 활동에 참여하게 되었다.

마을 단체들과 네트워크 결성과 도시재생사업에의 참여

우리 동네에서 종로구 '마을공동체 사업'을 해 오던 7개 팀이 2015년 7월 우리 교회에서 모이기 시작하여 12월에 **인왕마을 네트워크**를 창립하였다. 그동안 마을축제, 한양도성 인문학 강좌, 해설이 있는 마을 기행, 주민 워크숍, 정례모임과 마을 활동을 공유해 오면서 5년 만에 12개 팀이 되었다. 코로나 직전인 2019년에는 산동네와 산 아래 아파트 주민 500명이 어우러진 단오축제를 진행했다. 서울시 한양도성도감과가 1천만 원을 후원하며 함께 했고, 천주교, 개신교, 불교 등 다양한 단체가 참여하여 마을화합을 이루고 있다. 목사, 스님, 신부가 공동 심사위원이 되어 시상식을 하면서 종교 간 화합을 보여주었다. 한번은 불교신자들의 이름이 붙은 봉헌 쌀을 받아 우리 교회가 지역에 나누어 준 일도 있고, 우리 교회에 들어온 음료수를 조계사 측이 위탁 운영하는 복지관에 전해 준 일들도 있다.

우리 교회는 성곽 주변 산동네에 위치하고 있다. 아랫마을이 아파트로 변해 가면서 우리 마을이 슬럼화되고 낙후될 것을 우려하여 서울시에서 도시재생사업을 진행하였고, 주민 워크숍 등을 통해 그 결과물로 '도시농업공동체'가 만들어졌다.

도시재생사업이 시작될 때 교회를 개방하여 각종 워크숍과 협동조합교육 등을 개최하고, 교우들이 도시농업공동체 회원으로 참여하여 육묘장과 양봉장에서 노동하며 마을 경제 살리기에도 앞장서고 있다. 채소를 가꾸는 텃밭에서, 다육이를 판매하는 육묘장에서, 꿀을 채밀하는 양봉장에서 '목사님, 장로님'을 부르는 소리가 울려 퍼지며 어느덧 우리 교회는 마을 목사, 마을 장로로 자리매김하고 있다.

민관학 협치로서의 주민 참여 활동

사회에서도 공공성을 강조하며 정부, 시민사회, 지역 주체들의 협치 (governance)를 통해 공론장을 만들어 함께 나아가고 있다. 교회도 이런 공론장에 적극 참여하여 신학의 공공성을 공적 영역에서 구체화해야 한다.

서울시에서는 **마을공동체** 사업으로 '마을 만들기'가 한창이다. 주민 3명 이상이 모여 프로젝트를 제안하면 검토 후 예산지원 등을 통해 사업을 주체적으로 진행토록 지원한다. 공무원이 기획하고 실행하면 주민이 단순 참여하는 것이 아니라, 마을 주민이 자기들의 필요에 의해 모여서 공동육아, 마을 밥상 등의 사업을 제안하면 재정과 공간 등 기타 필요한 것들을 관에서 지원하여 주민 공동체를 확대해 가는 방식이다.

종로구청은 주민들이 사업을 제안, 검토, 결정, 시행하는 **주민참여예산위원회**가 있다. 우리 교우가 교남동 대표로 종로구 주민참여예산위원으로 활동하고 있다. 구청은 12억 원의 예산을 각 동에서 제안한 5백만 원에서 2억 원 이하의 사업을 검토(현장 확인, 모니터링, 구청 담당부서 협의)하여 주민참여예산 위원들의 투표를 통해 결정하여 실행된다. 노후도로 포장, 경로당 화장실 개선, 마을축제, 어린이 동화교실, 태극권과 함께 여는 아침공원, 역사탐방용 안내 책자, 공구 공유사업 등 다양한 사업들이 제안된다. 그 외 각 동마다 3천 만 원을 책정하여 동네에서 필요한 사업을 제안하여 사용토록 하고 있기에 주민들의 필요와 아이디어를 모아 시기적절한 사업들이 진행된다.

아쉬운 점은 더 필요하고 실제적인 일들이 많은데 주민들의 무관심으로 소수 참여자들의 결정으로 진행된다는 점이다. 서울시와 경기도 등 지방자치단체들은 주민들이 사업의 주체가 되어 사업을 추진하는 과정을 통해 소통과 협력이 일어나서 마을이 소비중심지를 넘어 생산적이고 공동체적으로 변화하도록 노력하고 있다.

필자는 **서울시 혁신교육지구** 종로구 실무협의회에 참여한다. 급변하는 사회 속에서 학교만으로는 아이들 교육을 전체적으로 책임지기가 어렵다. 종로구청 교육과, 교육지원청, 주민, 세 주체가 모여 민관학 거버넌스를 만들어 어린이와 청소년들의 교육을 의논하고 역할을 감당한다. 예를 들면 초등학교 3학년 사회과 내용에 우리마을 알기 부분이 있다. 마을활동가들이 교사들과 함께 사회과 교재(「우리마을 종로」)를 만들고, 마을활동가들이 교사와 학생들을 대상으로 '마을탐방수업'을 진행한다. 2020년에는 중 1 마을교재를 만들었다. 또한 종로구청 교육과(혁신교육지구 실무협의회)에서 1억 원 예산을 공모사업으로 책정하여 학부모나 주민 3명 이상이 연합하여 마을에서 어린이들을 대상으로 교육활동을 기획하면 컨설팅과 심사 후 200~500만 원까지 재정을 지원하여 각종 공방 체험, 독서토론, 음식 만들기, 민속놀이 즐기기 등의 다양한 마을 결합형 모임을 자치적으로 진행토록 돕는다. 마을교사 100여 명을 선발하여 마을 내 공간에서 아이들에게 다양한 것을 가르치고, 초등학교에 수업 중에 생태전환교육 등을 실시하고 있다. 필자는 이런 일에 참여하여 관계망을 형성한 후에 교우들이 주체가 되어서 이 일들을 계속 확장해 가도록 연계한다. 우리 교회 권사 한 분을 동 주민자치센터로 파송하였다. 동사무소 내 홍파랑 북카페 회장으로 6년간 봉사하면서 주민자치위원이 되어 활동하던 중 서울시장상과 행정안전부 장관상도 수상하였다.

마을에서 도시농업공동체를 만들어 육묘장과 양봉장을 운영한다. 교우 한 분은 퇴직 후 열심히 봉사하다가, 2020년에 종로 도시농업지원센터가 만들어지면서 기간제 공무원으로 근무하고 있다. 마을 일자리가 창출되어 기쁘다.

인적 물적 토대가 약한 작은 교회가 개 교회 성장과 자립을 위해서만 노력했다면 지쳐서 쓰러졌을지도 모른다. 지역사회와 지역교회들과 연대하면서 목회자도, 교우들도 함께 활력을 찾고 더불어 성장해 간다. 지역 단체들과의 유기적으로 연대하면서 교회의 인지도 높아졌고, 마을에서의 역할들을 공유하면서 매일 새로움을 느낀다.

앞으로는 동장직선제를 시행하고 동 운영에 마을 주민들의 의견을 더 많이 반영해 가게 될 것이다. 교회에서도 '마을위원회' 등을 부서로 만들어 더 적극적이고 주체적으로 동사무소나 구청(읍사무소나 면사무소) 등과 연계하여 마을 만들기에 동참했으면 한다.

지역 내 교회연합 활동

오늘날 한국교회는 다양한 교파가 교단이 선교하고 있다. 같은 마을에서 개교회들의 서로 경쟁적이고 배타적인 모습을 많이 본다. 우리 교단은 출범 때부터 에큐메니칼 정신을 강조해 왔다. 마을목회는 마을 안의 타 교단 교회들과도 열린 자세로 연대하는 목회다. 우리 교남동은 그런 점에서 매우 모범적인 교회연합운동이 이루어지고 있다. 교남동은 우리 마을 안의 작은 7개 동이 합쳐져서 만들어졌다. 교남동 내 교회들의 모임인 **교남동 교회협의회**가 있다. 각기 다른 교단인 7개 교회가 모여 '교동협의회'(약칭)를 만들어 유기적으로 연대하고 있다. 감리교, 성결교, 장로교(기장, 합동, 고신, 통합), 성결교, 구세군까지 함께 있다. 아파트 입주 시에는 공동전도지를 만들어 함께 전도했고, 6·25연합 기도회를 교회별로 돌아가며 진행한다. 여성 목사제도가 통과되지 않은 합동교회에서 기장 여목사인 필자가 설교하면서 합동교회 교우들이 놀란 적도 있다. 연합기도회 헌금과 회비로 동사무소의 연말 '따뜻한 이웃돕기'에 지원하고, 관내 통장들과의 식사와 간담회를 연다. 지역 병원과 교동협, 동사무소 3자 간에 MOU를 체결하고, 건강 강좌, 건강 음식(식단) 만들기, 자원봉사자 교육, 가정방문 헬스케어 등을 제공한다. 교동협 목회자들은 수시로 만나 조찬 모임을 통해 목회나눔도 하고 봄가을로 부부동반 나들이를 하며 친교를 다진다. 코로나 이후 생태환경문제에 대한 강의도 듣고, 생명보호, 생태환경 가꾸기 등에 관심을 가지고 사업들을 진행하고자 한다. 교단은 다르지만 우리 동네 목회자들은 친밀한 만남가운데 서로 고민을 나누고 목회를 배우며 연대하고 있다.

7. 마을목회를 위한 제언

마을목회는 쉬운 일이 아니다. 먼저 마을에 대한 이해가 필요하다. 목회자로서 동떨어진 성에서 사는 것이 아니라, 마을 사람들 가운데로 들어가야 한다. 마을 주민들의 텃세, 낯선 풍토, 지역 문화, 교회 밖에서의 목회자의 자세, 갈등 중재 방법 등을 이해하며 전문적으로 준비해야 할 것들이 많다.

선교적 교회는 지역사회 속에서 자신의 위치나 역할을 선교 기관으로 간주한다. 선교사가 선교지의 지역사회 속으로 접근하듯이 교회 안팎의 문화가 전혀 다르다는 가정하에서 교회 바깥 문화에 대한 이해의 단계를 우선적으로 밟는다. 마을목회를 실천하는 교우들은 복음과 지역사회 문화 사이를 매개하는 중개인의 역할을 감당해야 한다. 비신자들에게 그들의 용어와 개념에 맞추어 새롭게 해석된 복음을 접할 수 있도록 노력해야 한다.

마을목회를 위해서는 먼저, 목회자들이 준비되어야 한다. 교단 차원에서 마을목회를 위한 목회자들의 조직적인 교육훈련이 이루어 져야 한다.

미조직 교회가 40%. 생활보호대상교회가 25%, 100명 미만 교회가 29%에 이르는 우리 교단에서 목회한다는 것은 목회자가 미자립교회나 작은 교회를 담당한다고 보는 것이 일반적이라 할 것이다. 그런데 모두가 막연하게 부교역자 시절에 섬기던 100명 이상의 교인이 있는 일반적인 조직 교회를 생각하며 목회를 준비한다. 교인 100명 이상인 교회가 29%밖에 되지 않는데, 신학교의 교육과 목회정책은 이 29%를 중심으로 이루어진다. 그러다가 71%에 이르는 대다수의 교회에 준비되지 않는 목회자들이 보내지기에 효율적인 목회를 기대하기 어렵다.

작은 교회, 농어촌교회, 미자립교회에 파송 받게 될 대다수의 목회자들은 신학생 때부터 마을목회, 농촌목회, 특수목회, 작은 교회 운동 등 교회의 현장을 이해하고 다양한 사역을 미리 준비해야 한다. 준비 없이 목회 현장에 나가서 씨름하다가 탈진하고, 다시 10여 년의 시행 착오와 준비과정을 거치는 것은 목회자나 교회에 무척 소모적인 일이다. 필자는 젊어서 사회선교적인 교회에서 목회했고, 대학원에서 사회복지를 전공했기에 상대적으로 마을목회를 담당하기에 수월했다. 진로 컨설턴트로 TMD교육그룹과 함께 학교의 진로 원데이와 진로수업을 진행해왔고, 숭례문학당 강사로 교육청과 도서관 등에서 독서토론 리더과정, 독서동아리 리더들에게 강의하고 있다. 선교사는 그 지역을 알고 자기 전문성을 가지고 주민들과 소통해야 하는 것처럼, 마을목회를 감당하기 위해서는 마을에 대한 이해와 소통을 위한 도구가 필요하다. 신학생, 부교역자 시절에 이를 위해 꾸준히 준비하고 훈련해 가야 한다.

둘째, 교회에서 선교신학을 올바로 가르치고 실천해야 한다. 새 신자, 젊은이들이 성장해 올라오기에 지속적인 교육과 훈련이 필요하다. 사회선교, 마을목회는 뜻은 좋지만 '하나님의 선교', '흩어지는 교회'에서 경험했듯이, 자칫하면 구심력보다 원심력이 더 크게 작용하여 전진기지로서의 교회의 역할이 약화되고 세속화될 우려도 있다. 그 때문에 교회론, 선교론 등 교우들의 신앙교육이 무엇보다 중요하다. 교회를 든든히 세워가면서 열린 기지로 하나님의 선교사역을 담당해 갈 수 있도록, 신앙적, 영성적, 선교적 훈련을 꾸준히 해 나가야 한다.

우리 교단이 선포한 희년 신앙의 선교는 '생명 선교'다. 교회가 세상을 위해 하는 모든 선한 일들과 정의로운 싸움은 구원의 일들로서, 이 세상의 생명을 풍성케 한다. 또한 교회의 선교는 세상의 여러 선한 운동과 연대하지만, 언제나 생명의 하나님을 고백하고 섬기는 신앙의 일임을 확인한다.

셋째, 총회가 교단과 교회 현실을 정확히 분석하고 거기에 합당한 과제를 제시하고 정책을 실시해야 한다. 개별 목회자가 이 모든 것을 감당하기에는 전문성과 시간, 역량이 부족하기에 총회 차원의 제도적인 지원이 필수적이다. 2021년 교회 주소록에 의하면 교단의 1,642개 교회(개척교회와 기도처 포함) 중, 부교역자*가 있는 교회가 380개(23%)이고, 담임목사 1,547명 중 전도목사 564명을 포함하여 목회자 혼자 목회를

---

* 2022년 교회 주소록에 기재된 부교역자(목사, 전도사 포함) 총 수는 587명이다.

담당하는 교회가 1,262개 교회(77%)다. 77%의 교회가 부교역자 없이 목회자 한 사람이 목회한다고 할 때, 그 교회들은 특수한 경우가 아닌 보편적이고 일반적인 교회라고 보아야 한다. 교단의 77%인 이런 교회를 중심에 놓고 교육, 선교, 프로그램 개발, 인력개발, 목회자 복지 등을 연구하여 총회를 재정비하고 구조적인 방안을 마련해 가야 한다. 한신대학원에서도 커리큘럼, 훈련 과정 등을 새롭게 정비해 가야 할 것이다. 시찰회, 노회 단위에서, 몇 개 마을별로 협업과 분업이 이루어져야 한다. 최근 제주노회의 몇 개 교회들이 서로 연합하여 더불어 성장하고 있음은 좋은 사례다.

우리 교단에서 사회선교사 제도가 시행되어, 2019년 2월에 에너지 전환 생명 선교, 주거복지 사업, 청년 대안공동체 체험교육사업, 제주지역 갈등 해결을 위한 노동학교 운영과 제주도의 상처 기행 등을 선교주제로 삼고 목회자와 평신도 사회선교사 4명을 파송하였다. 각 지역에 필요한 사회선교를 감당할 주체들을 세우고, 10여 개 교회나 노회가 이런 선교사 한두 명을 지원하자는 취지로 시작되어 2022년에는 6명의 사회선교사가 있다. 사회선교사 제도는 마을목회와 상통하는 부분이 있다. 마을과 사회를 변화시킬 헌신적인 인재들을 양성하고 배치해 나가는 일에도 관심을 기울여야 한다. 이런 선교지향적인 자원들을 효율적으로 관리 지원하여 마을을 세워가는 일에 디딤돌로 삼았으면 한다.

여전히 남은 이야기

2022년! 코로나 팬데믹에서 앤데믹으로 전환 과정 중에 있다. 코로나로 인해 급격하게 많은 것이 달라졌다. 개 교회 중심적인 모이는 교회로서의 한계도 명확히 드러났다. 건물을 넘어, 우리만의 안전을 넘어, 이웃과 자연과의 상생을 위해 온 지구촌의 연대가 필요한 시대다. 마을목회를 통해 교회가 마을이 되고 주민이 교인처럼 되는 통전적인 친교가 이루어지길 바란다. 나아가서 마을에서의 하나 됨을 이야기하기 전에, 우리 기장교회들의 공교회성이 회복되어야 한다. 교단 목회자들의 동료애 회복, 신도들의 유기적인 만남. 교회연합을 통한 하나됨으로 강하고 비전있는 건강한 기장교회를 세워가야 한다. 지금 우리 교단은 결코 작지 않다. 작아서 어떤 일을 할 수 없다는 콤플렉스로서의 난쟁이 의식을 넘어서서 오늘 할 수 있는 일들을 해 나가자.

성공회는 '나눔의 집'을 지역선교의 전초기지로, 가톨릭은 '선교본당'과 빈민사목인 '평화의 집'을 통해 지역선교를 전문화, 분업화 해 가고 있다. 또한 작은 교단인 구세군은 동료의식을 가지고 목회자 호봉제, 부부사역제 등 실제적인 방안들을 실천하고 있다. 구호와 선언을 넘고, 개 교회주의를 넘어 기장의 선교신학을 다시 확인하면서 진정한 섬김과 실제적인 나눔을 통해 교회가 하나 될 수 있도록 온 힘을 다해 노력해야 할 것이다.

올해 우리 교단 총회 주제는 '어두움 후에 빛이 오며' ─ 생명, 치유, 회복이다. 생명의 치유와 회복을 위해 교회의 공동체성, 공교회성, 공공성을 되살리며 성육신적 삶을 살아내자. 우리의 욕망과 연약함으로는 감당하기 어렵지만, 오직 성령의 능력에 힘입어 하나님의 놀라운 역사에 동참하자. 세상의 가치로는 다 알 수 없고, 세상의 고난 가운데서도 결코 포기할 수 없는 예수 그리스도에 대한 믿음과 하나님 나라에 대한 열망이 우리 교단 목회자와 교우들 가운데에 자부심과 긍지로 자리매김하길 소망한다.

우리는 모두 하나님의 사역을 맡은 담임자다*

김성희 목사
(독립문교회)

　　30대 초반에 담임목회를 하던 나는, 1991년에 기장 전국 여교역자회와 캐나다교회의 교류 프로그램으로 캐나다를 방문했다. 당시 캐나다교회 여성 부목사인 로리 크로커가 남성 담임목사의 결혼식 주례를 했다는 이야기는 매우 생소하고 놀라움으로 다가왔다. 주례를 부탁한 이유는 '같이 사역하는 부목사가 자신을 가장 잘 알기 때문이었다. 담임목사나 부목사는 하나님께 부름받아 함께 사역하는 목회자로 단지 맡은 역할이 다를 뿐이라는 동역자 의식과 깊은 신뢰가 있었기에 가능했던 일이었다. 대부분의 한국교회는 부교역자가 담임목사의 비서실장, 부관 같은 역할을 담당하다가 담임목사가 갑자기 임지를 옮기게 되면 자동으로 사임해야 하는 구조다. 이 구조는 27년이 지난 지금도 그대로 계속되고 있다.

---

* 「전국여교역자회 50주년 기념문집」(2018. 6.)에서

담임목사에 대한 새로운 생각들

최근 한국에도 대안적 교회, 새로운 교회, 작은 교회 운동 등 다양한 시도가 전개되고 있기에, '담임목사'라는 개념도 다시 정리되어야 한다고 본다.

우리말 사전은 '담임목사는 교회 목회자 중 해당 교회를 맡고 있는 대표목사'로 정의한다. 담임목사는 교회를 총괄하는 대표목사라고 할 때, 홀로 모든 일을 담당하는 미자립교회 목사들은 엄격하게 말하면 담임목사의 범주에 들기 어렵다. 평신도 지도자인 장로가 없는 교회의 담임목사는 법적으로는 전도목사라고 부르며 3년에 한 번씩 재신임을 묻기도 한다. 여성 담임 목회자들의 경우 90% 이상이 부교역자 없이 홀로 교육, 심방, 선교 등 모든 분야를 담당하고 있기에, 부교역자가 여러 명 있는 일반교회에서 목회자 중 대표목사를 담임목사로 부르는 것과는 매우 다른 개념이다.

지난해 100주년기념교회에서는 제왕적 담임목사제를 폐지하고 2019년 부터 네 사람의 목회자가 영성, 교회학교, 목회, 대외 업무 등 각자 분야별로 전담하여 공동목회로 교회를 이끌어 가도록 결의했다. 교회 대표자로 인식되던 담임목사 개념이 없어지게 되어 향후 귀추가 주목된다.

'한국적 작은교회' 운동을 펼치고 있는 생명평화마당에서는 '탈성직, 탈성별, 탈성장'이라는 새로운 원리로 대안적 교회를 모색하며 5년여간 작은교회박람회, 작은교회심포지엄을 열어왔다. 그 중 '동네 작은 교회'는 30명이 되면 분립하여, 현재 5개의 교회 공동체가 세워졌다. 이들은 독자적으로 예배와 사역을 담당하며 수련회 등은 연합하여 진행한다. 이런 교회에는 담임목사라는 개념 자체가 필요할 리 없다.

1987년 평신도 공동체로 세워진 새길교회는 말씀과 성례전도 평신도가 같이한다. 평신도들도 신학을 공부하여 '생활신학'을 정립하고 함께 교회를 세워가는 등 위계적 성직주의를 극복하고 재성직화를 이루어 가고 있다.

이런 다양한 사례와 많은 변화들을 간직한 채, 일반적으로 지칭되는 담임목회에 대해 이야기하고자 한다.

왜 담임목회(擔任牧會)일까?

우리 기장 전국 여교역자회는 회원이 600여 명이다. 여목사만 400여 명이고 안수받는 여성들이 점점 많아지고 있는데, 임지가 없는 무임목사도 계속 늘어나는 추세다. 여성담임 목회자는 130여 명(그중 목사가 110명)으로 대부분 개척교회, 농촌교회 등 미자립교회에서 사역하고 있다. 하나님께 받은 사명감으로 비전을 가지고 소신껏 목회하려는 여성 목회자들도 담임목회를 소망하고 있다. 아마 남성 목회자도 이와 다르지 않을 것이다.

여성이 책임 있는 자리를 맡기 힘들게 하는 유리천장은 경제계, 정치계, 법조계 등 사회 여러 분야에 비해 교회가 그 벽이 가장 두껍다. 아직도 우리나라는 자립하는 조직 교회에서 여성을 담임목사로 청빙하는 경우는 매우 드물다. 여성 목회자는 목회 조력자로 반영구적으로 부교역자의 자리에 머물게 되고, 목회 비전을 가지고 주체적으로 사역할 수 있는 목회 현장(그런 의미에서 담임목회)을 갖기도 어렵다. 부교역자로서도 팀을 이루어 소신껏 목회할 수 있다면 반드시 담임목사만을 고집할 필요가 없을 수도 있지만, 한국교회 상황은 그렇지 못하다. 경력과 능력이 있어 담임목사로서 주체적인 목회를 감당해 갈 수 있음에도 여성이라는 이유로 유리천장에 갇히게 되는 현실은 안타깝고 속상하다.

한국교회에서 담임목사하면 가부장적이고 권위적인 모습을 떠올리게 되는데, 여성 목회자들은 이와 다른 모습을 만들어 가야 한다. 담임목사의 개념이 바뀌어 목회자들이 각자 자신의 달란트를 선용하고, 교우들이 만인 제사장 의식을 가지고 사명감으로 함께 사역하게 되면 교회는 더욱 역동적이 될 것이다. 이미 대안적 교회운동으로서 공동목회, 팀목회, 작은 교회 공동체, 탈성직 운동 등 다양한 형태의 목회가 시도되고 있음을 기억해야 한다.

마을을 품는 목회: 담임목회 현장 이야기

목회자가 직접 교회를 개척하는 경우는 지역과 교우들을 선택할 수 있지만, 많은 경우 부름받고 파송된 자리에서 목회의 비전을 다시 점검하며 그 지역사회와 교우들에 맞추어 목회하게 된다.

나는 부교역자로 20여 년간 다양한 교회를 섬겼다. 담임 목회자로는 30대에 6년, 50대에 7년째, 12년 이상 사역하고 있다. 10여 년간 가난한 이웃들과 씨름해 왔고, 20여 년간 30여 명에서 2,000명에 이르기까지 크고 작은 교회에서 일반 목회를 했다. 젊은 시절 담임목회가 민중목회였다면, 지금의 목회는 마을목회라고 부를 수 있을 것 같다.

50대에 다시 담임목회를 하게 되면서 처음에는 12 제자를 양육하듯이 성경 공부와 교육훈련을 통해서 교회를 든든하게 세워보려고 했다. 그러나 서민들이 많은 산동네에 세워진 교회에는 글을 읽지 못하거나 책을 읽고 공부하는 것을 부담스러워 하는 교우들도 많았다. 지적 공부나 고상한 프로그램보다는 이야기로, 몸으로 만나가기 시작했다. 그동안 도시교회 지식인들과의 만남에 익숙해져 있던 나도 교우들과 눈높이를 맞추려다 보니 한동안 말씀도, 목회도 힘이 들었다.

'하나님 이웃 창조세계와 소통하는 평화공동체'를 지향하며 마을과 소통하기 시작했다. 교회에 대한 부정적 인식과 꼬리표 있는 초청이라는 부담감을 넘어서기 위해 '생명을 살리고 마을을 살리는 공동체'라는 의미로 '살림의 집'이라는 이름으로 주민들을 만났다.

이미용 봉사, 사랑의 빵 나눔, 장수 사진 촬영, 어린이 토요특강(영어회화, 창의사고력 수학, 독서토론) 등을 실시하면서 마을 주민들의 욕구를 파악하고, 주민이 원하는 프로그램을 꾸준히 진행하고 있다. 부단히 마을 속에서 함께 노력해온 지난 6년 6개월 동안 목회를 정리해 본다.

첫째, 권위 재정립하기

말로, 생각으로 소통하던 삶에서 몸으로 가슴으로 살아내는 훈련이 필요했다. 교우들과 함께 앉아 김장을 하고, 교회 화장실을 청소하면서 삶으로의 대화가 시작되었다.

둘째, 토론 문화 만들기

늘 설교만 듣던 교우들이 주제를 가지고 자기 생각과 삶을 나눈다는 것은 쉽지 않았다. 생활 나눔부터 시작하여, 점차 성경의 주제를 나누고, 나아가 책을 읽고 토론하기에 이르렀다. 주제별 성경 공부, 화 다스리기, 요한계시록 공부, 종교개혁 이야기 등 이렇게 6년을 훈련하다 보니 이제는 자기 생각을 이야기하고 다른 사람의 생각을 듣는 경청과 대화가 이루어졌다.

셋째, 열린 시야 갖기

외부 목회자와 강사를 초청하여 연 2회 신앙 강좌를 열어 성경, 교회, 역사 등을 배우고 부모교육, 자기발견 세미나 등을 통해 개방적이고 다양한 사고를 하게 되었다.

넷째, 주체성을 가지고 이웃교회와 연대하기

작고 약하다고 내부에만 머물면 정체되고 퇴보하기 쉽다. 마음을 열고 연대함으로 더 많은 자원을 활용할 수 있다. 교남동 내 각기 다른 교단의 7개 교회가 연대하여 공동전도지 제작, 6·25연합 기도회, 목회자 야유회, 동주민센터와 연계하여 따뜻한 겨울나기 행사참여, 지역병원과 협력체계(MOU)를 체결하고 건강강좌, 헬스케어, 건강음식 만들기 등을 진행하고 있다.

다섯째, 생태 영성 회복하기

마을공동체와 도시재생사업에 참여하고, 도시농업공동체 회원이 되어 양봉장, 육묘장, 상자 텃밭과 약초 단지 가꾸기 등 주민들과 함께 노동하며 생태영성을 체험하고 있다.

여섯째, 마을 네트워킹

마을활동가들을 씨실로, 마을 주민을 날실로 엮어 주민 워크숍, 마을 잔치, 마을 공간(행촌 공터)을 운영하며, 민관(주민, 동, 구청, 시청)이 함께 개방, 공유, 새가치 창조를 통해 마을을 세워 나가고 있다.

일곱째, 독서토론을 통한 달란트 선용

책을 읽고 토론하며 민주시민을 양성하는 공론장을 확산하고, 학교와 도서관에 출강하며 다양한 사람들과 만남을 통해 재미와 의미를 나누고 있다.

우리 교회는 작지만 큰 교회다. 마을 주민, 동주민센터, 구청 등과 연결되어 마을공동체 활동에 참여하며, 주민과 공무원들이 수시로 찾아오는 열린 교회다. 이런 과정에서 교우들이 마을 선교사(활동가)로 성장한 것이 보람이다. 교우들은 홍파랑 북카페 회장으로 봉사하면서 서울시장상을, 도시농업공동체 총무로 국회의원상을 수상하고, 동주민자치위원으로 활동하며 주민센터 운영에도 앞장서고 있다. 교우들의 은퇴 후 일자리도 만들어지는 등 마을목회의 열매를 맛본다. 마을 자원을 활용하여 할 수 있는 일은 무궁무진하다. 마을은 우리의 교구다.

이런 모든 일이 기존의 틀에 매이지 않고 마을 속에서 호흡하며 끊임 없이 소통하고 연대하는 과정에서 자연스럽게 이루어졌다. 양봉장과 육묘장에서 노동하고, 책 읽고 토론하고 글을 쓰며 이웃과 소통하는 일은 즐겁다. 하나님은 우리를 또 어떤 길로 인도하실지 설렘이 가득하다. 열린 미래는 우리를 기대하게 한다.

우리는 모두 담임자다.

큰 교회는 유기체로서의 존재감을 상실하기 쉽다. 가부장적이고 물량적인 교회의 모습으로는 건강한 교회로 자리매김하기 어렵다. 여성이 주체적으로 (담임)목회한다고 할 때, 기존의 교회와는 다른 창조적 목회가 되었으면 한다. 생명의 담지자이자 약한 것에 대한 감수성을 가진 여성성을 살려내는 목회가 필요하다. 생물학적 여성이기에 여성 목회가 아니라 이런 여성성을 충만하게 발휘하는 대안적 목회가 요구된다. 자기만의 색깔과 맛을 찾아내어 달란트를 선용하며 즐겁게 목회할 수 있도록 서로 격려하며 함께하자.

시골에서, 도시 곳곳에서 묵묵히 열심히 아름답게 목회하는 여성 동역자들이 많다. 그들의 이야기를 담기에는 지면이 너무 부족하다. 위계적인 교회 조직을 넘어 환대가 있는 원탁 공동체들이 곳곳에서 만들어지고 있다. 온 동네에서, 밥상을 나누고 노래하며 춤추며 그리스도를 증거하는 열린 교회가 많아지기를 소망한다. 담임 목회자만이 아닌, 부교역자도, 아니 평신도도 우리는 모두 하나님 사역의 담임자로 부름 받았다.

"나, 누구니?"
― 창립 40주년 기념 주일 설교(2022. 02. 27.)

김성희 목사
(독립문교회)

오늘 우리에게 주신 하나님의 말씀은 마가복음 8장 31절부터 38절 말씀입니다.

"인자가 많은 고난을 받고 장로들과 대제사장들과 서기관들에게 버림받고 죽임을 당하고 사흘 만에 살아나야 할 것을 비로소 그들에게 가르치시되 드러내 놓고 이 말씀을 하시니 베드로가 예수를 붙들고 항변하매 예수께서 돌이키사 제자들을 보시고 베드로를 꾸짖어 이르시되 사탄아 내 뒤로 물러가라 내가 하나님의 일을 생각하지 아니하고 도리어 사람의 일을 생각하는도다 하시고 무리와 제자들을 불러일으키되 누구든지 나를 따라오려거든 자기를 부인하고 자기 십자가를 지고 나를 따를 것이니라 누구든지 자기 목숨을 구원하고자 하면 잃을 것이요 누구든지 나와 복음을 위하여 자기 목숨을 잃으면 구원하리라 사람이 만일 온 천하를 얻고도 자기 목숨을 잃으면 무엇이 유익하리요 사람이 무엇을 주고 자기 목숨과 바꾸겠느냐 누구든지 이 음란하고 죄 많은 세대에서 나와 내 말을 부끄러워하면 인자도 아버지의 영광으로 거룩한 천사들과 함께 올 때에 그 사람을 부끄러워하리라."

제가 공덕교회에서 목회할 때 요양원에 오래 계시던 권사님에게 심방을 다녀오곤 했습니다. 이 권사님은 알츠하이머 증상이 심했습니다. 치매에 걸리신 거죠. 치매가 심해지니까 나중에는 밥을 떠서 먹고 씹는 것도 잊어버리시더군요. 저는 그런 모습을 처음 봤어요. 그래서 옆에서 이렇게 밥을 떠먹으라고, 이렇게 씹으라고, 일일이 가르쳐주어야 겨우 밥을 씹어서 넘깁니다. 그런데 더 놀라운 일이 있었어요. 이 권사님은 자신이 섬기던 교회 담임목사님의 이름은 기억하세요. 부목사인 제가 담임목사님 이름을 말하면 권사님은 좋아서 웃으셔요. 그리고 본인이 좋아하던 찬송은 기억을 하십니다. 가사를 완전히는 모르지만 흥얼흥얼 따라 하세요. 그래서 그곳에 가면 항상 담임목사님 이름을 얘기하고, 그 권사님이 좋아하는 찬송을 부릅니다. 인간의 가장 기본적인 욕구가 밥을 먹는 것입니다. 그런데 밥을 먹는 것도 잊으신 그분이 예전에 섬기던 자신이 사랑하던 담임목사님과 자신이 좋아하던 찬송을 기억하는 것을 보고 놀랐습니다. 치매가 심해지니까 딸이 "엄마" 이렇게 부르면 못 알아보세요. 심지어는 "나 엄마 아니야. 너 누구야" 그럽니다. 딸에게 이분은 자기를 누구라고 생각하실까요?

여러분에게 묻겠습니다. 여러분은 누구십니까? 어떤 자기 정체성을 가지고 계십니까? 그 사람이 하는 일, 그 사람이 만나서 관계 맺는 사람들을 보면 그가 어떤 사람인지 알 수 있다고 합니다. 사람은 비슷한 부류끼리 만나고 자신이 좋아하고 원하는 일을 하려고 하기 때문입니다.

교회 창립 40주년입니다. 오늘 교회력 본문이 "너희는 나를 누구라 하느냐"라고 물으시는 말씀입니다. 저는 교회력에 따라 설교하는데, 오늘 본문이 이 말씀입니다. '창립 40주년인데 좀 신나고 즐거운 본문으로 바꿀까? 몇 번 고민하다가 '우리가 예수님을 누구라고 고백하는가 하는 이 정체성의 문제가 가장 중요하지'라는 생각에, 주어진 이 본문으로 말씀을 전합니다.

3월 2일, 수요일부터 사순절이 시작됩니다. 예수님은 자기를 따르는 제자들에게 자신의 죽음과 부활에 대해 말씀하십니다. 그리고 이렇게 물으십니다. "나 누구니? 너 나 아니?" 예수님은 몰라서 묻는 것이 아닙니다. "너는 나를 제대로 알고 있니?"라는 물음에 "한때는 예수님 때문에 죽고 못 살 만큼 마음이 뜨거웠어요. 그런데 이제는 냉랭해졌어요." "나는 요즈음 다시 혼란스러워요. 사실 뭐가 뭔지 잘 모르겠어요." 이렇게 대답하고 있지는 않나요? 아니면 "내 기억에 모든 것을 잊어도, 밥을 씹어 삼키는 것을 잊어도, 예수님 그 이름, 내가 부르던 그 찬송, 그 고백만큼은 절대 잊을 수가 없어요." 그 권사님처럼 그렇게 얘기하는 사람도 있을 것입니다.

오늘 예수님께서 우리에게 다시 물으십니다. "나, 누구니? 너에게 나는 어떤 의미니?" 여러분의 고백은 무엇입니까?

최근 우리 교단 홈페이지에 때아닌 하나님에 대한 노래 때문에 논란이 일었습니다. 그것은 '혀 잘린 하나님'이라는 노래가 실렸습니다. 나이 드신 장로님이나 목사님 등 어르신들은 "하나님에 대해서 이렇게 불경스러운 표현은 없다. 정말 믿음 없는 표현이다"라고 하며 질책했고, 젊은 목회자들은 "너무나 무서운 암흑시대에 하나님의 음성을 그토록 듣고 싶었고 하나님의 개입이 너무 간절했기에 반어법적으로 표현한 그런 노래다"라고 말했습니다. 여기서 젊다고 해봤자 50세가 넘은 사람들이니 사실은 그렇게 젊지도 않지요.

그러고 보니 제가 대학 다니던 시절에 불렀던 이 노래가 생각났습니다. "우리들에게 응답하소서 혀 잘린 하나님. 우리 기도를 들으소서 귀먹은 하나님. 얼굴을 돌리시는 화상 당한 하나님. 그래도 내게는 하나뿐인 민중의 아버지. 하나님 당신은 죽어버렸나, 어두운 골목에서 울고 계실까, 쓰레기 더미에 묻혀버렸나, 가엾은 하나님." 지금 그 가사를 봐도 진짜 발칙한 내용입니다.

그런데 사람들은 관심 없는 것은 언급하지도 않습니다. 그래도 하나님을 부르고 반항하고 대드는 것은 그분의 존재를 인정하기 때문에, 그분에게 간절히 바라는 게 있기 때문에 그렇게 얘기할 것입니다. 우리가 지나가는 사람한테 괜히 화내지는 않잖아요? 이웃집 아저씨한테 막 분노하지도 않잖아요? 그런데 잘해주고 사랑해 준다고 하는데, 나의 아버지나 어머니에게는 막 화를 내고, 내 친구에게 막 속상해하고 그럽니다. 불평과 미움, 그것은 바라는 게 있기 때문이죠. 관계가 있기 때문이죠. 그보다 더 무서운 것은 무관심과 망각이라고 하지 않습니까? 이 불신의 시대, 이 무신의 시대에 여러분은 아직도 교회에 나와 예배를 드리는 사람입니다.

혀 잘린 하나님, 귀먹은 하나님, 화상 당한 하나님. 듣기만 해도 섬뜩하고 무서운 이 노래 제목은 '민중의 아버지'입니다. 80년대 광주항쟁 때, 국민을 빨갱이로 몰아서 국민을 지켜야 하는 군인들이 자기 국민을 죽였고, 그 끔찍한 살인을 명령한 사람들이 버젓이 나라를 다스리던 시절에 그걸 조금만 비판하면 감옥에 가고, 사회주의에 대한 관심으로 책 몇 권만 읽어도 체포되던 그런 무시무시한 시절이 있었습니다. 정의는 사라지고 아무 생각 없이 살아야만 살 수 있었던 시절. 질문하지 않고 그저 밥 먹고 살면 다행으로 알고 다른 희망을 갖지 않아야 했던 그 시절에 누가 이런 노래를 만들어 불렀을까 불현듯 궁금해졌습니다. 그래서 이 노래를 누가 만들었는지 찾아보았습니다.

마침 SBS 김형민 PD가 이 노래를 지은 사람에 대해서 몇 년 전에 써놓은 글이 네이버 블로그에 올려져 있었습니다. 이 노래를 만든 사람은 연세대학교 신학과 81학번인 김홍겸 씨였습니다. 김홍겸, 그는 특별한 사람이었어요. 신입생 환영회 때 자기 소개하는데 이렇게 말했어요. "집 근처 창녀들이 사는데 그들의 친구가 되고 싶어요. 아니면 교도소에서 재소자를 살피는 일을 하고 싶어요." 성경 속에는 예수님이 세리와 창녀와 죄인들의 친구라고 하지만 신학생이 신입생 환영식에서 그들의 친구가 되는 게 희망 사항이라 하는 좀 특별한 그런 친구였죠. 그런 음악을 좋아해서 전국 신학대학생 복음성가대회인 '예똘대회'에서 대상을 받았어요.

예똘대회가 뭔가 해서 제가 찾아봤더니 '예수 똘마니대회'라고 해서 그걸 보고 얼마나 웃었는지 모릅니다. 신학생 때 주말이면 그는 농촌교회 교육 전도사로 일했고 풍금을 땡동땡동 거리면서 노래했는데 그 노래가 바로 이 '혀 잘린 하나님'이라는 노래였다고 합니다. "나는 방치된 농촌 아이들 그리고 살기 위해 매춘에 나선 밑바닥 여성들. 그 칠흑 같은 어둠 속에 하나의 점 같은 빛이 되고 싶다"라고 얘기했다고 합니다.

그때가 바로 1981~1982년입니다. 제가 대학생 시절인데 여러분들 중에는 태어나기 전인 사람도 있는 것 같습니다. 1982년, 우리 독립문교회가 이곳 행촌동에 민중교회란 이름으로 세워졌던 바로 그때입니다.

1983년도에는 경건한 예배당에서 김홍겸 씨가 이런 기도를 했습니다. 다른 사람들이 눈을 감고 기도하다가 깜짝 놀라서 눈을 번쩍 떴다고 합니다. "주님 당신 뜻이 무엇입니까? 더 이상 우리가 이 땅에서 실현할 자신이 없어요. 아니 힘들어서 못 해먹겠어요. 우리부터 해결하라고요. 우리가 죄인이라고요. 우리더러 하라고 말하지 말고 당신이 한 번 이 땅에서 하고 싶은 대로 해보세요. 그래요. 우리는 아무것도 못해요. 그런데 당신은 뭘 했습니까?"

그래도 이런 반어법의 기도는 하나님에 대한 부정이라기보다는 하나님 앞에서의 처절한 몸부림이었다고 저는 생각합니다. "당신 뭘 하시나요?"라는 질문은 하나님의 역사하심에 대한 기대와 바람이었습니다. "나. 누구니?" 이 질문에 대한 고뇌였던 것이죠. 대부분의 신학생들은 "벌레만도 못한 내가 용서받을 수 있나요. 내가 죄인입니다"라고 말하며 고개를 숙이고 있었을 때, 그는 하나님께 반항하며 그런 기도를 외쳤고 사람들의 눈을 번쩍 뜨게 했습니다.

졸업 후에 그는 관악구 신림동 낙골교회 전도사로 일했습니다. 원래 그곳은 시유지인 공동묘지였는데 묘지를 밀어버리고 청계천 주변에 철거된 사람들이 집단 이동해서 살게 되었습니다. 수습하지 못한 뼛가루가 날아다닌다고 해서 낙골이라는 이름이 붙여진 지역입니다.

그런 그가 30대 중반의 젊은 나이인 95년에 암에 걸려서 죽게 되었습니다. 그때 친구 오충일 목사님이 제안을 합니다. "우리 친구 홍겸이가 살아있을 때 장례식을 미리 하자. 살아온 시간을 돌아보면서 자기 장례식을 미리 하는 건 참 뜻 깊은 일일 거야." 그래서 1996년 11월에 가쁜 숨을 몰아쉬고 있는 창백한 얼굴로 미소 짓는 산 사람의 장례식이 열렸습니다. 아직 살아있는 고인은 휠체어에 앉아서 문상객들을 향해 인사합니다. "제 장례식에 와주셔서 감사합니다. 열심히 살겠습니다." 고(故) 김홍겸 씨, 그는 누구보다도 철저하게 예수님을 믿었고 온몸으로 하나님을 부르짖던 사람이었습니다. 불과 두 달 뒤인 1997년 1월에 그는 죽었고,

그가 회개하라고 당돌하게 요구했던 하나님 곁으로 갔습니다.

여러분들은 아마 굉장히 아득하고 먼 나라의 이야기처럼 느끼실지도 모르겠습니다. 우리 청년들은 이런 시절, 이렇게 부르짖던 사람들이 있었는지 아는지 모르겠습니다. 아니, 그 시절을 같이 살아오면서도 눈을 뜨고 살지 않으면, 그렇게 뜨거운 가슴을 품고 살지 않으면 그런 일이 일어났는지도 알 수가 없었지요. 바로 그런 시절에 우리 교회는 민중교회라는 이름으로 여기에 세워졌다는 것을 기억해야 할 것입니다.

요즘 교회 40년사를 준비하면서 자료들을 찾아 읽습니다. 사진, 주보, 헌금자 명단, 작은 인쇄물 속에서 우리 교회 이야기를 봅니다. 자료가 별로 없어서 샅샅이 뒤지고 있습니다. 이번에 교회 수리하면서 또 싹 뒤졌더니 그래도 사진이 몇 장 나왔어요. 얼마나 반갑던지….

1대 서상중 목사님은 교회가 이런 가난한 사람들, 민중들에게 복음을 전해야 한다고 생각했던 것 같습니다. 지금은 굉장히 좋았지만, 옛날에는 리어카가 지나가기도 힘든, 높고 좁은 이 산동네에 민중교회라는 이름으로 교회를 세웠습니다. 공무원 생활하시다가 조기 은퇴하시고, 사업하시던 40대 후반에 교회를 개척하셨습니다. 개척 후에 처음 시작한 일이 선교원이고 유치원이고 공부방이었습니다. "창립 40년을 회고하며 글을 써주세요" 부탁드렸더니 이런 내용이 있었습니다. "저는 어린이 선교원을 교회와 더불어 시작했습니다. 선교가 전도고 전도가 선교라고 저는 생각합니다." 또한 제자 대학과 부흥회도 열심히 열었다고 합니다. 선교하고 성경 공부하고 뜨겁게 기도하는 우리 독립문교회의 이런 역사가 참 귀하게 여겨집니다.

조정자 집사님이라는 분이 책도 기증하고 건축 헌금도 열심히 하셔서 이분이 누구신지 물었더니 목사님 사모님이라고 하시더군요. 우리 독립문교회는 40주년 전, 출발할 때부터 목사의 아내를 사모라고 부르지 않고, 교회 공식 직분인 집사님으로 불렀다는 걸 보고 깜짝 놀랐습니다. 또 새번역 성경을 사용하는 등 그 옛날에 여러 면에서 앞서가던 교회였습니다. 우리는 이런 고백, 이런 교회 역사 위에 서 있습니다.

2대 목사님인 이혁 목사님은 성경을 더 열심히 연구하는 분이었습니다. 히브리어 성경 공부반을 열어서 교회에서 가르치셨고, 다른 교단의 목회자들도 와서 참여했습니다. 그때 사용하던 큰 칠판을 최근에 정리했습니다. 이혁 목사님은 기타를 치며 찬양을 참 잘하셨다는 이야기를 들었습니다. 젊은 나이에 부임하셔서 어린 자녀들을 양육하며 어린이 교회학교를 열심히 일구셨습니다. 이혁 목사님보다도 사모님이 더 인기가 많았다는 얘기도 들었습니다. 늘 나누어 주기를 잘하셨고, 교회에서 아이들에게 영어도 가르쳤고, 교회 주방에서 아이들과 젊은 엄마들이 모여 음식을 만들어 먹으며 북적북적하게 지냈다고 합니다. 청장년 부부들이 많아서 교회가 활기찬 시절이었다고 들었습니다.

이제 우리는 3대 목사인 저와 함께 독립문교회를 세워가고 있습니다. 제가 마을목회를 지향하면서 10년을 쉴 새 없이 달려온 것 같습니다. 그러나 코로나19로 인해서 우리가 해왔던 많은 것들을 중단하고 이제 우리 내면을 성찰해보고 있습니다. 교회는 잘 나오고 있는데, 헌금 생활도 하고 봉사도 열심히 하는데, 그런데 "너 나, 아니? 내가 누구니?" 그리고 "너는 누구니?" 주님은 우리에게 다시 물으십니다.

이 교회에 부임해서 처음부터 지금까지 교회를 수리하고 단장하느라 쉴 새 없이 일해 왔다는 생각이 듭니다. 30년이 지나니 '다 손볼 곳 투성이'였습니다. 이제 40년이 되었습니다. 저는 가는 곳마다 '우리 교회는 공사 중'이라고 합니다. 건물만 공사 중이 아니라 목사도, 교인도, 여전히 수리하고 세워져 가는 '우리는 공사 중'인 교회입니다. 창립 40주년 현수막에 새겨 넣은 구절입니다.

> "너희도 성령 안에서 하나님이 거하실 처소가 되기 위하여 그리스도 예수 안에서 함께 세워져 가느니라"(에베소서 2:22).

우리도 성령 안에서, 예수님 안에서 하나님이 거하실 처소로 함께 세워져 갈 수 있길 바랍니다. 하나님의 교회를 깨끗하고 아름답게 세워 가고 싶습니다. 우리 교우들이 교회 와서 편한 쉼을 누렸으면 좋겠습니다.

오랜만에 우리 승연이 얼굴을 보고 싶었는데, 아직 못 온 것 같습니다. 여기 내려오는 입구에 하얀 문이 하나 있습니다. 승연이가 아장아장 걷던 시절에 1층에서 이야기하다 보면 어느새 현관 앞에 나와 있어요. 그래서 혹시 아래로 굴러떨어질까 봐 얼마나 불안하고 걱정됐는지 모릅니다. 그래서 예배당 내려오는 입구에 문을 만들어 달았지요. 그리고 그 문을 '승연문'이라고 이름하였습니다. 또한 지금보다 훨씬 더 낡은 건물이었던 때에 우리 하은, 가은이가 학교에 다녀오는 길에 교회로 들어와서 책가방을 던져놓고 놀고 공부하다가 동네로 뛰어가던 모습도 눈에 선합니다.

제가 부임했을 때, 알코올 중독, 정신 이상으로 힘들어하는 사람들이 교회를 찾아왔어요. 아마 제가 가족 치료를 전공하고 '여성 상담, 진로 상담'을 한다고 붙여놔서 그런지 그런 어려운 이들이 종종 찾아오곤 했지요. 그들과 처음 2~3년은 열심히 씨름했습니다. 밤중에도 전화가 오고, 낮에도 전화가 오고, 새벽기도 끝날 때쯤 술에 취해 교회에 와서 눕고, 전화가 오면 부랴부랴 신 권사님과 함께 그들을 심방하러 다니던 기억이 납니다. 지금 생각하면 제 역량을 벗어나는 일이었습니다. 제가 감당하기 힘든 일이었는데, 2~3년 동안 그들을 돌보느라 애를 썼습니다. 우울증으로 힘들어하는 이웃들을 상담하고 그들을 치유하기도 했습니다. 또 진로 코칭과 독서토론을 하며 열린 사고와 공동체적 가치관을 갖도록 하려고 애를 썼습니다. 적은 인원으로 참 열심히 일했다는 생각이 듭니다.

교회 40년사 책자를 준비하며, 교회 사진을 모아서 파워포인트를 만들다 보니 계속 등장하는 사람들이 있습니다. 우리 유완식 장로님, 신서현 권사님 그리고 장혜영 집사님 모습입니다. 교회 초창기부터 한결같이 섬겨 오신 장로님과 가족들, 우리 성도들의 수고를 잊을 수 없습니다. 창립 40주년을 맞이하며, 교회당을 단장하느라 밤늦게까지 교회를 쓸고 닦고, 어제 오후까지도 정리하고 청소한 우리 교우들의 손길을 기억합니다.

이제 코로나19 죽음의 문화를 넘어서 우리는 새 시대의 교회를 모색하고 있습니다. 광야40년을 넘어서 새 땅으로 들어가기 위해서 씨름합니다. 가난한 산동네 이웃들과 나누던 민중교회가 이제는 이 지역의 이름인 독립문교회가 되었습니다. 그리고 마을목회를 위해서 씨름해왔습니다. 이제 여러분 앞에 새로운 도화지를 펼쳐놓습니다.

이번에는 청장년들이 와서 교회 짐도 나르고 정리하며 애쓰는 것을 보면서 젊은이들이 교회 주인들로 성장하고 있어서 기뻤습니다. 오랫동안 말씀 읽기와 생활 나눔으로 토대를 잡아오면서도 청년들이 개인적으로도 분주했고 지쳐 있었기에 많은 것을 요청하지 않았습니다. 그러나 이제 새로운 세대들이 이 교회를 세워가야 할 과제를 가지고 있습니다. 지금 60대 이상이 1세대들이었다고 한다면, 이제 광야를 넘어 2세대들이 가나안을 준비해 가야 합니다.

다행히 우리 교회는 당회와 제직회가 모든 것을 결정하는 그런 구조가 아니기에, 장년들, 청년들, 여러분들이 얼마든지 새로운 그림을 그려갈 수 있는 열린 공간입니다. 올해 40년사와 더불어 새로운 그림 그리기를 여러분들과 함께 꾸준히 해가려고 합니다. 마침 젊은 조용원 전도사님이 함께 이 그림을 그려가게 된 것을 무척 기쁘게 생각합니다. 이제 3월 둘째 주일이 청년 주일입니다. 전도사님께 제가 설교를 부탁했습니다. 청년들이 주인공이 되어서 40주년 청년예배를 준비해 갔으면 좋겠습니다.

우리 독립문교회가 걸어왔던 이 발자취 속에 이미 우리가 고백하는 하나님, 예수님의 모습이 들어 있습니다. "너희는 나를 누구라 하느냐"라는 주님의 질문은 "너 나 아니? 제대로 알아? 나를 따른다는 너희는 누구니? 어떤 고백으로 여기 서 있는 거니?"라는 사실 우리 자신에 대한 질문입니다. '예수님이 누구인가'에 앞서 '나는 누구인가'를 생각해야 합니다. '나는 왜 여기에 있는가? 내가 아는 예수님은 어떤 분인가? 이 코로나 시대에 교회에서 예배드린다는 건 무슨 의미가 있는가? 앞으로의 우리의 미래는 어떻게 될 것인가?' 우리는 질문해야 합니다.

예수님이 제자들에게 이 질문을 던진 곳은 가이사랴 빌립보였습니다. 갈릴리 사역을 마치고 예루살렘으로 가는 길목인 빌립보 가이사랴 지방에서 "나, 누구니? 너희는 어떻게 생각하니?" 물으십니다. 빌립보는 필립 왕의 이름을 따라 붙였고, 가이사랴는 로마 황제 가이사의 이름을 따라 붙인 도시입니다. 예수님은 이제 예루살렘으로 하나님의 일을 선포하러 가십니다. 제국의 지배하에 있던 이스라엘 백성들을 긍휼히 여기시며 그들을 하나님 나라 가치관을 가진 하나님의 자녀로 세우기 위해 마지막으로 제자들의 고백을 다시 점검해야 했던 것 같습니다.

당시 사람들은 예수님을 세례 요한이나 엘리야라고 생각했습니다. 그러나 그들은 예수님을 메시아로 생각하지 못했습니다. 그들이 생각하는 메시아는 예루살렘을 침략자들로부터 구해내고 유대인을 중심으로 새로운 왕국을 건설해야 되는 그런 정치적 메시아였습니다. 예수님은 고난을 당하시는 그런 분이 아니라 권능을 가지고 영광으로 나타나실 이스라엘의 왕이어야 했습니다. 오늘 많은 교회들이 예수님을 영광을 받으실 왕, 더 나아가서 구름 타고 오시는 그런 우주적인 분으로 생각합니다. 겸손히 섬기며 하나님 나라 비전으로 불의한 세상을 변화시키는 그런 십자가의 예수님을 바라보지 않습니다.

베드로는 자기 고백이든지, 마음에 감동이 되어서 했던지 "주는 그리스도이십니다"라고 고백합니다. 단순히 한 인간이 아니라 주님은 그 이상의 분이십니다. 마태복음에서는 우리가 잘 알고 있듯이 "주는 그리스도시요 살아계신 하나님의 아들입니다"라고 고백합니다. 예수님도 자신을 하나님의 아들이라고 스스로 자각하고 계셨습니다. 예수님은 자신의 뜻을 넘어서 하늘의 뜻을 이루고자 온 삶을 바쳤습니다. 단순히 한 나라의 정치적 해방을 넘어서 온 인류의 메시아가 되었습니다.

오늘 성경에 보면 "누구든지 나를 따라오려거든 자기를 부인하고 자기 십자가를 지고 나를 따르라." 그리고 또 말씀하십니다. "이 음란하고 죄 많은 세대에서 나와 내 말을 부끄러워하면 인자도 아버지의 영광으로 거룩한 천사들과 함께 올 때 그 사람을 부끄러워하리라." 부끄러워한다는 건 두 가지 의미가 있습니다. 하나는 그리스도를 부끄러워하는 것입니다. 두 번째는 그 말씀에 순종하는 생활을 부담스럽게 여기는 것입니다. 다른 사람들 앞에서 자신의 성결된 생활을 드러내기를 꺼리고, 자신도 음란하고 죄 많은 세대의 구성원들 속에 숨어서 그냥 조용히, 원만하게, 그저 그렇게 살고자 하는 것. 이것이 예수님을 부끄러워하는 모습입니다.

오늘 주님은 새 하늘 새 땅, 가나안을 앞두고 있는 우리 독립문교회가 어떤 곳인지 다시 묻고 있습니다. 우리는 고백합니다. "주는 그리스도시요. 살아계신 하나님의 아들입니다." 예수님은 말씀하십니다. "그래. 그러면 너희도 하나님을 아바 아버지라고 불러라. 그리고 그의 나라와 그의 의를 위해서 살아라." 나아가서 우리를 하나님의 아들 딸, 신의 자녀가 되게 하십니다. 우리가 하나님 나라의 가치를 가지고 그리스도의 뒤를 따라가는 삶을 살 때 우리는 하나님의 자녀입니다. 신의 자녀가 된다는 것은 엄청난 영광입니다. 그러나 또 한편은 거기에 합당한 삶을 요청받기 때문에 큰 책임이 우리에게 있습니다. 하나님을 아버지로 부르는 우리는 그 아버지의 아들, 딸로 살아가야 하기에, 그분의 인격, 그분의 꿈, 예수님의 삶 등을 이해하고 그것을 우리의 것으로 녹아내야 합니다. 결코 만만한 일이 아닙니다. 그 때문에 그 길은 십자가의 길일 수밖에 없습니다.

제가 젊은 시절인 대학생 때는 정의를 위해, 나라를 위해 일하려면 목숨을 걸고 해야 했고, 바로 감옥에 가게 되기에 굉장히 비장하게 나섰습니다. 그런데 요즘은 시대가 많이 변했습니다. 우리 교회가 탄생했던 80년대와 지금 2020년대는 모든 것이 달라졌습니다. 십자가를 져도 그 십자가에 깔려 죽으면서 비장하게 짐을 지지 않습니다. 오히려 요즘 젊은이들은 옳은 일을 외치면서도 노래하고 춤을 추면서 여유 있게 시대의 과제를 짊어집니다. 이 변화된 시대, 특히 팬데믹으로 죽음과 더불어 사는 시대에 우리의 생각과 실천도 달라졌으면 좋겠습니다.

사순절과 창립 주일을 맞으면서, 책 두 권을 여러분에게 소개합니다. 하나는 어제 89세로 소천한 이어령 씨가 쓴 『메멘토모리』입니다. 암이 발견돼서 수술을 받고 항암치료 대신에 집필 활동을 시작하면서 쓴 책입니다. 거기에 보면 고 이병철 회장이 신부님에게 24가지 질문을 했습니다. 그때 신부님이 바쁘셨는지 바로 대답을 하지 않으셨습니다. 이 시대의 지성으로 불리는 이어령 씨가 고 이병철 회장의 이 24가지 신앙적이고 철학적인 질문에 대해 대답합니다. 여러분도 한번 읽어보셨으면 좋겠습니다.

또 한 권은 수녀 엘리자베스 존슨이 쓴 『신은 낙원에 머물지 않는다』라는 책입니다. 2013년에 번역된 책을 다시 보고 있습니다. 당시 가톨릭에서 금서로 정했는데 오히려 더 많은 사람이 그 책을 읽게 되었습니다.

사랑하는 독립 교우 여러분! "주님은 그리스도시요, 살아계신 하나님의 아들입니다"라는 베드로의 고백을 기억합시다. 그 주님이 오늘 저와 여러분에게 다시 말씀하십니다. "너희도 하나님의 아들이다. 너희도 하나님의 딸이다. 너희는 신의 아들, 딸이다." 놀라운 축복이고 비전의 말씀입니다. 이 시대에 우리는 신의 아들, 딸로서 길을 갑시다. 노래하고 춤추며 우리의 십자가를 달게 집시다.

독립문교회 40년 감사 기도와 고백

한국염 목사

40년 전, 더 이상 똑같은 교회는 세우지 말자

가난한 민중들과 함께하고, 그들의 희망이 되자

그렇게 1982년 2월 28일 서상중 목사와

조정자, 서경률, 조성수, 김명희, 안태진, 강호자 6명이

사직동 체신문화회관 7층을 빌려 예배를 시작했습니다.

교회 이름을 '민중교회'라 짓고

가난한 지역의 어린이들을 위해 선교원을 열었습니다.

2년 후 떠돌이가 아니라 교회를 정착하자

박재심, 명순임, 양양림, 이경례, 신을순, 양정희

6명의 초대 집사와 함께 행촌동 넓은 마당에 터를 잡았습니다.

교회를 지을 때 주변의 핍박으로 울기도 많이 울었습니다.

마침내 주의 전에 들어가던 날

눈물을 흘려 씨를 뿌리는 자, 기쁨으로 단을 거두리라는 말씀처럼

유완식, 박옥출, 이순옥, 표정의, 김영옥, 신남호, 주진아, 추연화, 유만상, 이복순.

10명의 집사와 함께 교인들은

서로 얼싸안고 기쁨의 눈물을 흘리며 감사 기도를 드렸습니다.

성경 대학과 금식 기도, 신앙 집회로 교인들의 신앙을 북돋우고
주보를 통한 교육으로 교인으로서의 정체성을 고양하며
교회 표어로 교회의 방향과 과제를 정했습니다.
한 해에 두 번 부흥회를 통해 교인들의 단합을 일구고
마을 주민을 초청하여 예수 말씀 큰 잔치를 열었습니다.

교회 창립 10주년 기념 주일 예배를 드리는 날
"너희 후손이 묻거든!" 여호수아 4장의 말씀을 통해
우리 교회가 세워진 의미를 다시 깨우치고
마을 주민을 초청하여 함께 10주년을 축하했습니다.
창립 10주년에 우리는 섬기는 교회가 되기로 결단하고
지구를 섬기기 위해 우리는 아껴 쓰고 나눠 쓰고 다시 쓰는
사랑의 재생용품 모으기 운동을 벌이고
바자회를 열어, 지역 주민과 나누었습니다.
민주화와 조국의 평화통일을 위한 기도 운동,
르완다 어린이들을 위한 헌금으로 굶주리는 지구촌 어린이들과 함께했습니다.

1993년에 교회 건물을 수리하고
공부방과 독서실을 열어 청소년들의 쉼터요 보호처가 생기자
'이 교회는 자기네들끼리만 하는 게 아니라 지역을 생각하는구나'
그렇게 주민들이 인식하게 되었습니다.
1996년 9월 29일, 개혁적이고 진취적인 교회로 발전하기 위해서

우리는 교단을 한국기독교장로회로 옮기고

교회 이름을 '민중교회'에서 '독립문교회'로 바꾸었습니다.

지역사회에 공헌하고자 독립문 어린이집을 열었지만

재정상의 문제로 5년 만에 문을 닫는 안타까운 일도 있었습니다.

1998년 2월 1일, 우리는 중학생들을 위한 무료 공부방을 열었고

교회 청년들이 공부방 교사가 되어 이들과 함께했습니다.

아이엠에프 때는 비록 우리 교인들도 어려웠지만

지역에 거주하는 어려운 독거노인, 소년 소녀 가장들을 돌보았습니다.

2000년 새 밀레니엄 시대,

교회 비전을 평신도를 훈련시켜 지도자로 세우는 교회!

소그룹 중심으로 성숙해가는 교회가 되는 데 두고

다락방과 순모임을 편성해 제자훈련에 나서

우리는 많은 신앙 성장과 함께 도전을 받았습니다.

2001년 3월 4일, '어린이 무료 선교원'을 다시 열어

지역에 우리 교회의 존재 의미를 더욱 높였습니다.

중단되었던 공부방을 무료 영어 공부방으로 열고

'이웃과 함께하는 사랑의 초청 잔치'를 열고

사랑의 헌혈 운동을 하고 독거노인의 말벗이 되었습니다.

수해 참사가 난 북한 '용천 돕기 헌금',

동남아 해일 피해자를 지원하는 헌금에 참여하고

교회 각 부서가 헌금을 해서 자율적으로 선교에 사용하는

독립채산제 선교 방식으로 선교 열정을 일으켰습니다.

2001년 5월, 우리 교회를 세우고 키워온

서상중 목사님이 목회 일선에서 물러나셨습니다.

2002년 8월 11일, 17년 동안 교회를 섬긴

유완식 장로의 임직으로 우리 교회는 조직 교회가 되었고

이혁 목사를 2대 담임목사로 맞았습니다.

제직으로서, 교회의 각 부서 리더로서 훈련을 받고

성경 교육을 통해 성경을 보는 눈을 키웠습니다.

순모임을 통해 서로 결속되었고 제자훈련과 순장 교육, 새 생명 전도 활동은

우리 교회가 모이는 교회로 활성화하는 데 큰 기여를 하였습니다.

2010년 8월, 우리 교회가 바람 앞에 흔들리는 등불이 되었습니다.

목자 없는 양이 된 교회에서 1년 남짓 목회자 없이 예배를 드릴 때

교인들이 떠나가고 교회 부서가 문을 닫았습니다.

생명의 물 대신에 우리는 '마라의 쓴 물' 앞에 선 고통의 시간을 보냈습니다.

그러나 위기가 우리에게 은총의 기회였음을 고백합니다.

모세를 통해 마라의 쓴 물을 단물로 변화시킨 그 하나님이

위기 앞에 선 우리 교회에 구원의 손길을 내미셨습니다.

흔들리는 터전이 된 교회를 유완식 장로를 비롯해

마지막까지 남아 있던 11명의 제직과 신도들이

포기하지 않고 교회를 지킴으로 교회가 다시 서게 되었습니다.

우리는 마라의 쓴 물이 단물로 변할 수 있도록 한

작은 나뭇가지가 되었던 이들의 수고를 기억합니다.

2011년 11월 13일, 3대 목회자 김성희 목사를 담임목사로 맞아

우리는 김성희 목사와 더불어 새 일을 시작했습니다.

지난 1년여 동안 벌어졌던 상처를 꿰매고 회복하기 위해

예배와 조직을 정상화하고 낡은 교회 건물을 수리하고

어린이 교회학교를 재건하고, 교회 기관들을 복원했습니다.

우리는 예배와 기도, 성경 공부와 신앙 강좌로 신앙이 회복되었고

일대일 청년 성경 공부와 새 신자 훈련으로 교회가 새로워졌습니다.

창립기념주일 헌금을 선교를 위해 사용하는 전통을 만들었고

지역을 섬기는 일에 다시 나섰습니다.

우리는 교남동을 독립문교회의 교구로 생각하고

우리가 마을 선교사가 되어 목사님과 함께 마을목회를 시작했습니다.

우리 교회가 마을 사람들을 만나는 장인 살림의 집을 세워

어린이 영어 회화 교실, 이미용 사진 촬영,

치과 봉사, 사랑의 빵과 김치 나눔을 했습니다.

교남동 청소년들에게는 진로 코칭을,

여성들에게는 가족 상담을 통한 치유 활동을 했습니다.

살림의 집이 마을 운동의 플랫폼(연결망)이 되어

인왕마을 네트워크, 마을 부엌, 도시농업공동체의 산실이 되었습니다.

마을 교육 공동체'를 세우는 '혁신교육지구' 활동,

교남동 교동협의회를 비롯한 타종교와의 연합,

곳곳에서 섬김과 나눔을 실천하는

작은 교회 공동체들과 함께 한국교회의 희망을 일굽니다.

우리는 작은 겨자씨에서 하나님 나라를 싹 틔워가는

그런 사람들이 모인 곳이라는 자부심으로

큰 교회가 되기보다는 생명력 있는 교회가 되고자 합니다.

우리는 코로나19 상황에서 우리를 깨우치시는 당신의 음성을 듣습니다.

줌으로 예배드리고 성경 공부를 하면서

새로운 길을 지시하시는 당신의 손길을 봅니다.

우리는 교회란 눈에 보이는 외형적인 건물이 아니라

그 교회에 속한 교인 한 사람 한 사람이 교회라는 자각을 하게 되었고

모이는 교회에서 흩어지는 교회로서의 교회성과 사명에 대해,

신앙의 의미와 본질을 되돌아보는 기회가 되었습니다.

성장 논리, 개인 구원, 내세 위주의 구원만을 강조하던 데서

우주적 구원으로 지경을 넓혀 세계와 환경에 대한 교회의 공공성과

생태(에코)교회로의 전환을 생각하게 되었습니다.

오늘 우리 독립문교회는 40주년 생일을 맞습니다.

지난 세월을 생각하면 고난과 역경의 시간이 없었던 것은 아니지만

그때마다 하나님의 돌보심이 있었기에 오늘의 독립문교회가 있음을 고백합니다.

우리는 지난 40년의 세월을 통해

상한 갈대도 꺾지 않으시고, 꺼져가는 등불도 그냥 끄지 않으시는

하나님의 사랑과 연민을 느낍니다.

비록 적은 수가 모이는 교회지만, 목회자와 함께

교인 하나하나가 마을 선교사가 되고,

생명과 평화를 위해 일하는 사람들이 되어

이 땅에 하나님 나라를 이룩하는 밑거름이 될 수 있도록 은총 주소서.

독립문교회 40주년 생일을 축하하며 이 자리에 함께 할 수 있어 참 감사합니다.

앞으로의 우리 교회 여정도 인도해 주실 줄 믿으며

길과 진리가 되시는 예수의 이름으로 기도드립니다. 아멘

부록

독립문교회 주요 연혁

역대 목회자와 제직 명단

독립문교회 주요 연혁

초대 ㅣ 서상중 목사

(1981. 12.~2001. 5.)

1981. 12. 20.   서상중 전도사(대한신학교 졸업반)의 인도로 가정예배
                  시작. 김명희, 조성수, 조정자, 강호자, 안태진 씨 등
                  참석(종로구 무악동 59동 13호, 서상중 전도사 자택)

1982. 2. 28.   민중교회 창립예배(대한예수교장로회 대신)
                  종로구 사직동 체신문화회관 7층(15평). 예배 인원 8명
                  (서상중, 조정자, 서경률, 조성수, 김명희, 안태진, 강호자)

1982. 4. 13.   선교원 개원, 교회학교 조직

1983.   서상중 목사 안수(예장 대신 측)

1983. 3. 1.	교회 건물, 대지 매입(종로구 행촌동 210-167, 대지 52평)
1984. 1. 1.	집사 임직: 박재심, 명순임, 양양림, 이경례, 신을순, 양정희(6명)
1984. 10. 5.	중등부 조직, 청년회 조직
1985. 4. 7.	교회 건축 기공예배
1986. 2. 23.	입당예배 집사 임명: 유완식, 박옥출, 이순욱, 표정의, 김영옥, 신남호(서현), 주진아, 추연화, 유만상, 이복순(10명)
1989. 2. 28.	안수집사 임직: 유완식, 박옥출, 이순욱(3명), 권사 취임: 박재심, 명순임(2명)
1990. 8. 12.	선교원 개원
1992. 5. 17.	공부방 개원(초등학생 대상)
1993. 7. 20.	교회 3층 공사완공: 지하 42평, 1~3층 각 25평 확보, 교회 공부방 겸 도서실 개방
1995. 7. 27.	지역 주민을 위한 침술 의료 선교활동 시작
1996. 9. 29.	한국기독교장로회에 가입(교회 명칭을 '독립문교회'로 개명)
1997. 3. 2.	독립문 어린이집 개원(보건복지부 허가, 교사 최희영)
1998. 2. 8.	중등부 공부방 시작, '영어, 과학, 학습 상담'
2000. 3. 5.	제자훈련 개강

2대 | 이혁 목사
(2001. 1.~2011. 5.)

유완식 장로
(2002. 8. 11. 임직)

2001. 1. 7.	이혁 부목사 부임(갈라디아서 강해 - 새벽예배)
	금요 심야 기도회 시작(오후 9시 30분)
2001. 3. 4.	어린이 무료선교원 개원, 어린이 영어 회화,
	중고등부 영어반 개원,
2001. 6.	다락방 순장 교육
2001. 9. 9.	제자훈련(사역, 제자반) 개강
2002. 1. 13.	제1기 교사대학
2002. 8. 11.	서상중 목사 이임과 이혁 목사 취임식 및 유완식 장로
	임직식
2002. 11. 24.	이웃과 함께하는 '사랑의 초청잔치'
2004. 5. 23.	여신도회 선교기금 마련을 위한 바자회
2004. 11. 28.	새생명전도축제

2006. 1. 1.	각 부서 독립채산제 선교 시작
2009. 2.	어린이부 영어 교육 실시(매주 토요일 오후 3~5시) 5명
2011. 5. 31.	이혁 목사 사임
2011. 5. 8.	노회 파송 신익호 목사, 김준부 목사 설교(5~10월)
2011. 8. 28.	공동의회에서 김성희 목사를 청빙키로 함

3대 | 김성희 목사
(2011. 11.~2022년 현재)

유완식 장로
[2002. 8. 11. 임직]
(1985~2022년 현재)

2011. 10. 30.	김성희 목사 부임(설교 시작)
2011. 11. 11.	김성희 목사 담임목사 취임식
2011. 11. 18.	주일 오후 목장 예배, 수요기도회, 새벽기도회 재개
2012. 1. 29.	교회 카페 개설(cafe.daum.net/dnmch)
2012. 4. 29.	예배당 리모델링 감사 및 옛 교우 초청 예배
	(예배당, 교육관 단장)
2012. 6.~2012. 7.	'지역사회 무료봉사'
	─ 치과 검진, 이미용 봉사, 영정, 증명사진 제작
2012. 9. 22.	사랑의 빵, 던킨 도너츠 나눔 선교
	(매주 토요일, 넓은 마당)
2012. 10~2012. 11.	'엄마와 함께하는 어린이 토요특강' 4회
2012. 12. 2.	교회 김장, 독거노인 김장 나눔

2012. 12. 9.	교우 신앙 수련회 시작(연 2회)
2013. 2. 24.	교회 창립주일 예배, 권사임직식(신서현), 지역사회봉사 (이미용 봉사, 어린이 영어 회화, 사랑의 빵 나눔, 여성 상담)
2013. 3. 3.	사회교육과 상담센터 '살림의 집' 개설
2013. 3. 9.	어린이 토요 특강: 영어 회화 교실 개강(2019까지 6년간 진행)
2013. 3. 24.	정신 건강 세미나, 주민 여성 상담 시작
2013. 4.	서울지방변호사회와 연결, 지역 어린이 장학금 지원 (2013~2020년, 8년간)
2013. 10. 9.	작은교회박람회 동참(교회 소개와 홍보) ― 감신대
2014. 11.	종로구 마을공동체 사업 참여 시작
2014. 12. 17.	인왕마을 네트워크 창립
2016. 5. 28.	제1회 '마을 경로잔치'(공능교회 남신도회 협찬)
2017. 1.	'교남동교회협의회' 경희궁 자이 입주아파트 공동전도 (1~2월)
2017. 4. 19.	성곽마을 재생사업 도시농업공동체 회원 활동 (양봉장, 육묘장, 탐방 코스)
2018. 2. 25.	교회 창립주일 예배, 권사 임직식(현혜경)
2019. 6. 23.	아웃리치, 공능교회 선교부와 함께 교회 주방과 화장실 수리와 전도
2020. 12.	비대면 온라인 예배 시작
2022. 2. 27.	독립문교회 창립 40주년 기념 예배
2022. 9. 18.	교회 40주년 기념 행사, 권사임직식(김분심, 신정호), 교회 40년사 발간

역대 목회자와 제직 명단

1984년

담임목사 서상중

집사   박재심 명순임 신을순 양양림 양정희 이경례

1986년

담임목사 서상중

집사   김영옥 박옥출 박재심 명순임 신남호 신을순 양양림
      양정희 유만상 유완식 이경례 이복순 이순욱 주진아
      추연화 표정의

1989년

담임목사 서상중

전도사   김행택 이송분 오영관

교육 전도사 최영섭

권사   명순임 박재심

안수집사 박옥출 유완식 이순욱

집사   공영숙 김영옥 김옥식 김행남 노종순 박영광 서점례
      신남호 신을순 양양림 양정희 유만상 이경례 이복순
      이옥순 이운선 이유준 이정숙 전미영 주진아 최옥분
      추연화 표정의 표한분

권찰   심영애 이영순

1993년

담임목사	서상중
전도사	이유준 정근섭 김창봉 김종천
권사	명순임 박재심
안수집사	박옥출 유완식 이순욱
집사	김영옥 김옥식 김행남 서점례 신남호 신원영 신을순 양정희 이복순 이연복 이영희 이옥순 이운선 이유준 이정숙 이화순 이화영 전미영 조정자 최희영 표정의 표한분 황의복

1997년

담임목사	서상중
전도사	박승렬
권사	명순임 박재심
안수집사	박옥출 유완식 이순욱
집사	구본녀 김윤우 서경률 서점례 신남호 신원영 신을순 심영애 양정희 이승진 이연복 이영순 이영희 이옥순 이현숙 이화순 이화영 전미영 조정자 최옥분 최희영 표정의 표한분 황의복

2004~2005년

담임목사	이혁
장로	유완식
집사(여)	김미경 김미랑 김미숙 김분심 김향아 신서현 신정호 오소영 이순덕 이효순 장해경 장해영 정미숙 정성애 정현옥 최희영 황성진

집사(남)	김윤우 박병래 박창오 신원영 신중호 한상용

2012년

담임목사	김성희
장로	유완식
전도사(협동)	김인희
교육 전도사	이성지
원로권사	김득진
집사(여)	김미경 김미랑 김미숙 김분심 신서현 이순덕 장해영 정성애
집사(남)	김윤우 박창오 신중호
은퇴집사	이영순 창정희 안영숙

2015년

담임목사	김성희
협동목사	김미희
장로	유완식
권사	신서현 이신화
원로권사	김득진 안연수
집사(여)	권귀자 김미숙 김분심 김성순 장해영 정성애 현혜경
집사(남)	김윤우 박창오 신중호
은퇴 집사	안영숙

2019년

담임목사	김성희
협동목사	김미희

장로	유완식
권사	신서현 이신화 현혜경
원로권사	김득진
집사(여)	김미숙 김분심 신경호 이가영 장해영 최미선
집사(남)	김윤우 박창오 신중호 이경곤
은퇴집사	김상임 안영숙 조옥례

2022년

담임목사	김성희
전도사	조용원
장로	유완식
권사	김분심 신서현 이신화
원로권사	김득진 윤덕선
명예권사	신정호
집사(여)	곽정현 김주미 성현주 유희원 이가영 이영순 장해영
	정다혜 최미선
집사(남)	김광민 김윤우 박창오 이경곤 이지형
은퇴집사	김상임 백옥자 안영숙 조옥례